"岭南学丛书"
系列二

左鹏军/主编

九龄风度与盛唐气象

陈建森 ◎ 著

中山大学出版社
SUN YAT-SEN UNIVERSITY PRESS
· 广州 ·

版权所有　翻印必究

图书在版编目（CIP）数据

九龄风度与盛唐气象/陈建森著. —广州：中山大学出版社，2016.9
（岭南学丛书/左鹏军主编. 系列2）
ISBN 978-7-306-05616-0

Ⅰ. ①九… Ⅱ. ①陈… Ⅲ. ①地方文化—广东省—文集 ②古典文学研究—中国—文集　Ⅳ. ①G127.65-53 ②I206.2-53

中国版本图书馆CIP数据核字（2016）第034773号

出版人：徐　劲
策划编辑：嵇春霞
责任编辑：王　睿
封面设计：林绵华
责任校对：刘丽丽
责任技编：何雅涛
出版发行：中山大学出版社
电　　话：编辑部 020-84111996，84113349，84111997，84110779
　　　　　发行部 020-84111998，84111981，84111160
地　　址：广州市新港西路135号
邮　　编：510275　　　　传　真：020-84036565
网　　址：http://www.zsup.com.cn　E-mail：zdcbs@mail.sysu.edu.cn
印　刷　者：广州家联印刷有限公司
规　　格：787mm×1092mm　1/16　13.5印张　230千字
版次印次：2016年9月第1版　2016年9月第1次印刷
定　　价：42.00元

如发现本书因印装质量影响阅读，请与出版社发行部联系调换

广东省普通高校人文社会科学重点研究基地
华南师范大学岭南文化研究中心项目成果

"岭南学丛书"缘起

吾国土地广袤,生民众多,历史悠远,传统丰硕。桑田沧海,文化绵延相续,发扬光大;高谷深陵,学术薪火相传,代新不已。是端赖吾土之凝聚力量者存,吾民之精神价值者在。斯乃中华文化之壮举,亦人类文明之奇观。抑另观之,则风有四方之别,俗有南北之异;学有时代之变,术有流别之异。时空奥义,百转无穷;古今存续,通变有方,颇有不期而然者。

盖自近代以降,学术繁兴,其变运之迹,厥有两端,一为分类精细,一为学科综合。合久当分,分久宜合;四部之学而为七科之学,分门之学复呈融通之相,亦其一例也。就吾国人文学术言之,旧学新学,与时俱兴,新体旧体,代不乏人。学问之夥,盖亦久矣。是以有专家之学,许学郦学是也;有专书之学,选学红学是也。有以时为名之学,汉学宋学是也;有以地为名之学,徽学蜀学是也。有以范围命名之学,甲骨学敦煌学是也;有以方法命名之学,考据学辨伪学是也。外人或有将研究中国之学问者概称为中国学者,甚且有径将研究亚洲之学问者统名为东方学者。是以诸学之广博繁盛,几至靡所不包矣。

五岭以南,南海之北,或曰岭表岭外,或称岭海岭峤;以与中原相较,物令节候殊异,言语习俗难同,盖自有其奇骇者在。岭南文化,源远流长。新石器时代,已有古人类活动于斯;汉南越国之肇建,自成其岭外气象。唐张曲江开古岭梅关,畅交通中原之孔道;韩昌黎贬阳山潮州,携中原文明于岭表。宋寇准苏东坡诸人被谪之困厄,洵为岭隅文明开化之福音;余靖崔与之等辈之异军突起,堪当岭外文化兴盛之先导。明清之岭南,地灵人杰,学术渐盛。哲学有陈白沙湛甘泉,理学有黄佐陈建,经史有孙蕡屈大均,政事有丘濬海瑞。至若义学,则盛况空前,传扬广远,中土嘉许,四方瞩目,已非仅岭南一隅而已。明遗民诗家,自成面目;南园前后五子,各领风骚。韶州廖燕,顺德黎简,彰雄直狷介之气;钦州冯敏昌,嘉应宋芷湾,显本色自然之风。斯乃承前启后之关键,亦为导夫先路之前驱。晚清以还,诸学大兴,盛况空前。其颖异者,多能以先知先觉之智,兼济天下之怀,沐欧美之新风,栉西学之化雨,领时代之风骚,导历史之新潮,影响远播海外,功业沾溉后世。至若澳门香港之兴,则岭海之珠玉,亦华夏之奇葩。瞭望异邦,吾人由斯企足;走向中国,世界至此泊舟。故曰,此诚岭南之黄金时代也。然则岭南一名之成立,则初由我无以名我,必待他者有以名我而起,其后即渐泯自我他者之辨,而遂共名之矣。

晚近学者之瞩目岭南,盖亦颇久矣。刘师培论南北学派之不同,尝标举岭南学派,并考其消长代变;汪辟疆论近代诗派与地域,亦专论岭南诗派,且察其时地因缘。梁任公论吾国政治地理,言粤地背岭面海,界于中原,交通海外;粤人最富特性,言语习尚,异于中土。盖其所指,乃岭南与中原之迥异与夫其时地之特别也。梁氏粤人,夫子自道,得其精义,良有以也。斯就吾粤论之,其学亦自不鲜矣。有以族群名之者,若潮学客家学;有以宗派名之者,若罗浮道学慧能禅学;有以人物名之者,若黄学白沙学。晚近复有以各地文化名之者,若广府、潮汕、客家、港澳,以至雷州、粤西、海南之类,不一而足;且有愈趋于繁、愈趋于夥之势。

今吾侪以岭南学为倡,意在秉学术之要义,继先贤之志业,建岭南之专学,昌吾土之文明。其范围,自当以岭南为核心,然亦必宽广辽远,可关涉岭南以外乃至吾国以外之异邦,以岭南并非孤立之存在,必与他者生种种之关联是也。其方法,自当以实学为要务,可兼得义理考据、经济辞章之长,亦可取古今融通、中西合璧之法,冀合传统与现代之双美而一之。其目标,自当以斯学之成立为职志,然其间之思想足迹、认识变迁、求索历程均极堪珍视,以其开放兼容之性质,流动变易之情状,乃学术之源头活水是也。倘如是,则或可期探岭外之堂奥,究岭表之三灵,彰岭峤之风神,显岭海之雅韵也。

考镜源流，辨章学术，为学当奉圭臬；学而有法，法无定法，性灵原自心生。然何由之从而达于此旨，臻致此境，则时有别解，地有歧途；物有其灵，人有其感。唯所追慕向往者，则殊途同归、心悟妙谛之境界也。吾辈于学，常法朴质之风；吾等之怀，恒以清正为要。今此一名之立，已费踌躇；方知一学之成，须假时日。岭南学之倡导伊始，其源远绍先哲；岭南学之成立尚远，其始乃在足下。依逶迤之五岭，眺汪洋之南海；怀吾国之传统，鉴他邦之良方。愿吾侪之所期，庶能有所成就也。于时海晏河清，学术昌明有日；国泰民安，中华复兴未远。时势如斯，他年当存信史；学术公器，吾辈与有责任。

以是之故，吾等同仁之撰著，冠以岭南学丛书之名目，爰为此地域专学之足音；其后续有所作，凡与此相关相类者，亦当以此名之。盖引玉抛砖，求友嘤鸣，切磋琢磨，共襄学术之意云耳。三数著作既成，书数语于简端，略述其缘起如是。大雅君子，有以教之；匡其未逮，正其疏失，为吾侪所綦望且感戴焉。

左鹏军
丁亥三秋于五羊城

目 录

《曲江集》版本源流考 …………………………………………… 1
《四部丛刊》影印张九龄集 ……………………………………… 38
《曲江集》的史学价值 …………………………………………… 42
张九龄的文化价值取向与诗歌的美学追求 ……………………… 48
张九龄《曲江集》敕书的文史价值
　　——唐代开元二十二年至二十四年突骑施苏禄侵犯四镇个案探究
　　………………………………………………………………… 61
"九龄风度"与"盛唐气象" ……………………………………… 73
从张九龄应制诗看唐诗由"初唐之渐盛" ……………………… 87
《曲江集》附录"诰命"笺订 …………………………………… 97
张九龄诗歌补遗系年 …………………………………………… 142
张九龄对盛唐诗歌发展的贡献 ………………………………… 151
关于广东文化大省建设中岭南文化资源发掘和保护的思考 … 192
动态　开放　发展——区域文化研究视域 …………………… 197
师门三得 ………………………………………………………… 201

后　记 …………………………………………………………… 205

《曲江集》版本源流考

一、前人关于《曲江集》刻本的研究

《曲江集》为唐代开元名相张九龄的诗文集。《旧唐书》卷九九《张九龄传》载其"有集二十卷",可知最迟至修《旧唐书》时,张九龄已有集二十卷行世。《崇文总目》和《新唐书·艺文志》均著录"张九龄集二十卷"。

宋晁公武《郡斋读书志》卷四上载:

> 张九龄《曲江集》二十卷。……集后有姚子彦所撰行状,吕温撰真赞,郑宗珍撰谥议,徐浩撰墓碑及赠司徒敕词。①

宋陈振孙《直斋书录解题》卷十六载:

> 《曲江集》二十卷,唐宰相曲江张九龄子寿撰。曲江本有元祐中郡人邓开序,自言得其文于公十世孙苍梧守唐辅而刊之。卷末附以中书舍人樊(按:"樊"恐为"姚"之误)子彦所撰行状,会稽公徐浩所撰神道碑及太常博士郑宗珍议谥文献状,蜀本无之。②

万曼《唐集叙录》云:

> 《曲江集》原本为二十卷,这一点各种著录是相同的,据陈振孙所言,宋代有两种本子:一为曲江本,一为蜀本。曲江本有附录各

---

① 晁公武:《郡斋读书志》,《四库全书》本。
② 陈振孙:《直斋书录解题》,《四库全书》本。

文，蜀本无。①

但是，据《郡斋读书志》和《直斋书录解题》所载，《曲江集》在明成化九年以前已有3个刻本：一为蜀本，卷末无附录；二为曲江公十世孙苍梧守唐辅而刊之本，此本或为晁公武《郡斋读书志》所载"集后有姚子彦所撰行状，吕温撰真赞，郑宗珍撰谥议，徐浩撰墓碑及赠司徒敕词"之刻本；三为有元祐中郡人邓开序之曲江本。元祐邓开序本祖承公十世孙苍梧守所存本，二本"附录"中均少晁公武《郡斋读书志》卷四上所记载的吕温所撰真赞。

元初马端临《文献通考》卷二百三十一载："（《曲江集》）集后有姚子彦所撰行状，吕温撰真赞，郑宗珍撰谥议，徐浩撰墓碑及赠司徒敕词。"② 与《郡斋读书志》所载同。

《四库全书总目》卷一四九："唐、宋二史艺文志俱载有九龄文集二十卷，其后流播稍希。惟明《文渊阁书目》有曲江文集一部四册，又一部五册。而外间多未之睹。成化间，邱浚始从内阁录出，韶州知府苏韡为刊行之。其卷目与唐志相合，盖犹宋以来之旧本也。"③ 于是，《曲江集》复流行于世。

温汝适、徐绍棨、岑仲勉3人曾先后对《曲江集》刻本进行了考订。何格恩在《张曲江诗文事迹编年考》中亦云，其于"民国"二十五年秋曾撰有"曲江集板本考"一文，"然五羊沦陷，仓惶逃难，平日所撰文稿均留在广州，存亡未卜"，"迄今尚未发表"，④ 故未得闻。

温汝适于《曲江集考证》中指出《曲江集》有七刻：

> 按：公集成化间初刻于韶州者，前有邱文庄公序，末有郡守苏韡序。再刻于万历甲申，有金溪王民顺序，又有归善杨文懿序。三刻于南雄，有万历戊戌蒋柳二郡守序，又有山阴王循学序。四刻于万历癸丑，有乐昌李延大序。五刻于明季，余所见本缺序，文有里人刘白修

---

① 万曼：《唐集叙录》，中华书局1980年版，第46页。
② 马端临：《文献通考》下册，中华书局1986年版。
③ 《四库全书总目》下册，卷二百三十一经籍五十八卷一八四三，中华书局1983年版，第1279页。
④ 参见何格恩《张曲江诗文事迹编年考》，《广东文物》卷七"人物考证门"。

撰凡例数页。六刻于国初，有虞山钱朝鼎序，余序尚多，兹仅录数首，择其优雅者，足资考证而已。七刻于雍正十二年，公裔孙振文所刻，有番禺韩朝海序，以今韶本已载，故不复载，惟李司勋延大序，今韶本虽载，而改易字句颇多，谬误不可读。余曩昔在京师，购得原书，乃知司勋原文本不如此也。……①

徐绍棨在《温氏校本〈张曲江集〉序》中举《曲江集》八刻：

> 岭南文家，以张曲江为最古。《曲江集》易得，人多知之，惟《曲江集》之善本不易得，人不尽知之。由明成化以来，《曲江集》版刻可考约略有八：初刻于成化，即邱文庄录自馆阁，留刻郡斋，前有邱文庄序，末有郡守苏韡序，今商务印书馆《四部丛刊》影印者是；再刻于嘉靖十五年丙申，湛甘泉重刻本，首题张子寿文集二十卷，与温筼城所见旧刻，谓当是宋版之旧者相同。……三刻于万历甲申，有金溪王民顺序，又有归善杨文懿序。四刻于南雄，有万历戊戌蒋、柳二郡守序，又有山阴王循学序。五刻于万历四十一年癸丑，吏部司勋郎乐昌李延大序，凡分十二卷。六刻于清顺治丙申，亦分十二卷，有南韶兵备道周日灿序，有虞山钱朝鼎序。七刻于雍正十二年韶郡裔孙振文，有广东布政使武遂序，韶州府桐城姚孔锌序，又有番禺韩海序。八刻于光绪十六年庚寅，韶郡裔孙晓然，曾据广雅书院冠冕楼所藏《文苑英华》、《全唐文》为校勘，附有校勘记三卷。而光绪间韶州尚有袖珍本一种，则平凡无足称书。此外尚有明刻十二卷本，温氏谓其缺序文，有凡例数页，题里中后学刘自修识，遂称为刘刻本者。因版刻众多，故藏家著录，书肆贩鬻，无不有之，此其所以易得也。②

徐氏去温氏所称第五刻明刘自修刻本，而加入明嘉靖十五年"湛甘泉刻本"为第二刻，又将温氏第七刻刘自修刻本和光绪韶州袖珍本一种排除

---

① 见温汝适《曲江集考证》卷下李延大《补刻曲江集序》后之"按语"，《广东丛书》第一集影印徐氏南州书楼藏本。

② 见《丛书集成续编》第99册影印本，温汝适批校本《张曲江集》。

在八刻之外，故徐氏实际上已列出十刻。

岑仲勉《张曲江集十刻之表解》，在综合温汝适、徐绍棨二人研究成果的基础上，不取徐氏所称光绪韶州袖珍本，而加入崇祯十一年张起龙刻本，总为十刻。

（1）成化九年韶州刻本，二十卷，邱浚序，韶守苏韡序未见。与刊事者同知方新。

（2）嘉靖十五年刻本，二十卷，湛若水序未见。

（3）万历十二年韶州刻本，十二卷，杨起元序，佥事王民顺序，韶守蒋思孝跋。与其役者同知秦应聪、曲江令张履祥，校对者教官何来。

（4）万历二十六年南雄刻本，十二卷，雄守蒋杰序未见，柳希点序未见，保昌令王循学序。

（5）万历四十一年韶州刻本，十二卷，李延大序。主刻者张节、张筠。

（6）崇祯十一年江西宜黄刻本，十二卷，张起龙序。刻者宜黄士绅多人。

（7）明末韶州刻本，十二卷。刻者里人刘自修。

（8）顺治十四年韶州刻本，十二卷，学政钱朝鼎序，南韶道周日灿序。与其役者曾旅庵。

（9）雍正十三年韶州刻本，十二卷，布政使张渠序，韶守姚孔锌序，韶守袁安煜序，教授谭会海序，韩海序，张宗栻书后，曾序序，陈象谦序。重梓者张世纬、世绩、世纲。

（10）光绪十六年韶州刻本，十二卷，校勘者张晓然。①

自明代以来，《曲江集》几经翻刻，流播海内。然《曲江集》版刻众多，远不止以上十种，经眼者囿于所见，叙录未全。岑仲勉《张曲江集十刻之表解》指出：

---

① 岑仲勉：《张曲江集十刻之表解》，见《广东文物特辑》1949年3月刊，第138～139页。

旧唐书曲江本传云："有集二十卷"，崇文总目及新唐书艺文志别录类均著录："张九龄集二十卷"。新志又于儒家类著录"张九龄千秋金镜录五卷"，（温氏考证上误镜为鉴）。可见其书不包在集二十卷之内。今集首有张文献公本传一篇，谅系明代张氏裔孙所撰，其末云："所著曲江集诗赋十二卷，千秋金鉴录五卷，讲经语录二卷，姓源韵谱一卷，共二十卷"，盖未考诸史志，误认二十卷连金镜录等合计，故强缩本集为十二卷也。①

其实，张九龄诗文除了全集二十卷本、全集十二卷本两个系统之外，还以诗赋集和诗文选集的形式流传。

二、全集二十卷本

据晁公武《郡斋读书志》、陈振孙《直斋书录解题》所载，宋时《曲江集》有三种版本。"但宋以后，未见复刻，渐就澌灭，今所传各本，皆以成化九年癸巳（1473）琼台丘濬（仲深）序本为祖本。"②

（1）明成化九年癸巳韶州苏韡刻本《张子寿文集》二十卷，六册，十一行二十二字，白口四周双边，无附录，版框高24.8厘米至24.9厘米，宽15.2厘米，字体笔画较柔顺。集前有邱濬《曲江集序》，后有苏韡《书文献张公文集后》。有张子寿文集总目。每卷卷首题"唐丞相曲江张先生文集卷之×"，总目与每卷目录下均题"曲江集"（第三卷除外），与《郡斋读书志》《直斋书录解题》所载书名相合。北京国家图书馆藏。

杜信孚《明代版刻综录》卷三："张子寿文集二十卷，唐张九龄撰，明成化九年邱濬刊。"又，《明代版刻综录》卷八："张子寿文集二十卷，唐张九龄撰，明成化九年苏韡刊。"杜氏认为明成化九年《曲江集》有邱濬、苏韡两个刊本，其实不然。邱濬《曲江集序》云：

> 古今说者咸曰，唐相张文献公，岭南第一流人物也。……有志求公全集，刻梓以行世。自来京师，游太学，入官翰林，每遇藏书家，辄访求之，竟不可得，盖余二十年矣。岁己丑，始得公《曲江集》于

---

① 岑仲勉：《张曲江集十刻之表解》，见《广东文物特辑》1949年3月刊，第137页。
② 万曼：《唐集叙录》，中华书局1980年版，第46页。

馆阁群书中,手自抄录,仅成帙。闻先妣太宜人丧,因携南归,期免丧后,自备梓刻之。道韶,适友人五羊涂君暲倅郡,偶语及之。太守毘陵苏君韡、同知莆田方君新,谓公此集乃韶之文献,请留刻郡斋。

嗟乎!公之相业,世孰不知?其文则不尽知也。矧是集藏馆阁中,举世无由而见,苟非为乡后进者表而出之,天下后世安知其终不泯泯也哉!是以不揆愚陋,僭书其首。成化九年龙集癸巳仲春初吉。翰林院侍讲学士琼台邱浚序。①

邱浚《序》已清楚表明,其原"期免丧后,自备梓刻之",后南归道韶,韶守苏韡"请留刻韶州"。苏韡《书文献张公文集后》云:

> 韡承乏韶郡之又明日,进拜文献公祠,退求夫文献之犹有存者,仅得诗文二十许篇而已,余未得也。成化己丑冬,始得全集于翰林学士琼台丘公仲深。所因念古君子之为政,必因其俗,尚又必表章其乡之先贤以为之劝,俾人乐而从之,盖悦于使民之道固如斯也。文献公之集,一时治道之盛,靡不具载。而此郡之俗易治,乐从者亦多见焉,垂之后世,足以为训。捐俸重刊,惠此学者,有能于此。契其道而施之于时,则岂徒为此郡人而已哉!盖文之行矣,尚有望于所谓献者之复起也。常郡江阴苏韡书。②

可知,韶守苏韡于成化五年己丑冬,始得全集于翰林学士琼台邱浚,后于成化九年癸巳"捐俸重刊",邱浚为之序,成化九年本《曲江集》实乃韶守苏韡所刊,非邱浚自刊。据现存苏韡成化九年刊本《曲江集》无"附录"而推断,邱浚于馆阁手抄之本,应为陈振孙《直斋书录解题》十六所载无"附录"之"蜀本"。不然,以邱浚的学识,如此重要的文献,他是不会遗漏的。张伯璘《文献公遗集序》云:

> 我远祖曲江文献公遗集,繇唐迄明七百余年,琼山邱文庄公始得之于馆阁,亲手钞录,携以南归,旋由苏太守刻之,留于韶之郡斋,

---

① 邱浚:《曲江集序》,见明成化九年韶州苏韡刊本《曲江集》,国家图书馆藏。
② 苏韡:《书文献张公文集后》,见明成化九年韶州苏韡刊本《曲江集》,国家图书馆藏。

而世始知有《曲江集》。①

因此，明成化九年只有韶守苏韡刻本，无邱浚刻本。

（2）明嘉靖十五年丙申湛若水序、邓一新新会翻刻本《唐丞相曲江张先生文集》，二十卷，十行二十字，四册，白口四周单边，版框高26.5厘米，宽16.5厘米，字体笔画较硬朗。无总目、无附录、版心无"曲江集"三字、无刻工姓名。集前依次有湛若水《重刻唐丞相曲江张先生文集序》（以手书行草上木）、邱浚《曲江集序》，集后有苏韡《书文献张公文集后》。湛若水《重刻唐丞相曲江张先生文集序》云：

……乃求文献先生文集善本于徽庠，授吾友水部郎中新会邓君一新文献翻梓之，置于新泉精舍，庶可以广播于四方焉尔，因序其说于卷端云。嘉靖十五年岁在丙申八月初七日。赐进士出身资政大夫南京吏部尚书前国子祭酒翰林侍读兼修国史经筵讲官省人湛若水书。②

徐绍棨《温氏校本〈张曲江集〉序》云："陈东塾集云：郑小谷所藏《曲江集》，前有亭林先生手钞湛甘泉、邱琼山二序，湛序前缺六行，盖所据者殆即湛甘泉刻本。"③ 岑仲勉《张曲江集十刻之表解》云："湛甘泉刻本，温、徐两家均未见，徐亦仅据东塾集谓郑小谷所藏，前有亭林手抄湛序，湛序前缺六行，推测得之。"又云"嘉靖十五年刻本，二十卷，湛若水序未见"④。今广东博物馆藏有明嘉靖十五年湛若水序、邓一新翻梓本，该本湛若水序完整。

将湛若水序、邓一新翻梓本（以下简称湛本）与苏韡刻本（以下简称苏本）进行校勘，湛本诗文分卷及其篇目次序基本上与苏本相同，湛本正文文字亦与苏本绝大多数相同。湛若水序云"乃求文献先生文集善本于徽庠"，该集中有邱浚《曲江集序》和苏韡《书文献张公文集后》，集后

---

① 见"民国"七年（1918）四十五传孙伯璜置检羊城刻本《张文献公遗集》，孙中山文献馆藏。
② 见明嘉靖十五年湛若水序、新会邓一新翻梓本《唐丞相曲江张先生文集》，广东博物馆藏。
③ 见《丛书集成续编》第99册影印温汝适批校本《张曲江集》。
④ 岑仲勉：《张曲江集十刻之表解》，见《广东文物特辑》1949年3月刊，第137、139页。

无"附录",可知,湛本依据苏本翻梓。

(3)明嘉靖年间刻本《唐丞相曲江张先生文集》,二十卷,附录一卷,十行二十字,四册,前有邱浚《曲江集序》,后有苏韡《书文献张公文集后》,集前无总目。商务印书馆印行《四部丛刊》集部根据此刻之南海潘氏藏本影印。

1919年("民国"八年己未),上海商务印书馆《四部丛刊》初编影印《唐丞相曲江张先生文集》,二十卷附录一卷。扉页注明为"上海涵芬楼借印南海潘氏藏明成化九年韶州刊本板高营造尺六寸四分至六寸八分宽四寸四分",显然,《四部丛刊》初编者认为"南海潘氏藏"本是明成化九年苏韡韶州刊本。

其实,"南海潘氏藏"本非明成化九年苏韡韶州刊本。《四部丛刊》初编影印本《唐丞相曲江张先生文集》有王国维校并跋本,现藏于北京国家图书馆。王国维在邱浚《曲江集序》后手书云:

此本(按:指《四部丛刊》初编影印本。)邱序前原有嘉靖十五年湛若水序,乃重刊邱本,非邱氏原本也,又有成化九年苏韡后序,此本亦佚去。观堂。

王国维此说有两点值得注意:其一,王氏认为,1919年上海涵芬楼借印南海潘氏所藏本非"明成化九年韶州刊"本;其二,王氏认为,此南海潘氏藏本乃嘉靖十五年湛若水重刊邱本(按:上文已考证明成化九年只有苏韡刊本,无邱浚刊本,此不赘述)。笔者于广东博物馆经眼嘉靖十五年湛若水刊本,经比较发现《四部丛刊》初编影印南海潘氏藏本虽然与湛若水刊本书名卷数相同,均为《唐丞相曲江张先生文集》二十卷,但是两本有明显差别:湛本无附录一卷,而此南海潘氏藏本有附录一卷。湛本无刻工姓名,而此南海潘氏藏本有刻工姓名。其刻工为:谢裕、陈三、冯希、陈仲、余富、余旺、吴周、余二、程士鸾、李真元、王继仁、麦保、叶明、詹四、吴五、邓礼、谢林、施永保、关士芳、余一。据张振铎编著的《古籍刻工名录》记载:

惠安县志十三卷,明邑人张岳编,明嘉靖九年庚寅(1530)刊本。

刻工：陈三、王继仁、程士鸾、关士芳、谢裕、冯希、李真元、麦保。广东地区刻工。①

《惠安县志》刻工 8 人与《四部丛刊》影印之南海潘氏藏《唐丞相曲江张先生文集》中刻工姓名相同，是同一批人。明嘉靖九年庚寅（1530）与明成化九年癸巳（1473）相差 57 年。以明成化九年此批刻工平均年龄为 20 岁计算，至嘉靖九年已平均为 77 岁，不可能再亲自操刀。明成化九年苏韡刻本第三卷在《郡舍南有园畦杂树聊以永日》诗下无《临泛东湖时任洪州》、《始兴南山下有林泉常卜居焉荆州卧病有怀此地》二诗，湛本第三卷在《郡舍南有园畦杂树聊以永日》诗下有此二诗，《四部丛刊》影印之南海潘氏藏本第三卷亦有此二诗。根据上述情况推断：南海潘氏藏本不是明成化九年苏韡刊本，亦不是嘉靖十五年湛若水刊本，然南海潘氏藏本可能出自湛若水刊本，时间应在明嘉靖十五年之后。万曼《唐集叙录》云："这个本子（按：指《四部丛刊》影印之南海潘氏藏本，万氏认为是成化九年原刻，误。）正集二十卷，另附录一卷，附录中无樊子彦行状及郑宗珍谥议，卷前也没有邓开序，和晁、陈二氏所见不同，当不出于曲江本，其渊于蜀本乎？"② 然今《四部丛刊》影印之南海潘氏藏本，"附录"中有吕温《张荆州画赞并序》，徐浩《文献张公碑铭》及《赠司徒制》。这有两种可能：一是刊者或参考过宋"曲江本"，二是刊者或从曲江后裔手中收集有关文献刊行。

1929 年（"民国"十八年己巳），上海商务印书馆从《四部丛刊》初编中抽换 21 种版本重印，其中有《唐丞相曲江张先生文集》二十卷附录一卷。扉页仍注明"上海涵芬楼借印南海潘氏藏明成化九年韶州刊本板高营造尺六寸四分至六寸八分宽四寸四分"。总体来看，重印本与初编影印之底本为同一版本，然有四处明显的区别：其一，重印本与初编本在"上海涵芬楼借印南海潘氏藏明成化九年韶州刊本板高营造尺六寸四分至六寸八分宽四寸四分"之前，均有手书"曲江张先生文集"七字，但"张先生"三字写法明显有别；其二，两本在附录一卷中均有吕温《张荆州画赞并序》，初编本文中有"开元二十三年玄宗春秋高矣"一句，然重印本作

---

① 张振铎：《古籍刻工名录》，上海书店出版社 1996 年版，第 146 页。
② 万曼：《唐集叙录》，中华书局 1980 年版，第 47 页。

"开元二十二年玄宗春秋高矣";其三,初编本卷之四《道逢北使题赠京邑亲知》一诗有"征骖梢靡靡"一句,"梢"字重印本作"稍";其四,初编本卷之十七《给事中魏山公苏诜题而铭曰》有"槎崒岘兮莽芉羊",重印本"芉羊"作"芊芊"。这可能是在《四部丛刊》重印时编印者对原本的模糊字迹进行描清所致。

1936年("民国"二十五年丙子),上海商务印书馆根据《四部丛刊》初编集部出缩印本《曲江张先生文集》二十卷附录一卷,卷内题"唐丞相曲江张文献公文集",一册,十行二十二字,146页,平装。每页分上下两栏,每栏两面。集前题"上海涵芬楼借印南海潘氏藏明成化本",而不再题"明成化九年韶州刊本"。

1989年,上海书店根据"民国"十八年己巳(1929)上海商务印书馆《四部丛刊》缩印本重印,改为32开精装,有《唐丞相曲江张先生文集》二十卷附录一卷。

此外,日本宽政九年(1804)闰七月,樱仙井罔洌誊写《张曲江集》二十卷附录一卷,四册。集前有邱序,卷内题"唐丞相曲江张先生文集",集后无苏韡"书后"。集后抄有蒋思孝《跋曲江文集后》并注明"洌按一本有蒋思孝跋,因收载于此"。然蒋思孝跋本乃明万历十二年甲申王民顺韶州刻本《唐丞相曲江张先生文集》十二卷本,而樱仙井罔洌誊写的《张曲江集》,为二十卷附录一卷,应以此明嘉靖年间刻本为底本。北京大学图书馆藏。

(4)清乾隆《文渊阁四库全书》本《曲江集》二十卷,集前有"提要",无序、无附录。详校官谢墉,检讨、复勘何思均,总校官朱铃,校对官翁树棠,誊录蔡本任。《四库全书总目》卷一四九:"唐、宋二史艺文志俱载有九龄文集二十卷,其后流播稍希。惟明《文渊阁书目》有曲江文集一部四册,又一部五册。而外间多未之睹。成化间,邱浚始从内阁录出,韶州知府苏韡为刊行之。其卷目与唐志相合,盖犹宋以来之旧本也。"① 由此可知,《文渊阁四库全书》本应出自明成化九年苏韡刊本。

1983—1986年,台湾商务印书馆影印出版《文渊阁四库全书》,精装1500册。② 1987年,上海古籍出版社据台湾商务印书馆影印本出版《文渊

---

① 见《四库全书总目》(下册),中华书局1983年版,第1279页。
② 据香港中文大学图书馆联机目录。

阁四库全书》，再次影印出版《曲江集》二十卷。

（5）1937年（"民国"二十六年丁丑），王云五主编《万有文库》，用铅字重排《唐丞相曲江张先生文集》二十卷附录一卷。其中吕温《张荆州画赞并序》有"开元二十二年玄宗春秋高矣"一句，可知，此本出自《四部丛刊》1929年重印本。

（6）1968年，台湾商务印书馆印行"国学基本丛书四百种"本《曲江集》二十卷，有附录。①

（7）1973年，台湾商务印书馆印行"人人文库"本《曲江集》二十卷，有附录，版框高18厘米。②

目前所知《曲江集》二十卷本，有以上14种，其中包括《四部丛刊》系列5种、《文渊阁四库全书》系列3种。

三、全集十二卷本

宋元以前的文献记载，《曲江集》只有二十卷本，而没有十二卷本。《曲江集》十二卷本的出现，是明代以后的事。

（1）明南雄刻本《张文献公文集》十二卷。此本已佚。明嘉靖二十四年乙巳李而进《重刊文献张公文集后序》云：

> 唐相张文献公文集十二卷，乃少傅琼台邱公录之于史馆群书中，韶郡守苏君靽所梓行者也。嘉靖甲辰而进承乏雄郡，既谒公祠，遂求其集，以图厥传，韶刻则已为人缪加损益而失其真矣。雄本虽仍厥旧，岁久散佚，仅存十之一、二，刻既朽蠹，字亦漫灭，文献无征，良可慨也。爰介工部次川谭先生，假其原本，偕寅辰宜兴万君溥、寿昌刘君僅，恭加校正，始得成集，捐俸重刊，足以加惠来学，垂训后世。若夫文献公之道德与夫气节功业，著在信史，播扬天下，人人得而见之知之矣。然兹文虽为一郡之献，其一时治道之盛，斯集靡所不载，人或有未见知者。录成，僭书末简，用识岁月云尔。嘉靖乙巳正月暨望南雄府知府常熟李而进撰。③

---

① 据香港中文大学图书馆联机目录。
② 据香港中文大学图书馆联机目录。
③ 李而进：《重刊文献张公文集后序》，见明嘉靖二十四年李而进递修本集后，国家图书馆藏。

李而进捐俸重刊《张文献公集》十二卷，即以此南雄刻本为底本。《涵芬楼烬余书录》集部载：

> 《张文献公集》十二卷，明成化刊本，十二册。乐意轩吴氏、石研斋秦氏、染素斋刘氏旧藏。前有成化九年邱浚序，书名题《曲江集》，谓得于馆阁群书中，抄录成帙，南归道韶，太守邱浚、同知方新，请留刻郡斋云云。不知刊本何以改称今名。按唐书艺文志，九龄文集二十卷。《直斋书录解题》、《郡斋读书志》均称《曲江集》二十卷。《四部丛刊》景印南海潘氏藏本，亦有成化邱序。诸家藏本均二十卷，独此为十二卷，以潘本对勘，诗文篇数全合，惟分卷不同，编次亦稍异。此本邱序以写本上木，而潘本则为匠氏所书，故知此为成化原刻，潘本实由此迻录也。①

《涵芬楼烬余书录》认为此《张文献公集》十二卷十二册本为成化原刻，理由是"此本邱序以写本上木"。万曼《唐集叙录》云：

> 《涵芬楼烬余书录》著录明成化刊《张文献公集》十二卷，前亦有成化九年邱浚序，书名题《曲江集》，谓不知刊本何以改称今名。以南海潘氏藏成化本（《四部丛刊》影此本）对勘，诗文篇数全合，惟分卷不同，编次亦稍异，但邱序谓此本以写本上木，而潘本则为匠氏所书，故认为此为成化原刻，潘本实由此迻刻。书系乐意轩吴氏、石研斋秦氏、染素斋刘氏旧藏。②

然宋元文献均载《曲江集》二十卷，《张文献公集》十二卷书名卷数都与宋元文献所载不合。《四部丛刊》影印南海潘氏藏本，上文已考证为明嘉靖年间刻本，非成化原刻，以潘本邱序"为匠氏所书"，而判定"以写本上木"者为原刻，不足为据。

笔者曾经亲眼看见两本"邱序以写本上木"的明刻十二卷本《张文献公集》。

---

① 商务印书馆编：《涵芬楼烬余书录》第四册，1951年中国图书发行公司铅印本，第9页。
② 万曼：《唐集叙录》，中华书局1980年版，第47页。

其一为《张文献公集》十二卷，十二册，无附录，十行，行二十字，白口四周单边。此本与《涵芬楼烬余书录》集部所载书名、卷数、册数相合。集前有邱浚《曲江集序》，集后无苏韡后序，有总目，每卷前无本卷目录。北京国家图书馆藏。将此本邱序与苏韡刻本邱序相校，有三处不同：一是此本邱序以写本上木，苏韡刻本邱序为匠氏所书；二是苏韡刻本邱序有"期免丧后，自备梓刻之"一句，此本邱序则为"免丧后，自备梓刻之"，少一"期"字，集后又无苏韡后序，很容易被误认为邱浚所刻，然与下文"适友人五羊涂君暲倅郡，偶语及之，太守毘陵苏君韡、同知莆田方君新，谓公此集乃韶之文献，请留刻郡斋"合解，上下句意仍有明显矛盾；三是此本邱序落款为"邱浚书"，而苏韡刻本邱序落款为"邱浚序"。

将此《张文献公集》十二卷十二册本（以下称十二卷本）与成化九年苏韡刻《张子寿文集》二十卷本（以下称二十卷本）相比较，诗文篇数相合，只有分卷不同。

1）此十二卷本第一卷与二十卷本第一卷同；
2）此十二卷本将二十卷本第二卷、第三卷合为第二卷；
3）此十二卷本将二十卷本第四卷、第五卷合为第三卷；
4）此十二卷本将二十卷本第七卷列为第四卷；
5）此十二卷本将二十卷本第八卷、第九卷合为第五卷；
6）此十二卷本将二十卷本第十卷、第十一卷合为第六卷；
7）此十二卷本将二十卷本第十二卷、第六卷合为第七卷；
8）此十二卷本将二十卷本第十三卷、第十四卷合为第八卷；
9）此十二卷本将二十卷本第十五卷列为第九卷；
10）此十二卷本将二十卷本第十六卷列为第十卷；
11）此十二卷本将二十卷本第十七卷、第十八卷合为第十一卷；
12）此十二卷本将二十卷本第十九卷、第二十卷合为第十二卷。

此外，某些单篇之题目编次亦稍异，如：

1）此十二卷本第二卷录入《临泛东湖》诗，二十卷本题为《东湖临泛》，列第四卷；
2）此十二卷本第三卷《见郡雁忆二第》诗，二十卷本题为《见群雁忆二弟》，列第五卷；
3）此十二卷本第十一卷《画天尊像铭并序》，二十卷本题为《画天尊像铭》。

其二为蓝色印本《张文献公集》十二卷，三册，无附录，十行二十字，白口四周单边。集前有邱浚《曲江集序》，以手书上木，集后无苏韡后序。有总目，然每卷前无本卷目录。邱序、篇次均与上文十二卷十二册本同。有"大通楼藏书印""郑氏注韩居珍藏记""关中蒋玢""是书曾藏蒋绚臣家""绚臣家藏"等印章。中国社会科学院文学所图书馆藏。

王国维校完1919年《四部丛刊》本《唐丞相曲江张先生文集》后，手书云：

> 南林蒋氏藏明刊本张文献公集十二卷，前有邱琼山行书序，颇疑为邱氏原刊。然曲江集自唐二志及晁、陈诸录所载者，均为二十卷。高叔嗣张曲江集序又云：囊岁得曲江集京师，盖邱文庄公录自馆阁本刊传之。是邱刊云曲江集，不云张文献公集也。是十二卷者乃一别本。因然取校他本，甚有佳处，但不知其出自何本耳。此本乃亦嘉靖中翻邱本，非邱氏原本也。壬戌十一月廿八日。观翁识。①

王国维以"南林蒋氏藏明刊本张文献公集十二卷"校1919年《四部丛刊》影印明嘉靖刻本《唐丞相曲江张先生文集》二十卷，即认为此十二卷本非邱氏原本。

十二卷十二册本字迹笔画粗糙，字体风格明显不统一，而十二卷三册本字迹笔画精细，字体风格比较统一，实为两个不同的版本。然此十二册本和三册本都无附录，又第二卷在《郡舍南有园畦杂树聊以永日》诗下都有《临泛东湖时任洪州》《始兴南山下有林泉常卜居焉荆州卧病有怀此地》二诗，与明嘉靖十五年湛若水序、邓一新翻梓本同，而明成化九年苏韡刻本则无二诗，据此推测，此十二册本和三册本应与湛若水序、邓一新翻梓本有渊源关系，此十二册本和三册本中有一本可能即李而进序中所说的南雄刻本。

（2）明嘉靖二十四年乙巳李而进南雄刻本《张文献公集》，十二卷，四册。

《中国古籍善本书目》集部上载："张文献公集十二卷，明嘉靖二十

---

① 王国维校并跋1919年《四部丛刊》初编本《唐丞相曲江张先生文集》，国家图书馆藏。

四年李而进刻本。"① 北京国家图书馆藏。笔者曾到该馆查阅，无此书。然据上文所引李而进《重刊文献张公文集后序》："爰介工部次川谭先生，假其原本，偕寅辰宜兴万君溥、寿昌刘君僎，恭加校正，始得成集，捐俸重刊，足以加惠来学，垂训后世。……嘉靖乙巳正月暨望南雄府知府常熟李而进撰。"② 确有此本。李而进《序》云其底本为"雄本"，后借工部次川谭先生"原本"，经校正后，"始得成集，捐俸重刊"。可知，李而进重刊本出自南雄刻本。

杜信孚《明代版刻综录》第二卷云："张文献公集十二卷，明嘉靖四十三年李而进刊。"杜氏所说之明嘉靖四十三年李而进刊本，其他书录均未见有记载，不知何据。

又，《中国古籍善本书目》集部上载："张文献公集十二卷，明嘉靖二十四年李而进刻递修本。"③ 此李而进刻递修本《张文献公集》，十二卷，四册，十行二十字，版框高27.2厘米，宽16.1厘米。集前有邱濬《曲江集序》，手书上木。序中于"期免丧后，自备梓刻之"句中无"期"字，落款为"邱濬书"，邱序版心有"张曲江集"四字。正文版心有"文献公集卷×"字样。集后无苏辙后序，而有李而进《重刊文献张公文集后序》。此本当为后人递修。北京国家图书馆藏。

（3）明万历十二年甲申王民顺韶州刻本《唐丞相曲江张先生文集》，十二卷，附录一卷，八册，十行二十字，白口，左右单边，上下双边。集前依次有杨起元序、王民顺序，无邱濬序。有总目，总目后依次为"唐丞相曲江张先生像""唐玄宗赠司徒制""宋阜陵代唐玄宗赞曲江公张氏九龄"裔孙张岳谨识"曲江小像一幅……"、《张荆州画赞并序》（无署名）。正文每卷首又有该卷目录。集后无苏辙《书文献张公文集后》。北京国家图书馆藏。

杨起元《重刻曲江先生文集序》云：

> 曲江张文献公以直道相唐，迄今始及千年。士论翕然重公，南纪之有公犹之鹑首衡岳与天壤不朽矣。公有文集若干卷，海内罕得见

---

① 《中国古籍善本书目》集部·上，上海古籍出版社1996年版，第46页。
② 李而进：《重刊文献张公文集后序》，见明嘉靖二十四年李而进递修本集后，国家图书馆藏。
③ 《中国古籍善本书目》集部·上，上海古籍出版社1996年版，第46页。

之。成化癸巳，琼山邱公始得于馆阁群书中，手自抄录，梓于韶。韶之有曲江文集，琼山之功也。岁远板腐，人家藏本罕存，而赝刻金鉴录则市鬻而家有之，予每抚之而兴慨焉。岁癸未，金溪如水王公以侍御出佥粤宪，备兵于韶。甫下车机询是集，久之得于人家，已蠹蚀不可读。公叹曰：此一邦之文献也，弗表章之，后学何所兴起。且□内士素慕公，尝不获见公之全文为憾，今刻而行焉可也。乃谋之太守蒋公，付邑令张君履祥董其后梓焉。鲁鱼亥豕，则教官何来校之。又索诸其后人，得公遗像一幅，命公肖厥卷首。于是兹集焕然一新，称全书矣，此则如水王公之功也。……万历甲申三月禊日，翰林院编修大楼杨起元。①

王民顺《重刻曲江先生文集序》云：

我明邱文庄公搜采余二十年，始得馆阁群书中，而手自抄录成帙，诚重之矣。韶先太守苏韡始刻之郡斋。顾岁久木蠹，字残缺不可读。余不佞，奉上命分臬韶阳，祗肃谒公祠，欲取旧本更梓之。而郡守蒋君、邑令张君，佥以为靖已，复请于两台，于是督工竣事。……梓既成，余顺不佞，忘其鄙陋，而僭为之序。时万历十二年甲申孟春吉旦。赐进士第奉政大夫广东提刑按察司佥事奉敕整饬南韶等处兵备前巡按直隶监察御史豫章金溪后学王民顺书。②

杨起元和王民顺《序》中所提到的"蒋公"，指蒋思孝，时任韶州知府。蒋思孝《跋曲江文集后》云：

岁甲申，金溪如水王公持宪兹土，公风度凝著，文章德业，盖与文献气味相投。乃谋诸孝洎二守，秦君应骢欲新其梓以传，殆千载神会云。不佞承德意而以其时董之曲江令张君履祥焉。工既竣，爰为之跋。③

---

① 见明万历甲申王民顺刻《唐丞相曲江张先生文集》，北京大学图书馆藏。
② 见明万历甲申王民顺刻《唐丞相曲江张先生文集》，北京大学图书馆藏。
③ 见清雍正十三年裔孙三张刻本《唐丞相曲江张先生文集》，国家图书馆藏。

杜信孚《明代版刻综录》第一卷载："唐丞相曲江张先生文集十二卷附录一卷，明万历十二年王民顺刊。"温汝适《曲江集考证》卷下："（公集）再刻于万历甲申，有金溪王民顺序，又有归善杨文懿序。"徐绍棨《温氏校本〈张曲江集〉序》："三刻于万历甲申，有金溪王循民序，又有归善杨文懿序。"（按：此本非"再刻"本，亦非"三刻"本，徐序中"王循民"应为"王民顺"。）

此王民顺刻本卷数、编次与李而进刻递修本同，其第二卷在《郡舍南有园畦杂树聊以永日》诗下亦有《临泛东湖时任洪州》《始兴南山下有林泉常卜居焉荆州卧病有怀此地》二诗，后有附录一卷，可推测其应出自李而进重刊本，并采纳了《四部丛刊》影印之南海潘氏藏明嘉靖年间刻本《唐丞相曲江张先生文集》的书名和附录一卷。

（4）明万历二十六年戊戌蒋杰、柳希点、王循学南雄刻本《唐丞相曲江张先生文集》，十二卷附录一卷。温汝适《曲江集考证》下录王循学《重刻曲江先生文集序》云：

> 张文献公实产始兴之清化里。始兴，故粤郡，其竟统辖韶南之域，后割为邑，而隶于雄。文献之产，今为雄地。而雄未有公集，谓非风教之一缺也乎！太守普安蒋公慨焉，兴思以属循学，而瀔水柳公继守兹土。二公皆岂弟作人，雅意好古，谓韶刻尚多讹漏，更命求得善本参之。梓人讫工，循学不敏，敬缀所闻于后。……蒋、柳二公所以刻公集，亦不独以公也，欲因公以风后起之士，学公之终始一意，不失吾所生者而已矣。万历戊戌，山阴王循学序。①

温汝适《曲江集考证》下于李延大《补刻曲江集序》后按："（公集）三刻于南雄，有蒋、柳二郡守序，又有山阴王循学序"，又于杭士骏《登曲江风度楼怀张文献公》诗后按："三刻于万历戊戌，刻本久佚"。徐绍棨《温氏校本〈张曲江集〉序》："四刻于南雄，有万历戊戌蒋、柳二郡守序，又有山阴王循学序。"然岑仲勉《张曲江集十刻之表解》云："是温氏未见南雄刻本，徐更无论矣。……但《考证》又著录万历戊戌（廿六年）山阴王循学《重刻曲江文集序》一篇，……味其语意，蒋、柳是

---

① 温汝适：《曲江集考证》，见"民国"三十年影印《广东丛书》。

否各有序,尚在未知之数也。据广东通志二九,万历朝保昌县知县,'王循学,浙江人,进士,二十四年任'。但同卷,万历朝南雄府知府,'蒋杰,贵州人,进士,二十年任,柳希点,浙江人,进士,二十七年任',又道光南雄志三,'蒋杰,贵州普安,进士,二十四年任,柳希点,浙江兰溪,进士,二十七年任',均为廿七年己亥始任,如果王序廿六年作,何从预知,是志序当任有一误。蒋杰之任年,以南雄志为是,通志殆误夺'四'字。"又云:"蒋杰序未见,柳希点序未见。"① 明天启四年甲子顾懋光刻本《唐张文献公曲江集》中保存有蒋杰、柳希点二《序》。蒋杰《序》云:

> 公殁到今七百余季,余来守公乡,得公中秘杂文御撰全书。……公凿梅岭,功杂万世,余修公祠,别有记勒之岭石,因刻公集,乃弹射唐事,论著公之关系唐室之治乱,与人所以知公之难如此。②

顾懋光刻本所录蒋杰《序》无官衔和日期,然在"普安蒋杰"下方有"万历戊戌南雄刻"七字。柳希点《序》云:

> 张曲江公遗文与诸诗,凡若干卷,故未之传也,传之自邱文庄,从秘阁手录,始杀青布焉。流行久,鲁鱼帝虎之讹浸甚。前守普安蒋公校而重镂之,工未竣,予代守之。明季,属保昌王令讫其事。令请予序诸首。③

顾懋光刻本所录柳《序》亦无官衔和日期。王循学序所云"太守普安蒋公慨焉,兴思以属循学,而潋水柳公继守兹土",与蒋、柳二《序》所述相符。蒋杰任南雄府知府在前,柳希点为继任,而王循学任保昌县知县,当跨蒋、柳二公任期,而柳希点又必定于万历二十六年戊戌以前到南雄府任。

---

① 岑仲勉:《张曲江集十刻之表解》,见《广东文物特辑》1949年3月刊,第138、139页。
② 蒋杰:《序》,见明天启四年甲子顾懋光刻本《唐张文献公曲江集》,广州中山大学图书馆藏。
③ 柳希点:《序》,见明天启四年甲子顾懋光刻本《唐张文献公曲江集》,广州中山大学图书馆藏。

《中国古籍善本书目》集部上载："《唐丞相曲江张先生文集》，十二卷附录一卷，明万历二十八年蒋杰、柳希点刻本。"标明旅大市图书馆、云南省图书馆藏，笔者未能亲赴其地考察，不知作"万历二十八年"何据？"八"或为"六"字之误。今广州中山大学图书馆藏有明天启四年甲子顾懋光刻本。顾懋光《重刻张文献公曲江全集序》云其"属诸生刘自修校订补遗，而捐俸重付诸剞劂"。而刘自修在"编次订补凡例"中云："张曲江公集登刻者屡，成化癸巳初刻，已不及见。今所见者，万历甲申韶州重刻，戊戌雄州刻，癸丑乐昌刻。无论编次之错综，字句之讹漏，较若一辙。"[①]"戊戌雄州刻"本为刘自修所见，并作为校订之一重要版本，当可信。

（5）明万历四十一年癸丑李延大乐昌补刊本《唐丞相曲江张先生文集》十二卷，附录一卷，十二册，九行十八字，白口左右单边。集前依次有邱浚序、王民顺序、杨起元序、邓瑗序、李延大序。有总目、唐丞相曲江张先生小像、"唐玄宗赠司徒制""宋阜陵代唐玄宗赞曲江公张氏九龄"、裔孙张岳谨识"曲江小像一幅……"、《张荆州画赞并序》（无署名）。李延大《补刻曲江集序》云：

圣天子予假归里，索公集，板则脱漏漫灭者十一、二，嗟嗟公之文岂不烂然于唐。自非邱公得之馆阁，杨公新之韶阳，则委于乌有，不朽朽矣。……万历四十一年岁在癸丑二月初吉，吏部司勋郎参知政事同里后学四余李延大顿首拜书。[②]

明天启四年甲子顾懋光刻本在"乐昌李延大"下方有"万历癸丑乐昌刻"七字；又刘自修在"编次订补凡例"中云"癸丑乐昌刻"。李延大《序》云"杨公新之韶阳"，杨公，指杨起元。李延大乐昌补刊本书名与明万历十二年甲申王民顺韶州刻本同，其第二卷在《郡舍南有园畦杂树聊以永日》诗下亦有《临泛东湖时任洪州》《始兴南山下有林泉常卜居焉荆州卧病有怀此地》二诗，后有附录一卷，此本显然出自王民顺韶州刻本。

---

① 见明天启四年甲子顾懋光刻本《唐张文献公曲江集》，广州中山大学图书馆藏。
② 见明万历四十一年癸丑乐昌李延大补刊本《唐丞相曲江张先生文集》，北京大学图书馆藏。

《中国古籍善本书目·集部》上载："《唐丞相曲江张先生文集》十二卷附录一卷，明万历十二年甲申王民顺刻，四十一年李延大重修本。"

温汝适《曲江集考证》卷下："（公集）四刻于万历癸丑，有乐昌李延大序。"徐绍棨《温氏校本〈张曲江集〉序》："五刻于万历四十一年癸丑，吏部司勋郎乐昌李延大序，凡分十二卷。"此本非四刻，亦非五刻。岑仲勉《张曲江集十刻之表解》指出："李延大序，主刻者张节、张筠。"

（6）明万历四十四年丙辰谢正蒙刊本《曲江张文献先生文集》十二卷附录一卷，四册，九行十八字，白口四周单边，有总目。集前依次有邱浚序、杨起元序、邹元标序。此本第四卷、第五卷、第六卷、第七卷所有"敕书"题目之前，都加一"拟"字。邱浚《曲江集序》落款为"邱浚叙"。邹元标《重刻曲江张公集序》云：

> 谢子圣侍御巡醢维扬，振饬纲纪，暇乃刻其乡先达《曲江集》，问序邹子，邹子拜而卒业。……时万历丙辰岁秋月吉旦吉水邹元标谨书。①

正文每卷于"曲江张文献先生文集"下方有"后学谢正蒙重编"。《中国古籍善本书目·集部》上载："《唐丞相曲江张先生文集》十二卷附录一卷，明万历四十四年谢正蒙刻本。"此本集前有杨起元序，第二卷在《郡舍南有园畦杂树聊以永日》诗下亦有《临泛东湖时任洪州》《始兴南山下有林泉常卜居焉荆州卧病有怀此地》二诗，后又有附录一卷，应出自明万历十二年甲申王民顺刻本。广东中山图书馆藏有此本。北京国家图书馆藏谢正蒙刊本为郑振铎藏书。

（7）明天启四年顾懋光韶州刻本《唐张文献公曲江集》十二卷附录一卷，八册，十行二十字，白口四周单边。集前依次有广陵顾懋光、琼山邱浚、归善杨起元、金溪王民顺、普安蒋思孝、普安蒋杰、濉水柳希点、山阴王循学、乐昌李延大等人之《序》。众人《序》后有里中后学刘自修凡例。广州中山大学图书馆藏。

温汝适《曲江集考证》卷下："（公集）五刻于明季，余所见本缺序

---

① 见明万历四十四年丙辰谢正蒙刊本《曲江张文献先生文集》（郑振铎藏书），国家图书馆藏。

文，有里人刘自修撰凡例数页。"徐绍棨《温氏校本〈张曲江集〉序》："此外，尚有明刻十二卷本，温氏谓其缺序文，有凡例数页，题里中后学刘自修识，遂称为刘刻本者。"岑仲勉《张曲江集十刻之表解》云："刻者里人刘自修。"又云："徐绍棨氏举八刻，去温氏所称第五刻而加入湛甘泉本为二刻，（温氏校本序）大约因刘自修刻无年分，故别之于八刻之外也。"岑仲勉《表解》因"刘刻本未知确年，故附于明末"。

顾懋光《重刻张文献曲江公全集序》云：

> 公挺生兹乡，所谓地灵人杰者非耶？公与苏、李同时，诗文亦相颉颃，然世卒罕睹其全，无亦为功业所掩与？宜琼山丘公手自抄录于馆阁，表彰之以并传不朽哉。余既新公祠，求公之集与后人，而绳武之胤鲜其人，集板藏保昌者，又付之祝融，不胜三叹。适孝廉朱君偕其战友刘君、叶君，出其家藏原本谛观之，鱼鲁帝虎之误浸甚，遂属诸生刘自修校订补遗，而捐俸重付诸剞劂，盖使文庄表章之意不虚，而后学兴起者亦得仰前修以自淑耳。乃若公之忠义勋业彪炳国史，郡乘又何俟余言哉，又何俟余言哉。天启甲子孟秋日广陵顾懋光书于四知堂。①

此本由里中后学刘自修校勘整理，其"编次订补凡例"云以万历甲申韶州刻、万历戊戌南雄刻、万历癸丑乐昌刻互校，并据"新旧唐书、唐文、唐大诏令、通典、会要、文苑英华、唐文粹、唐诗薮、全唐诗选二张诗彼此校雠"。②《中国古籍善本书目》集部·上载："《唐张文献公曲江集》十二卷附录一卷，明天启四年顾懋光刻本。"③

（8）明崇祯十一年戊寅张起龙江西宜黄刻本《唐丞相曲江张先生文集》十二卷附录一卷，九行十八字，白口四周单边。无邱浚序，无总目。广东省立中山图书馆藏。张起龙《曲江公文集序》云：

> 祖高皇帝有开国功，皆公之嫡派。莞之族篁村西湖为盛，甲第科

---

① 见明天启甲子孟秋日广陵顾懋光刻本《唐张文献公曲江集》，广州中山大学图书馆藏。
② 见明天启甲子孟秋日广陵顾懋光刻本《唐张文献公曲江集》，广州中山大学图书馆藏。
③ 《中国古籍善本书目》集部·上，上海古籍出版社1996年版，第47页。

名蝉联鳞集，指不胜屈。要□碌碌庸庸如不肖龙父子兄弟，无能昭公之令德而加之以光明，箕裘是恧。丁丑夏谒选京师，得公是集而珍藏之，因携赴任宜川。一日见李生光祖语及□□□，生欣然请付诸梓。龙□曰：余志也。历四月而剞劂成，校雠之功，李生为大，是曲江公之幸也夫，是余小子之幸也夫。崇祯戊寅孟春元日不肖孙起龙百拜撰。男胤泰、胤壮、胤鼎。宜黄门人：李光祖、欧阳濛、罗仲、邹启衷、邓官贤、吴亮采同较。①

张《序》后依次为"唐丞相曲江张先生像"（临川傅寅甫梓）、"唐玄宗赠司徒制"、"宋阜陵代唐玄宗赞曲江公张氏九龄"、裔孙张岳谨识"曲江小像一幅……"、《张荆州画赞并序》（署名唐衡州刺史吕温）。正文每卷首又有该卷目录。集后无附录、无苏轼《书文献张公文集后》。此刻卷之二在《郡舍南有园畦杂树聊以永日》诗下亦有《临泛东湖时任洪州》《始兴南山下有林泉常卜居焉荆州卧病有怀此地》二诗，卷之三末增补《洪州西山祈雨是日即应赋诗言事》一诗，注明"此诗旧本遗之，今补入，载《唐文粹》拾陆卷中"；张起龙刻本书名与王民顺、李延大、蒋杰及柳希点刻本同，其"丁丑夏谒选京师，得公是集而珍藏之"，应为上述诸刻中之一种。

岑仲勉《张曲江集十刻之表解》云："省立图书馆又藏明崇祯十一年戊寅刻本，只得一序，末题'崇祯戊寅孟春元日不肖孙起龙百拜撰'，据序言，携本之官，由宜黄当地人所刻，亦分十二卷，但缺制诰及墓碑，此又温、徐两家所未言者。"又云："刻者江西宜黄士绅多人。"②《中国古籍善本书目》集部上·载："《唐丞相曲江张先生文集》十二卷，明崇祯十一年张起龙刻本。"③

（9）清顺治十四年丁酉曾弘、周日灿韶州刻本《唐丞相曲江张先生文集》十二卷，附录一卷，十册。八行十八字，无栏，白口，四周单边。集前有王民顺序、邱浚序。周日灿、钱朝鼎序未见。有总目，每卷目录下有"后学中州曾弘、东莱周日灿仝订梓"。中山大学图书馆藏。

---

① 见明崇祯十一年戊寅张起龙江西宜黄刻本《唐丞相曲江张先生文集》，广东省立中山图书馆藏。
② 岑仲勉：《张曲江集十刻之表解》，见《广东文物特辑》1949年3月刊，第138、139页。
③ 见《中国古籍善本书目》集部·上，上海古籍出版社1996年版，第47页。

徐绍棨《温氏校本〈张曲江集〉序》："（公集）六刻于清顺治丙申，亦分十二卷，有南韶兵备道周日灿序，有虞山钱朝鼎序。"① 岑仲勉《张曲江集十刻之表解》云："按顺治刻本各序，余所见只钱、周二家，钱序称丙申（十三年）十一月，周序称丁酉（十四年）正月，则刻成最早在丁酉。钱序有云：'东莱周公天近，中州曾公旅庵捐俸藏之资，镂版行世'，据广东通志四三，钱、'江南常熟人，前丁丑进士，十年任'，又同书四四，周、'山东人，贡生，十四年任，佥事'，唯曾旅庵未详。"②

载《四部备要》本《曲江集》中有钱朝鼎《张曲江文献公集元序》，云：

> 韶江旧有文献集，字漫灭不可读。东莱周公天近、中州曾公旅庵，捐俸藏之资，镂板行世。公之风度籍是永垂弈蹮。二公功于名教，岂浅鲜哉。余用书之简端，为古今之杀直臣者戒，并为二公悉垂教意也。时顺治丙申畅月。钦差提督广东学政按察司副使虞山后学钱朝鼎撰。③

《四部备要》本《曲江集》中有周日灿《曲江张文献公集元序》，云：

> 余不佞，猥承观察南韶之命。……余揽辔之暇，与中州曾旅庵先生简公旧集，得公诗文若干卷，因相与哀而刻之。……因与一时同事守令诸君子，共襄剞劂。刻成当藏之风度楼中，俾公之相业文心，与帽峰蓉岫并垂不朽，是则余采风意也。敬以复旅庵，旅庵其许之乎。谨序。时顺治丁酉春王正月。钦差整饬南韶兵备道广东按察司副使东莱后学周日灿序。④

又冯如京《重刻曲江集序》云：

---

① 见《丛书集成续编》第99册影印温汝适批校本《张曲江集》。
② 岑仲勉：《张曲江集十刻之表解》，见《广东文物特辑》1949年3月刊，第138页。
③ 见《四部备要》集部《曲江集》，"民国"二十五年（1936）上海中华书局据祠堂本校刊铅印本。
④ 载《四部备要》集部《曲江集》，"民国"二十五年（1936）上海中华书局据祠堂本校刊铅印本。

张文献曲江集十二卷，往邱文庄得之馆阁，刻于郡斋，岁久板漶漫。今上龙飞九年，中州旅庵曾公备兵于潮，即墨天近周公备兵于韶，两贤并轨，政察而民治，讯俗观风，征文考献，得公集而谋诸梓。虞山禹九钱公，时督学粤中，业为之序而行世矣。比曾公复问序于余。余慨而作曰……而曾周两公能梓其集于不朽，则亦可以不朽矣。余故乐而为之叙，以窃附于不朽云。顺治戊戌夏四月古晋后学冯如京顿首谨叙。①

据冯《序》，曾旅庵应为潮州兵备道。此本刻于顺治十四年。徐氏列此本为第六刻，误。《湖南省古籍善本书目》载"曲江全集十二卷，清顺治十五年刻康熙二年重印"，所谓"顺治十五年（戊戌）刻"，是据冯如京《序》订刻年，然此书订刻年实应据付梓者周日灿《序》，订为顺治十四年（丁酉）为是。此刻集前有王民顺《序》，当以王刻为底本。康熙二年重印本书名已改为《曲江全集》十二卷。

（10）清雍正十三年世纬、世绩、世纲韶州重刻本《唐丞相曲江张文献公集》十二卷，《千秋金鉴录》五卷，附录一卷，六册，九行十八字，白口四周单边。此刻现有章钰校并跋本，藏北京国家图书馆。章钰校并跋本集前有"《金鉴录全集》韶风堂藏板"字样，以下依次为张渠《曲江公文集序》、姚孔铎《张文献公文集序》、袁安煜《张曲江公文集序》、宗裔宗栻《文献公集后序》、谭会海《曲江张文献公文集序》、韩海《张曲江公文集序》、钱朝鼎《张曲江文献公集元叙》、周日灿《曲江张文献公集元序》、邱浚《曲江集元序》、王民顺《重刻曲江先生文集元序》、李延大《补刻曲江集元序》、蒋思孝《跋曲江文集后序》、陈象谦《曲江公文集后序》、曾璟《重刻曲江集序》。各家《序》后依次为"唐丞相曲江张先生像""唐玄宗赠司徒制""宋阜陵代唐玄宗赞曲江公张氏九龄"、裔孙张岳谨识"曲江小像一幅……"、《张荆州画赞并序》（署名吕温）《张文献公本传》。在"唐丞相曲江张文献公集目录"下有"裔孙世纬、世绩、世纲重梓"字样。每卷首有本卷目录。《张文献公本传》云："……《曲江集》

---

① 载清光绪壬辰曲江裔孙晓如校勘重刊本《唐丞相曲江张文献公集》续刻"补遗"，孙中山文献馆藏。

诗赋十二卷千秋金鉴录五卷讲经语录二卷姓源谐韵一卷，共二十卷。"诗文后有《重刻千秋金鉴录序》、苏轼《读张曲江公金鉴录有感》、王俌《谒张文献公祠得读金鉴录》、明太守《咏金鉴录》，最后为《千秋金鉴录》五卷十章。此刻为现存张九龄诗文集中附录《千秋金鉴录》的最早刻本。此本第三卷末依次收《寄沈中郎》（附"沈佺期寄题"）、《奉和圣制途次陕州》、《登总持寺阁》、《晚憩王少府东阁》、《洪州祈雨是日辄应因赋诗言事》（附王维《献始兴公》和《寄荆州》二诗）、《答王维》，以下又依次附宋之问《赠长史》，孟浩然《荆门上张丞相》《陪张丞相祠紫盖山途经玉泉寺》《陪张丞相自松滋江东泊渚宫》《和张丞相春朝对雪》《临洞庭有怀陪张丞相》诸诗。此本比以前诸刻多收公《寄沈中郎》《答王维》二诗。

此本第十卷末在"上张燕公书"后，又比以前诸刻多收《请行郊礼书》《请诛禄山疏》《劾牛仙客书》《奏对侍中不可赏功》《奏救太子》《劾林甫》《谏废三子》等文。

袁安煜《张曲江公文集序》云：

> 雍正十年来守韶阳，私新窃喜。过公之里，登公之堂，虽山河已邈，而庙貌犹存，可以伸吾瞻仰。既而阅郡中刻本，有文献公集，不胜欢跃，以为昔之欲读而苦不多得者，今已实获我心矣。及细翻集中，间有字句讹谬，又疑当日著作不止此，当购求而重订之。越二年，有调守琼台之行。适公之裔有张生世纲者，持书一部来献曰，此生祖曲江公集也。郡中刻本不全，生有家传古本，因先世避乱迷失，今始得之，并于别书中考订遗逸，付诸剞劂。……岁在乙卯春王之吉。中宪大夫知韶州府事调任琼州府知府事燕山后学袁安煜书。①

袁《序》云张世纲以"家传古本""并于别书中考订遗逸，付诸剞劂"，此"家传古本"为何本？韩海《张曲江公文集序》云：

> 公集自前朝邱文庄在馆阁群书中录出，始有传书。国初东莱周公分臬南韶，重刻于郡，然尚多残缺。今公之裔孙振文兄弟，始出家藏

---

① 袁安煜：《张曲江公文集序》，见《四部备要》本《曲江集》。

善本，重剞劂之。……雍正十二年岁在甲寅季冬大寒日番禺后学韩海拜序。①

韩海虽然没有明确说明振文兄弟所出之"家藏善本"为何本，但明确指出"公集自前朝邱文庄在馆阁群书中录出，始有传书"。张渠《曲江公文集序》亦云："不有琼山邱公起而采集之，后世无由读公之书。"②谭会海《曲江张文献公文集序》云：

雍正十年，予掌教绍郡，……得旧刻一本于郡中。余喜曰：此公之真传矣。第读其千秋金鉴，则疑信相参；读其诏告奏对，则阴陶莫辨；读其记颂赞铭，则漫灭不明；读其赋咏赠答，亦阙焉未备。……今春，公裔振文张子重刻公遗全集，以吾一日之长，请予为序。询其来由，则曰：予曾祖家藏旧板，及搜罗群书而成。……时雍正己卯岁季春之吉。赐进士出身改授韶州府儒学教授后学谭会海谨书。③

据谭《序》，其于郡中访得"旧刻"，已附录有千秋金鉴录，而公裔孙振文重刻本有《千秋金鉴录》，又可以推测，其"曾祖家藏旧板"理应附录有《千秋金鉴录》，很可能与谭会海于郡中访得之"旧刻"为同一版本。万曼《唐集叙录》云：

还有一种十二卷本，附《千秋金鉴录》五卷的，有韶阳风度楼刊本，雍正十年（1732）后裔张世纲校刊，知韶州府事袁安昱序，见灵石耿文光斗垣《万卷精华楼藏书记》一百三。据云此本亦出于丘本，有序文十四篇，前有小像，谓为吴道子真迹。孙星衍云："又有一本，裔孙张兄弟以家藏本重刊，有《千秋金鉴录》五卷。"（《廉石居藏书记》）④

可以推测，张氏兄弟所出之"家传古本"或云"家藏善本"，当是明

---

① 韩海：《张曲江公文集序》，见《四部备要》本《曲江集》。
② 张渠：《曲江公文集序》，见《四部备要》本《曲江集》。
③ 谭会海：《曲江张文献公文集序》，见《四部备要》本《曲江集》。
④ 万曼：《唐集叙录》，中华书局1980年版，第48页。

成化九年以后所刻之十二卷本，并参考了周日灿刻本。

徐绍棨《温氏校本〈张曲江集〉序》："七刻于雍正十二年韶郡裔孙振文，广东布政使武遂序，韶州府桐城姚孔锌序，又有番禺韩海序。"① 岑仲勉《张曲江集十刻之表解》云："姚孔锌序则书'乙卯年季秋月'，此外尚有序跋四首，除曾璟序系'甲寅秋九月'外，袁安煜序书'乙卯春王之吉'，谭会海序书'乙卯岁季春之吉'，张宗栻书后书'乙卯亲和月'，是知七刻之成，最早不进十三年九月，非十二年，当辩者一也。布政使一序原文题'布政使武遂后学渠顿首拜书'，如果武遂是姓名，不知将成何种语。（通例姓名皆放后学之下。）考其序有云：余世清河，幸附公之谱末'，清河为张姓郡望，故附于同谱之末，结御不复书姓。据广东通志四四，'张渠，直隶武强人，副榜，十二年任，布政使，'又历代地理韵编今释，汉武遂县，'今直隶深明武强县东北'，盖武遂即武强县之古号，并非人之姓名，当辨者二。宗栻及韩、谭、曾四序跋均称裔孙振文，惟袁序独云：'适公之裔有张生世纲者，持书一部来献'，考祠堂本卷首题裔孙世纬、世绩、世纲重梓，'振'与'纲'相关，振文殆世纲之号也。"② 温汝适所见之刻本，只有韩海序，故温氏定为雍正十二年（甲寅）刻本。而徐绍棨、岑仲勉所见，应是有张渠、姚孔锌、曾璟、袁安煜、谭会海等人雍正十三年（乙卯）《序》的刻本。由此可知，雍正十二年（甲寅）刻本与十三年（乙卯）刻本实为同一刻本。徐氏将雍正十三年刻本列为第七刻，有误。温汝适《曲江集考证》下册考订祠堂本收录之《千秋金鉴录》五卷及《进金鉴录表》为伪托之作。

（11）清初古岗裔孙重刊本《唐丞相曲江张文献公集》十二卷，《千秋金鉴录》五卷，附录一卷，六册，九行二十字，白口四周单边。古岗，现广东新会市。集前依次有周日灿、钱朝鼎、邱浚、王民顺、蒋思孝等人《序》。有总目，总目后依次为"张文献公本传"、"唐丞相曲江文献公像"（无署名，像脸朝左）、"唐玄宗赠司徒制"、"宋皇陵代唐玄宗赞曲江公张氏九龄"，裔孙张岳谨识"曲江小像幅……"、《张荆州画赞并序》（无署名）。正文每卷前有该卷目录。卷三末依次收《答陆澧》、《寄沈中郎》（附"沈佺期寄题"）、《奉和圣制途次陕州》、《登总持寺阁》、《晚憩王少

---

① 见《丛书集成续编》第99册影印温汝适批校本《张曲江集》。

② 岑仲勉：《张曲江集十刻之表解》，见《广东文物特辑》1949年3月刊，第138页。

府东阁》、《洪州祁雨是日辄应因赋诗言事》(附王维《献始兴公》和《寄荆州》二诗)、《答王维》,以下又依次附宋之问《赠长史》,孟浩然《荆门上张丞相》《陪张丞相祠紫盖山途经玉泉寺》《陪张丞相自松滋江东泊渚宫》《和张丞相春朝对雪》《临洞庭有怀陪张丞相》。卷十末在"上张燕公书"后,亦收《请行郊礼书》《请诛禄山疏》《劾牛仙客书》《奏对侍中不可赏功》《奏救太子》《劾林甫》《谏废三子》等文。正文后附有《千秋金鉴录》五卷十章,有《重刻千秋金鉴录序》、苏轼《读张曲江公金鉴录有感》、王俌《谒张文献公祠得读金鉴录》、明太守《咏金鉴录》等诗。从全集编次排列、卷三和卷十所收诗文和附录《千秋金鉴录》五卷十章来看,此刻出自雍正十三年世纬、世绩、世纲韶州重刻本,然又多收公《答陆澧》一诗。今康熙四十四年彭定求等编《全唐诗》中有《答陆澧》一诗。此刻字体瘦长,在"唐玄宗赠司徒制"中"玄"缺笔,应为避康熙玄烨讳,故推测此刻应在康熙以后成书。广东中山图书馆藏。

（12）清光绪十六年（庚寅）裔孙晓如校勘重刊本《曲江集》十二卷,附录一卷,十册,九行十八字,白口,上下单边。扉页有"光绪庚寅仲秋镜英精舍藏板"。每卷首题《唐丞相曲江张文献公集》。集前依次有徐琪（时任翰林院编修广东学政）、邱浚、王民顺、蒋思孝、李延大、钱朝鼎、周日灿、张渠、韩海、姚孔铎、袁安煜、宗栻等人的序和书后,接着是温汝适关于《曲江集》的刻本考证和"光绪十六年岁次庚寅九月曲江裔孙晓如谨识"、张文献公像（后学何作干敬摹）、"唐玄宗赠司徒制"、裔孙张岳谨识"曲江小像一幅……"、《张荆州画赞并序》、《张文献公本传》。卷首有总目录,下有"裔孙晓如校勘重刊"。第六册至第九册为《曲江集续刻》。第六册为"补遗",收皎然《读张曲江诗集》、李延大《曲江公诗集序》、湛甘泉《重刻唐丞相曲江张先生文集序》、杨起元《重刻曲江先生文集序》、王循学《重刻曲江先生文集序》、冯如京《重刻曲江集序》、梁炯《曲江先生诗钞序》,有"曲江集补遗目录"列明所补遗诗文出处。第七册为"校勘记",以《全唐诗》《全唐文》《文苑英华》《唐文粹》为参校。第八册为"年谱"、"本传"（新旧唐书本传）、"纪略"（收《郡斋读书志》、诗话和温汝适《曲江集考证》中有关诗文考证）、"外编"（收录各家谒曲江祠诗）。第十册为《金鉴录》。徐绍棨《温氏校本〈张曲江集〉序》:"八刻于光绪十六年庚寅,韶郡裔孙晓然,

九龄风度与盛唐气象

曾据广雅书院冠冕楼所藏文苑英华、全唐文为校勘，附有校勘记三卷。"①光绪十六年庚寅校勘者实为张晓如，而非张晓然。此刻以雍正十三年世纬、世绩、世纲韶州重刻本为底本进行校勘。广东中山图书馆藏。

（13）清光绪十八年（壬辰）韶州裔孙子光校阅重刻本《唐丞相曲江张文献公集》十二卷，附录一卷，附《金鉴录》五卷，六册。扉页为陈伯陶题《曲江集》。注明"光绪壬辰重刊"。集前依次为邱浚、王民顺、蒋思孝、李延大、钱朝鼎、周日灿、张渠、韩海、姚孔铎、袁安煜、宗栻等人的序，张文献公像（署名后学邝国琫敬摹）、"唐玄宗赠司徒制"、宋阜陵代唐玄宗赞曲江张氏九龄、裔孙张岳谨识"曲江小像一幅……"、《张荆州画赞并序》《张文献公本传》。卷三有《题山水画障》、《读书岩中寄沈郎中》（附沈佺期《寄题书堂岩》）、《奉和圣制途次陕州作》、《登总持寺阁》、《晚憩王少府东阁》、《洪州西山祈雨是日辄应因赋诗言事》（附王维《献始兴公》和《寄荆州张丞相》）、《答王维》，后依次附宋之问《初发荆府赠长史》、附孟浩然《望洞庭湖赠张丞相》等篇。十二卷末附温汝适关于《曲江集》刻本考证和"光绪十六年岁次庚寅九月曲江裔孙晓如谨识"；又附重刻《曲江集》分刻后学姓氏：黄兴贤策轩（曲江）、卞文苞凤冈（曲江）、邝兆雷（新兴）、黄思荣干南（三水）、程友琦洛儒（南海）、易鉴徽硕献（鹤山）、陈永祺定甫（东莞）、谭骏谋伯荪（香山）、程友谦子牧（南海）、黄宪羲兆洛（南海）、陆衮华诵冕（三水）、李绍昌述之（三水）、劳宝胜亦渔（南海）、邝国元轶凡（新宁）、罗启光锡鸿（南海）；又附"曲江裔孙子光校阅，式模、式金、式楷、式穀校"等字。第六册为《千秋金鉴录》五卷，陈伯陶题写封面书名，有"光绪壬辰重刊""晓如校对重刊"字样，又附黄子高《金鉴录真伪辨》《进金鉴录表》，苏轼《读张曲江公金鉴录有感》，王偁《谒张文献公祠得读金鉴录》，明太守江璞《咏金鉴录》。显然，光绪壬辰本以光绪庚寅本为底本重刊。广东中山图书馆藏。

（14）1918年（"民国"七年），公四十五传孙伯璜置检羊城刻本《张文献公遗集》十二卷，六册，十行二十二字，白口单边。裔孙颉堂、鸿南、达清、应铭、应兆、步青、希栻、师仲、伯璜、家声、子怀合资梓行。民国七年岁次戊午六月重刊，版藏羊城张氏大宗祠风度楼。有"广州

---

① 见《丛书集成续编》第99册影印温汝适批校本《张曲江集》。

芸书阁督造书籍"印章并"1952年8月26日张卓民赠送广东省文物保管委员会收"字样。集前有"文献公像",后依次有邱浚、王民顺、蒋思孝、李延大、钱朝鼎、周日灿、张渠、韩海、姚孔锌、袁安煜、张宗栻、梁士贤、张伯璜序。张伯璜《文献公遗集序》(羊城张孝友堂增订重刊)云:

> 我远祖曲江文献公遗集,繇唐迄明七百余年,琼山邱文庄公始得之于馆阁,亲手钞录,携以南归,旋由苏太守刻之,留于韶之郡斋,而世始知有《曲江集》。阅一百余年,为之增订重刊者,明末则有金溪王公,清初则有东莱周公,先后备兵南韶,新其梓而庋于公祠,命子孙世守勿替。清季同治间,岁久木蠹,文字漫漶,不可卒读,裔孙晓如校勘重刊,缩为袖珍小本,此书遂光流传,乃辗转相承,板权竟入书贾之手。今春羊城鼎建张氏阖族大宗祠,办事所大会议瞻拜所悬公像,思及公之遗书,即由建祠总协理议决,集资向书贾购回原板,幸以廉价得之,此乃公之灵爽式凭,俾此板藏于羊城新建之风度楼,随时印刷,凡属宗裔皆得人手一编,诵清芬而思绳武。即各省士夫亦必有如邱、苏、王、周诸公者,重其文并重其人,力为表彰之而附于私淑也。伯璜忝司校勘,今将伪者正之,缺者补之,残者修之,并加刊徐浩所撰公之行状碑铭及世系表以成完璧,而合资发起之十一人,亦附镌名字以留纪念,志此集之缘起焉。中华民国七年七月暨望。开平宗裔伯璜伟天氏谨识。①

可知,此刻据"裔孙晓如校勘重刊"本旧版修补印行。

(15)1920—1936("民国"九年至二十五年),《四部备要·集部》本《曲江集》十二卷,附《千秋金鉴录》五卷,附录一卷,三册。上海中华书局据祠堂本校刊铅印,桐乡陆费逵总勘,杭县高时显辑校,杭县丁辅之监制。"祠堂本",即雍正十三年世纬、世绩、世纲韶州重刻本。

此外,台湾中华书局据上海中华书局1936年《四部备要》本影印《曲江集》十二卷。②

---

① 见"民国"七年公四十五传孙伯璜置检羊城刻本《张文献公遗集》,孙中山文献馆藏。
② 据香港中文大学图书馆联机目录。

（16）1941年（"民国"三十年辛巳），《广东丛书·第一集》影印温汝适批校本《张曲江集》，十二卷附录一卷附录《曲江集考证》二卷，八册，九行十八字，白口单边。王云五题"徐氏南州书楼藏顺德温汝适批校《张曲江集》"。丛书前有叶恭绰"民国"三十年三月作《广东丛书序》。《张曲江集》前依次有徐绍棨、韩海、蒋思孝、陈象谦、钱朝鼎、周日灿、邱浚、王民顺、李延大等人"序"及"书后"。有曲江先生像。徐绍棨《温氏校本张曲江集序》云：

> 余南州书楼藏有簣坡先生批校原本，书简之上，将文苑英华、古诗纪、文粹及碑刻文集互校，各本异同，朗若列眉，为历来刊曲江集者所未有。……温氏用于雠校之底本，乃雍正十二年张氏裔孙振文所刻之祠堂本云。中华民国二十九年八月信符徐绍棨识。①

徐氏指出，温氏所用以雠校的底本是雍正十二年张氏裔孙振文所刻的祠堂本，即雍正十三年（乙卯）裔孙世纬、世绩、世纲重梓刻本。"振文"，即张世纲的字。温氏批校祠堂本原本现藏于广东中山图书馆。《广东丛书·第一集》影印温汝适批校本，收入《丛书集成续编》第99册。

（17）刘斯翰校注《曲江集》，广东人民出版社1986年版。该书以《广东丛书·第一辑》影印温汝适批校本为底本，其"凡例"说明参校《文苑英华》《古诗纪》《全唐诗》和《全唐文》，分诗集、文集两部分，只注诗而不注文，由其父刘逸生作序，集后附录张九龄年谱简编。

迄今为止，《曲江集》十二卷本系统可考者有如上17种（不包括台湾中华书局据上海中华书局1936年《四部备要》本影印《曲江集》）。

四、诗赋集本

自明以来，张九龄诗文还有以诗集或诗赋集的形式流传的，目前可考者有六种。

（1）明弘治元年戊申邓瑷、丁漾湘潭刻本《曲江诗集》。邓瑷《曲江公诗集序》云：

---

① 见《丛书集成续编》第99册影印温汝适批校本《张曲江集》。

余近来师事琼台邱先生门墙，乃得睹公全集。读其文如见其人，文章事业令人景慕，而金鉴之伪不待辨而明矣。公全集，先生详序于首板，行于时。余今年承乏湖臬，公暇因阅诸诗，皆公出牧荆州及往来三湘时题咏，询荆湘无一人知公诗者。于是出其诗，捐俸命湘潭知县丁濚镂诸梓，题曰《曲江诗集》，以遗荆湘人歌颂，庶几荆湘人知公忠君爱国之心，仁民恤物之念，于诗而发之，非流连风景，放浪形骸者，比也若失。公之相业，垂诸信史，流芳后世，犹天之有景星，地有乔岳，诗岂能尽哉。余生公之乡，尝思一见全集不可得而今得之，其不喜且幸欤？是诗之梓，当与骚雅并传，余且得托公名后，其又不喜且幸欤？时弘治元年三月谷旦。奉政大夫□分巡湖南道湖广提刑按察司佥事前南京大理寺评事乐昌邓瑗书。①

邓瑗在《序》中说其为邱浚门人，其选《曲江诗集》当从成化九年苏韡刻本。李延大在邓瑗《曲江公诗集序》末补记：

里中以文献兴者，若二李、三萧、三黄、二白，尚矣。至忠毅公大节凛然，厥子金宪湖南，雅意表章，而湖南因得睹。轻缣素练足备典章之阙。不佞补刻《曲江集》，后得公序于县志，乃知仰止之私，先后图之，因并付剞劂，以志喜云。清和日延大书。②

（2）明嘉靖十六年丁酉河南高叔嗣刻二张集本《张曲江集》二卷，二册，十一行十八字，白口四周单边。此本后有嘉靖三年甲申苏门山人"记"：

亳州薛考功君采，尝以曲江集旧本借余，因次其□，手定各从其类，加冠二赋，倩人录出别存之。嘉靖甲申苏门山人题于吏部稽勋官舍。③

---

① 邓瑗：《曲江公诗集序》，见万历癸丑李延大补刊本《唐丞相曲江张先生文集》，北京大学图书馆藏。
② 见万历四十一年癸丑李延大补刊本《唐丞相曲江张先生文集》，北京大学图书馆藏。
③ 见北京国家图书馆藏高叔嗣刻《二张集》本。

此刻前有河南高叔嗣撰《叙》云：

> 余曩岁得《曲江集》京师，盖邱文庄公录自馆阁本刊传之。求燕公集亡有也，后再至都始写本，友人大理评事应君子阳有宋刻，然不完。二集缺谬，亡复可考。……叔嗣游郎署时，览公诗，未觉沉痛。既涉江汉，三复焉，乃知意所緜兴，复以尝践兹地也。因合刻之，置广视堂斋中。堂据江夏山首，下瞰江汉，前使君叶县卫正夫修筑。嘉靖丁酉夏四月朔。①

从苏门山人"记"得知，亳州薛考功君采"曲江集旧本"，可能是明弘治元年戊申邓瑷、丁瀁湘潭所刻之《曲江诗集》，"苏门山人"加上《白羽扇赋》《荔枝赋》二赋，后由河南高叔嗣于嘉靖十六年丁酉，与《张燕公集》合刻。此刻卷一收赋、四言、五言古，卷二收五言排律、五言律诗、七言律、五言绝句、杂言。广东中山图书馆藏。

（3）明铜活字本《张九龄集》六卷，九行十七字，三册。北京国家图书馆藏。此刻集前无序，无目录。其卷第一收"羽扇"、"荔枝"2赋，四言诗3首、五言古诗20首，卷第二收五言古诗38首，卷第三收七言古诗2首，五言律诗41首，卷第四收五言律诗38首、卷第五收五言排律32首，卷第六收五言排律26首、七言律诗2首、五言绝句7首。此刻所收诗赋篇目与嘉靖十六年丁酉河南高叔嗣二张集本《张曲江集》大体相同，然每卷编次有别。

（4）清康熙四十四年乙酉，彭定求等编《全唐诗》，收张九龄诗三卷，首次收《答陆沣》一诗。后《全唐诗》曾多次重印。

（5）清嘉庆十八年癸酉，温汝能纂辑《粤东诗海》，收张九龄诗二卷，文畬堂原刻本，卷二末有《答陆沣》诗，显然以《全唐诗》为底本，但编次有出入。此本有同治五年丙寅聚文堂翻刻本、1999年中山大学出版社重印本。

（6）清道光七年（丁亥）冬，梁炯韶州刻本《张曲江先生诗钞》三卷，一册。卷一收五言古63首，卷二收五言律79首，卷三收五言排58首、五言绝6首。附钞《白羽扇赋》《荔枝赋》二篇，"曲江集先生诗评

---

① 见北京国家图书馆藏高叔嗣刻《二张集》本。

杂录"。正文后有"宋余襄公诗附钞一卷"。蔗镜轩藏版。梁炯《曲江先生诗钞序》云：

> 余廉阳末学，素鲜闻见。忆自上计史索米长安，前后过韶者六，每当停泊换棹时，登兹郡城楼，旷望山川风物，缅怀高踪，为踽踽流连者久之。比请改教职，适秉铎于斯土。……随蒙道府两宪雅意，优容延摄书院讲席，忽忽载余，思有以窥先生之涯涘，益用徬徨。惟手先生一编，暇则与诸生相研究。复从先生云孙少峰继祖明经所得家藏本，暨旧藏湛刻本及顺德温箕坡侍郎考证本，互为参订，注其异同，间有为诸生批示者，时亦附之。计先生之全集，前明翻刻虽多，而诗集则无单行之本。其见于《全唐诗》者，诸生既力难遽购。即韶之家藏本，阙讹特多，板片亦渐漫漶，印刷维艰。遂以全诗编为三卷，付诸剞劂，庶乎诸生得以人挟一册，而昕夕讽咏矣。……时道光丁亥中伏日灵山后学梁炯敬撰于相江讲院。①

可见，此本应出自《全唐诗》。

五、诗文选集本

目前所见，张九龄诗文选集有两种。

（1）清嘉庆十九年（甲戌），顺德罗云山编辑《广东文献初集》，第一册收《张文献公曲江集》。罗云山《广东文献初集·自序》云："梓成，为叙其缘起如此。嘉庆甲戌花朝，顺德罗学鹏云山氏自题于凤城东畔之春晖草堂。"罗云山编辑《张文献公曲江集》，由其子罗培、罗清校，分卷一上、卷一下，一册，十行二十字，白口单边。卷一上依次为"列传"、"唐元宗赠司徒制""宋阜陵代唐元宗赞曲江公张氏九龄"（淳熙十三年三月己酉朔）、嘉靖乙巳远孙张岳识"曲江集小像一幅……"、"起复拜相制词"、"充右丞相制"、"封始兴伯制"、"邱文庄公重刻曲江集元序"。正文前有总目。总目分为"诗目"与"文目"。"诗目"前先为《龙池圣德颂并序》、《开元纪功德颂并序》、《圣应图赞并序》、《白羽扇赋并序》（御批答）、《荔枝赋并序》，后为各诗题。"文目"选文19篇，其中有《请行

---

① 见北京国家图书馆藏道光丁亥冬刊《张曲江先生诗钞》。

郊礼疏》《请诛安禄山疏》《劾牛仙客疏》《奏对侍中不可赏功》《奏救太子》《奏劾李林甫》《谏废三子》。卷一下依次为《重刻千秋金鉴录》，苏轼《读张曲江公金鉴录有感》，王俌《谒张文献公祠得读金鉴录》，江璞《咏金鉴录》，张九龄《进千秋金鉴录表》《千秋金鉴录十章》。此本选文显然参考雍正十三年世纬、世绩、世纲韶州重刻本《唐丞相曲江张文献公集》。同治二年，罗氏春晖堂重刊《张文献公曲江集》。1994年，江苏广陵古籍刻印社根据同治二年罗氏春晖堂藏板重新影印。

（2）罗韬选注《张九龄诗文选》，广东人民出版社1994年版。此选本选诗101首，文16篇，诗按编年次定，文以体裁分列。

综上所述，张九龄诗文可考者，全集二十卷本有14个版本（其中包含《四部丛刊》系列中的5个版本和《文渊阁四库全书》系列中的3个版本），全集十二卷本有17个版本，诗赋集有6个版本（不包括《全唐诗》和《粤东诗海》系列重印本），诗文选集有2个版本（不包括《广东文献初集》中的2个版本），共39个版本。此外，张伯璜《文献公遗集序》云："清季同治间，岁久木蠹，文字漫漶，不可卒读，裔孙晓如校勘重刊，缩为袖珍小本。"① 徐绍荣《温氏校本〈张曲江集〉序》云："光绪间韶州尚有袖珍本一种，则平凡无足称述。"② 1985年笔者曾于广东省中山图书馆见到2种《曲江集》袖珍本，当时就因版久蠹蚀，文字漫灭而不可卒读，故没作读书笔记。今要作《曲江集》版本系统考，2001年12月26日，笔者重赴该馆查阅，发现此二刻已荡然无存矣。

（原载《中国诗学》第八辑，人民文学出版社2003年6月）

---

① 载"民国"七年公四十五传孙伯璜置检羊城刻本《张文献公遗集》，孙中山文献馆藏。
② 载《丛书集成续编》第99册温汝适批校本《张曲江集》。

附：《曲江集》版本源流图表：

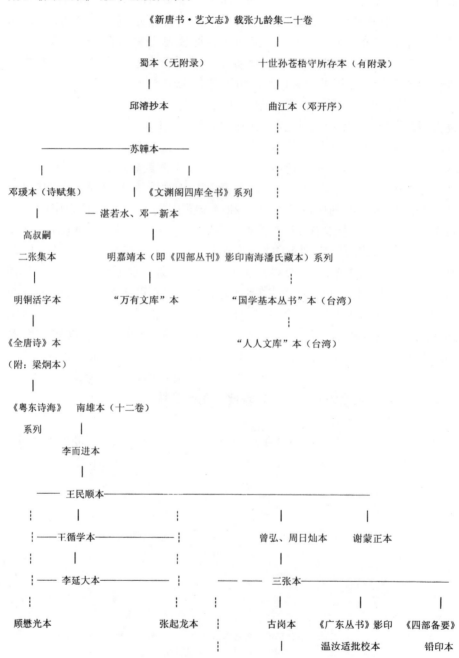

注：实线代表可决定关系，虚线代表待考关系。

《四部丛刊》影印张九龄集

张九龄，字子寿，是唐代开元名相和著名诗人。据宋晁公武《郡斋读书志》卷四上和陈振孙《直斋书录解题》卷十六记载，张九龄诗文全集原名《曲江集》。宋元时期，《曲江集》鲜为流传。明成化五年，翰林院侍讲学士邱浚亲手抄自馆阁群书中，后奔丧南归，经过韶州，应韶守苏韡的请求，留刻韶郡；苏韡于成化九年付梓刊行。成化九年苏韡刻本是至今流传于世的《曲江集》的最早刻本。

1919年（"民国"八年），上海商务印书馆《四部丛刊》初编影印《唐丞相曲江张先生文集》20卷附录1卷，扉页注明为"上海涵芬楼借印南海潘氏藏明成化九年韶州刊本板高营造尺六寸四分至六寸八分宽四寸四分"。显然，《四部丛刊》初编者认为，南海潘氏藏本是"明成化九年韶州刊本"，即认为南海潘氏藏本是成化九年苏韡刻本，也就是现存的《曲江集》的最早刻本。1929年（"民国"十八年），上海商务印书馆从《四部丛刊》初编中抽换21种版本重印，其中有《唐丞相曲江张先生文集》20卷附录1卷，扉页仍注明"上海涵芬楼借印南海潘氏藏明成化九年韶州刊本板高营造尺六寸四分至六寸八分宽四寸四分"。1936年（"民国"二十五年），上海商务印书馆根据《四部丛刊》初编集部出缩印本《曲江集张先生文集》20卷附录1卷，集前仍然题"上海涵芬楼借印南海潘氏藏明成化本"。1989年，上海书店根据1929年上海商务印书馆《四部丛刊》缩印本重新全部影印，改为32开精装，有《唐丞相曲江张先生文集》20卷附录1卷。

其实，南海潘氏藏本不是明成化九年韶州刊本，理由有三条。

（1）书名不同。《郡斋读书志》《直斋书录解题》所载，张九龄集书名为《曲江集》。今北京国家图书馆藏有明成化九年苏韡刻本《张子寿文集》，文集内于每卷目录下均注明"曲江集"，邱浚手抄馆阁藏本书名与《郡斋读书志》《直斋书录解题》所载相同。而南海潘氏藏本书名为《唐丞相曲江张先生文集》，文集内无"曲江集"字样。

杜信孚《明代版刻综录》卷三："张子寿文集二十卷，唐张九龄撰，明成化九年邱浚刊。"又卷八："张子寿文集二十卷，唐张九龄撰，明成化九年苏韡刊。"杜氏认为，明成化九年，《曲江集》有邱浚和苏韡两个刊本，误。邱浚《曲江集序》云：

> 古今说者咸曰，唐相张文献公，岭南第一流人物也。……有志求公全集，刻梓以行世。自来京师，游太学，入官翰林，每遇藏书家，辄访求之，竟不可得，盖余二十年已。岁己丑，始得公《曲江集》于馆阁群书中，手自抄录，仅成帙。闻先妣太宜人丧，因携南归，期免丧后，自备梓刻之。道韶，适友人五羊涂君暲□郡，偶语及之太守毘陵苏君韡、同知莆田方君新，谓公此集乃韶之文献，请留刻郡斋。嗟乎！公之相业，世孰不知？其文则不尽知也。矧是集藏馆阁中，举世无由而见，苟非为乡后进者表而出之，天下后世安知其终不泯泯也哉！是以不揆愚陋，僭书其首。成化九年龙集癸巳仲春初吉。翰林院侍讲学士琼台邱浚序。①

据邱《序》可知，邱浚本人只是手抄过《曲江集》，没有刻过《曲江集》。苏韡《书文献张公文集后》云：

> 韡承乏韶郡之又明日，进拜文献公祠，退求夫文献之犹有存者，仅得诗文二十许篇而已，余未得也。成化己丑冬，始得全集于翰林学士琼台丘公仲深。所因念古君子之为政，必因其俗，尚又必表章其乡之先贤以为之劝，俾人乐而从之，盖悦于使民之道固如斯也。文献公之集，一时治道之盛，靡不具载。而此郡之俗易治，乐从者亦多见焉，垂之后世，足以为训。捐俸重刊，惠此学者，有能于此。契其道而施之于时，则岂徒为此郡人而已哉！盖文之行矣，尚有望于所谓献者之复起也。常郡江阴苏韡书。②

可见，明成化九年，《曲江集》只有苏韡刻本，没有邱浚刊本。

---

① 邱浚：《曲江集序》，见明成化九年韶州苏韡刊本《曲江集》，国家图书馆藏。
② 苏韡：《书文献张公文集后》，见明成化九年韶州苏韡刊本《曲江集》，国家图书馆藏。

（2）明成化九年苏韡刻本《张子寿文集》20卷，无附录，而南海潘氏藏本《唐丞相曲江张先生文集》20卷，有附录1卷。

《四部丛刊》初编影印《唐丞相曲江张先生文集》有"王国维校并跋"本，现藏于北京国家图书馆。王国维先生在邱浚《曲江集序》后手书云：

> 此本邱序前原有嘉靖十五年湛若水序，乃重刊邱本，非邱氏原本也，又有成化九年苏韡后序，此本亦佚去。观堂。

王先生认为，1919年（民国八年），上海涵芬楼借印南海潘氏所藏本非"明成化九年韶州刊"本，而是嘉靖十五年湛若水"重刊邱本"。笔者于广东博物馆经眼嘉靖十五年湛若水重刊本，经比较发现《四部丛刊》初编影印南海潘氏藏本虽然与湛若水刊本书名卷数相同，均为《唐丞相曲江张先生文集》20卷，但是两本有明显的差别：一是湛本无附录1卷，而南海潘氏藏本有附录1卷；二是湛本与明成化九年苏韡刻本一样，版心无刻工姓名，而南海潘氏藏本有刻工姓名。可见，南海潘氏藏本也不是湛若水重刻本。

明成化九年苏韡刻本第三卷，在《郡舍南有园畦杂树聊以永日》诗下无《临泛东湖时任洪州》《始兴南山下有林泉常卜居焉荆州卧病有怀此地》二诗，而明嘉靖十五年湛若水刻本第三卷在《郡舍南有园畦杂树聊以永日》诗下有此二诗，《四部丛刊》影印之南海潘氏藏本第三卷也有此二诗。湛若水刻本集后无附录，南海潘氏藏本集后有附录1卷。

（3）明成化九年苏韡刻本版心无刻工姓名，而南海潘氏藏本版心有刻工姓名。南海潘氏藏本版心的刻工有：谢裕、陈三、冯希、陈仲、余富、余旺、吴周、余二、程士鸾、李真元、王继仁、麦保、叶明、詹四、吴五、邓礼、谢林、施永保、关士芳、余一。据张振铎编著《古籍刻工名录》记载：

> 惠安县志十三卷，明邑人张岳编，明嘉靖九年庚寅（1530）刊本。
>
> 刻工：陈三、王继仁、程士鸾、关士芳、谢裕、冯希、李真元、

麦保。广东地区刻工。①

《惠安县志》刻工 8 人与《四部丛刊》影印之南海潘氏藏本《唐丞相曲江张先生文集》中刻工姓名相同，是同一批人。明嘉靖九年庚寅（1530）与明成化九年癸巳（1473）相差 57 年。

根据以上因素进行综合考察，笔者认为：《四部丛刊》影印之南海潘氏藏本《唐丞相曲江张先生文集》20 卷附录 1 卷，既不是明成化九年苏韡刻本，也不是嘉靖十五年湛若水刊本；从《曲江集》传世的具体情况进行分析，有附录者应后出，南海潘氏藏本可能出自湛若水刊本，应是明嘉靖十五年以后的刻本。

（原载《文学遗产》2002 年第 4 期）

---

① 张振铎：《古籍刻工名录》，上海书店出版社 1996 年版，第 146 页。

《曲江集》的史学价值

张九龄，"字子寿，一名博物。曾祖君政，韶州别驾，因家于始兴，今为曲江人"①。公生于唐高宗仪凤三年（678）戊寅，卒于唐玄宗开元二十八年（740）五月七日，享年六十三岁。②《旧唐书》卷九十九、《新唐书》卷一百二十六有《张九龄传》。《新唐书》卷六十《艺文志》四载"张九龄集二十卷"，又《新唐书》卷五十八《艺文志》二载《张九龄事迹》一卷。

明人邱浚《曲江集序》云："唐相张文献公，岭南第一流人物也。嗟乎！公之人物，岂但超出岭南而已哉。盖自三代以至于唐，人才之生，盛在江北。开元天宝以前，南士未有以科第显者，而公首以道侔伊吕科进；未有以词翰显者，而公首掌制诰内供奉；未有以相业显者，而公首相玄宗。公薨后四十余年，浙士始有陆敬舆，闽士始有欧阳行周。又二百四十余年，江西之士始有欧阳永叔、王介甫诸人起。于易代之后，由是以观，公非但超出岭南，盖江以南第一流人物也。公之风度，先知见重于玄宗，气节功业着在，信史播扬于天下后世。唐三百年，贤相前称房、杜，后称姚、宋。胡明仲谓，姚非宋比，可与宋齐名者，公也。由是以观，公又非但超出江南，乃有唐一代第一流人物也。"③

《曲江集》二十卷，卷二、卷三、卷四和卷五为诗歌，其他卷均为文。《曲江集》之文体裁多样，举凡制、敕、书、策、表、状、序、颂、赞、赋、碑、铭、祭文等十几种。《曲江集》之文内容丰富，保存着重要价值

---

① 《旧唐书》卷九十九《张九龄传》，第九册，中华书局1975年版。（本文所引同一本书首次注明版本，下略）

② 徐安贞《始兴公阴堂志铭》："公之生岁六十有三，以开元廿八年五月七日薨。"《新唐书》卷一百二十六《张九龄传》："请还展墓，病卒，年六十八，赠荆州大都督，谥曰文献。"（中华书局1975年版，第十四册）《旧唐书》卷九十九《张九龄传》："俄请归拜墓，因遇疾卒，年六十八，赠荆州大都督，谥曰文献。"新旧《唐书》记载有误，当从徐安贞《始兴公阴堂志铭》。

③ 邱浚《曲江集序》，明成化九年癸巳韶州苏韡刊本《张子寿文集》，国家图书馆藏。

的史料，然至今为止，学界对此关注甚少。今试述其中的制草、御批和诰命三端。

1.《曲江集》代拟制草的文献价值

据《曲江集》祠堂本附录的诰命，开元十年二月十七日，张九龄转中书舍人内供奉，开元十二年十二月十三日守中书舍人，开元十三年十一月十六日转太常少卿，后出为洪州刺史、转桂州刺史兼岭南按察使、守秘书少监、转工部侍郎，开元二十年八月二十日任知制诰，开元二十二年五月二十七日升任中书令，开元二十四年十一月二十七日充右丞相。张九龄在中书舍人、秘书少监、知制诰和中书令任内，先后代拟王言。《曲江集》现存敕书一百一十三道，制五道，赦书四道。《四库全书总目》指出，张九龄"所撰制草，明白切当，多得王言之体。本传称为秘书少监时，会赐渤海诏，而书命无足为者，乃命九龄为之，被诏辄成，因迁工部侍郎、知制诰。今检集中有渤海王大武艺书，当即其时所作。而其他诏命，亦多可与史传相参考。如集中有敕奚都督、右金吾卫大将军、归诚王李归国书，而核之唐书外国传所载奚事，自开元以后，仅有李大酺、鲁苏、李诗、延宠、婆固诸酋长名，而不及归国。知记载有所脱漏，是尤可以补史之阙矣"①。《曲江集》现存《敕日本国王书》一通，内容主要是向日本国王王明乐美御德通告，丹墀真人广成和朝臣明代等人入朝东归海上遇险之事：明代一船飘入南海，性命仅存；广成一船飘至林邑国，言语不通，或杀或卖，不得而知；另一船不知所在；今朝臣明代再次东归。此事《旧唐书》卷一百九十九上《东夷》和《新唐书》卷二百二十《东夷列传》均不载，日本国王王明乐美御德之名亦不提及。张九龄在代唐玄宗所拟的多道敕书中，比较详细地记载了开元二十二年至二十四年唐与突骑施苏禄之间战争的史实和唐王朝针对突骑施苏禄犯边而展开远交近攻的谋略，可补两《唐书》和《资治通鉴》记载之缺。笔者另有《张九龄〈曲江集〉敕书的文史价值——开元二十二年至二十四年突骑施苏禄侵犯四镇个案探究》专论，此不复赘。《曲江集》代拟制草是珍贵的唐代政治文献，尤可补唐史之阙，然至今为止，学界对其缺乏具体的探究。

---

① 《四库全书总目》（下册），中华书局1983年版，第1279页。

2.《曲江集》所存"御批"的史学价值

《曲江集》中的颂、状、赋篇末保存有多道唐玄宗的"御批",对还原某些历史事件的始末和了解张九龄的生平际遇具有重要的价值。

如《新唐书》卷一百二十六《张九龄传》载:"始说知集贤院,尝荐九龄可备顾问。说卒,天子思其言,召为秘书少监、集贤院学士,知院事。会赐渤海诏,而书命无足为者,乃召九龄为之,被诏辄成。迁工部侍郎,知制诰。数乞归养,诏不许,以其弟九皋、九章为岭南刺史,岁时听给驿省家。迁中书侍郎,以母丧解,毁不胜哀,有紫芝产坐侧,白鸠、白雀巢家树。是岁,夺哀拜中书侍郎、同中书门下平章事。固辞,不许。明年,迁中书令。"所载甚简。

据《曲江集》中相关"状"及"御批",不仅可获取具体的细节,还可还原整个事件的始末。张九龄初以"才识"见知玄宗,开元二十年八月二十日任知制诰。他在《谢知制诰状》中谦虚地说:"臣学业既浅,识理非长,述宣圣旨,诚恐不逮。"玄宗"御批":"昔掌王言,以宣国命。顷来相习,多事游词。卿旧在掖垣,已推才识,及登书府,备探微奥。故有特命,宜副朕心",期望九龄杜绝"游词",继续以"才识"宣扬"国命"。九龄迁中书侍郎,有《谢中书侍郎状》谢恩。玄宗"御批":"此职择才,十年虚位。以卿达识,所以畴庸,斟酌朝经,动关政本。当兹密命,宜喻朕怀。"可见唐玄宗对张九龄的重用。玄宗赐衣,九龄即上《谢赐衣物状》。玄宗"御批":"籍卿政事,倾在缱绻。今礼制以过,服用兹始。少许衣物,何足谢焉。"玄宗赐宅,九龄即上《让赐宅状》。玄宗"御批":"比来官宅,随事借人,与卿宁居,用加修饰,已有处分,不烦让也。欲令师俭,虽则卿心,纵使增修,其如国命,况闻制度,不是宏博。大臣所处,亦以为宜,可择日移入。"宋敏求《长安志》卷第八唐京城二载,朱雀街东第四街,即皇城东第二街之十坊及东市,次南第九修政坊,为尚书右丞相张九龄宅。玄宗所赐当是此宅。玄宗爱屋及乌,赐九龄两弟京官,公即上《谢两弟授官状》。玄宗"御批":"卿之昆弟,并著才能,去岁所论,已有处分。既终祥缟,宜列朝衣,岂谓殊私雅符公议。所谢知。"玄宗正在用人之际,对张九龄关爱有加。

又如《谢蒙太子书颂》:

右：昨者高力士宣恩旨，垂示皇太子书纪功德颂，恭览睿迹，实天人之表。幼传楷则，训叶文明，春秋典学，时惟多艺。鸾凤变态，入神妙而难明；俾臣庸者，凭篆刻而不朽。微臣之幸，倍百常情，无任悚戴之至！

御批："大臣作颂，以扬休声。铭之琬琰，亦资翰墨。太子鸿书则非工，身为国本，将示于后。因以命之，无能发挥，何所为谢。"

将此《谢蒙太子书颂》与史籍记载互证，即可还原事件的始末。《旧唐书》卷一〇三《张守珪传》载："二十三年春，守珪诣东都献捷，会籍田礼毕酺宴，便为守珪饮至之礼，上赋诗以褒美之。廷拜守珪为辅国大将军、右羽林大将军、兼御史大夫，余官并如故。仍赐杂彩一千匹及金银器物等，与二子官，仍诏于幽州立碑以纪功赏。"据《谢蒙太子书颂》及"御批"，即可知事件始末：二十三年春，张守珪诣东都献捷；玄宗"诏于幽州立碑以纪功赏"；张九龄奉诏撰《开元纪功德颂并序》；太子奉诏书《颂》；九龄上《谢蒙太子书颂》；玄宗"御批"宣慰。

又如开元二十四年，玄宗赐宰臣白羽扇。九龄即献《白羽扇赋》：

开元二十四年夏，盛暑。奉敕使大将军高力士赐宰臣白羽扇。某与焉，窃有所感，立献赋曰：

当时而用，在物所长。彼鸿鹄之弱羽，出江湖之下方，安知烦暑，可致清凉。岂无纨素，采画文章。复有修竹，剖析毫芒。提携密迩，摇动馨香。惟众珍之在御，何短翮之敢当？而窃思于圣后，且见持于未央。伊昔皋泽之时，亦有云霄之志，苟效用之得所，虽杀身之何忌！肃肃白羽，穆如微风，纵秋气之移夺，终感恩于箧中。

御批答：朕顷赐扇，聊以涤暑；卿立赋之，且见情素。词高理妙，朕详之矣。然佳彼劲翮，方资利用；与夫弃捐箧笥，义不当也。

据《新唐书》卷一百二十六《张九龄传》载，九龄为相期间，屡次犯颜直谏，数次触怒玄宗。公"既戾帝旨，固内惧，恐遂为林甫所危，因帝赐白羽扇，乃献赋自况，其末曰：'苟效用之得所，虽杀身而何忌？'又曰：'纵秋气之移夺，终感恩于箧中。'帝虽优答，然卒以尚书右丞相罢政事，而用仙客。自是朝廷士大夫持禄养恩矣。"文史正可互证。

唐代"御批"，罕见存世。故《曲江集》中状、颂、赋篇末所存唐玄宗的"御批"，尤为珍贵，具有十分重要的文献价值。

3.《曲江集》附录诰命的史学价值

岑仲勉《依唐代官制说明张曲江集附录诰命的错误》指出："祠堂本张曲江集附录的'诏命'，是这个集里面一种极宝贵的史料，从开元八年起直到二十七年止，他的官历，除失掉两三件不计，几完全包括在内，后世替他写年谱的凭着这些资料，直可不必再费神来推究。又如开元二十三年正月在中书令任上的御注考词，二十四年在尚书右丞相任上的御注考词，我们也可以借此窥见唐代考绩的一斑。就现存的唐人文集来看，只颜鲁公文集剩下三四篇零星制诰，其余都没有，单从这一点而论，称曲江集为'唐集之雄'，是并不过誉的。"①

《曲江集》既是曲江公生命、生活、命运的实录，亦是"九龄风度"的艺术呈现。苏轼《迩英进读·张九龄不肯用张守珪牛仙客》云：

> 轼窃谓士大夫砥砺名节，正色立朝，不务雷同以固禄位，非独人臣之私义，乃天下国家所恃以安者也。若名节一衰，忠信不闻，乱亡随之，捷如影响。西汉之末，敢言者惟王章、朱云二人，章死而云废，则公卿持禄保妻子如张禹、孔光之流耳。故王莽以斗筲穿窬之才，恣取神器如反掌；唐开元之末，大臣守正不回，惟张九龄一人。九龄既已忤旨罢相，明皇不复闻其过，以致禄山之乱。治乱之机，可不慎哉！②

《曲江集》附录《赠司徒制》曰："正大厦者柱石之力，昌帝业者辅相之臣，生则保其雄名，殁乃称其盛德，饰终未允于人望，加赠实存乎国章。故中书令张九龄，维岳降神，济川作相。开元之际，寅亮成功；谠言定其社稷，先觉合于蓍龟。永怀贤弼，可谓大臣。竹帛犹存，樵苏必禁，

---

① 岑仲勉：《依唐代官制说明张曲江集附录诰命的错误》，载《中山大学学报》1958年第2期。
② 《苏轼文集·迩英进读》，中华书局1986年版，第197页。

爰从八命之秩，更进三台之位。可赠司徒。"余癸巳过曲江墓，亦深感曲江公之升降荣辱，与有唐之由盛转衰息息相关。所谓正直不容，国运丕变；樵苏永禁，悔叹何及？逝者斯矣！人垂镜鉴。谨以《过曲江墓》诗缅怀曲江公：

　　禄山反骨岂能留？力斩顽凶抗众流。
　　无奈杨妃收义子，樵苏永禁恨难休。

张九龄的文化价值取向与诗歌的美学追求

张九龄以岭南布衣通过科举考试，以直道至宰相。"张说谓其为后出词人之冠，又与徐坚评其文如轻缣素练。实济时用。柳宗元亦谓其能以比兴兼著述。"① 在初、盛两唐之交特定的文化语境中，张九龄选择全身持性与兼济天下互补的价值取向，形成守正中和、随缘自适的文化心态。他的诗歌则是其人生意蕴的艺术凝聚和形象展现，因而，他能在"四杰"、陈子昂诗歌的"雅正"、"刚健"和上官仪、"沈宋"诗歌的"绮错婉媚"之外，另辟环譬托谕而委婉深秀、随风卷舒而自然成态一途。

一、张九龄的价值取向及其美学意蕴

自春秋以降，中国传统文化思想趋向合流，各家都在吸取对方的长处以弥补自身的不足。儒家讲入世兼济，而纵横家讲获取功名以实现救世之心，游侠讲扶危济困、劫富济贫，老子主张自然无为，"爱民治国"，尽管实质不同，但在济世这一点上可以达到精神的契合。儒、道、释三教尽管在精神内容、行为方式上有根本的区别，但在独善这一点上又找到了契合点。游侠在反对等级制度和追求个性自由方面又与道、释相通。这种文化思想的合流到了唐代走上了一个新的阶段。唐代的统治者为了政治的需要，推行比较开明的思想文化政策，但一涉及治国大本，总还是以儒学为依归。这在唐代开国时期尤为突出。唐太宗说："朕今所好者，唯在尧、舜之道，周、孔之教，以为如鸟有翼，如鱼依水，失之必死，不可暂无耳。"② 道教为了保持与政治的联系，奉李聃为祖师，并伪称其为唐王室的先祖，由此获得了统治者的青睐。高宗追尊李聃为"太上玄元皇帝"。

卢藏用悟出"终南捷径"，已到了中宗时期。直到开元年间，玄宗亲注《道德经》，列《老子》《庄子》《列子》和《文子》为经典，令依明

---

① 丘浚：《曲江集序》。
② 《贞观政要》卷六。

经举行科举考试，道教的政治地位已置于佛教之上。佛教在武则天时也依附王权，直接为王权服务。随着皇权的重归李唐，佛教的政治地位已然下降。可见，在初、盛两唐之交特定的文化语境中，儒家的文化思想占据着主导地位，士夫文人根据自身的遭际，以儒为中心兼取各家思想，整合成为自己的文化价值取向。

张九龄主要生活在玄宗开元年间。这个时期，唐代社会政治、经济极度繁荣。一方面，中下层文人对理想中封建盛世的到来而欢欣鼓舞，要求乘运而起，建功立业；另一方面，由于主观和客观的种种原因，而在太平盛世中要实现自己的理想又会遇到各种各样的阻挠。在张九龄以前，初唐文人的文化价值取向主要表现为两种：一种是以王勃、杨炯、骆宾王、陈子昂等人为代表的强烈希望建功立业，志在兼济的取向；另一种是以王绩为代表，效法陶渊明，在经过仕与隐之间的一段徘徊之后，走向愤世嫉俗、啸傲山林、行在独善的取向。因而，前者的诗歌，更多的是激荡着建功立业的豪情壮志和抒发人生失意的牢骚怨愤；后者的诗歌，更多的是抒写醉人酒乡的简傲放达或放浪山水的恬淡逸兴。审视这一时期的士人心态，儒道两种文化价值观念还未能达到兼容互补的境界，前者的诗歌在"刚健"之中包含着不同程度的狂热和急躁，后者的诗歌在恬淡或放达之后也不时地流露出莫名的孤寂和迷茫。

将张九龄的诗歌放在初、盛两唐之交特定的文化语境中进行考察。我们发现，他的诗歌形象地展示了一种儒道思想兼容互补的文化价值取向。如他在释褐前初入长安参加"材堪经邦科"考试途经商洛山时作《商洛山行怀古》：

园绮值秦末，嘉遁此山阿。陈迹向千古，荒途始一过。硕人久沦谢，乔木自森罗。故事昔尝览，遗风今岂讹。泌泉空活活，樵叟独皤皤。是处清晖满，从中幽兴多。长怀赤松意，复忆紫芝歌。避世辞轩冕，逢时解薜萝。盛明今在运，吾道竟如何？

"避世辞轩冕，逢时解薜萝"，形象地揭示了"四皓"既贵身又兼济的价值取向和进退随缘的处世风度，可见，张九龄在未释褐前对传统文化思想的兼容互补已有了较为深刻的认识。

张九龄在仕途遭受挫折之时坚持全身持性。比如，他在被贬洪州时说："物生贵得性，身累由近名。内顾觉今是，追叹何时平。"(《秋晚登楼望南江入始兴郡路》)"木直几自寇，石坚亦他攻。何言为用薄，而与火膏同。物累有固然，谁人取径通。纤纤良田草，靡靡唯从风。日夜沐甘泽，春秋等芳丛。生性苟不夭，香臭谁为中。道家贵至柔，儒生何固穷。终始行一意，无乃过愚公。"(《杂诗五首》其五)在张九龄身上，全身与持性是辩证统一的。《旧唐书》卷九十九《张九龄传》载："李林甫自无学术，以九龄文行为上所知，心颇忌之。乃引牛仙客参知政事，九龄屡言不可，帝不悦。""林甫以其言告仙客，仙客翌日见上，泣让官爵。玄宗欲行实封之命，兼为尚书，九龄执奏如初。帝变色曰：'事总由卿？'九龄顿首曰：'陛下使臣待罪宰相，事有未允，臣合尽言，违忤圣情，合当万死。'玄宗曰：'卿以仙客无门籍耶？卿有何门阀？'九龄对曰：'臣荒徼微贱，仙客中华之士，然陛下擢臣践台阁，掌纶诰；仙客本河湟一典吏，目不识文字，若大任之，臣恐非宜。'林甫退而言曰：'但有材识，何必辞学，天子用人，何有不可？'玄宗滋不悦。"[1] 李林甫为宗室成员，张九龄为岭南寒门，二人之间的冲突有深层的门阀背景。张九龄悲伤地说："江南有丹橘，经冬犹绿林。岂伊地气暖，自有岁寒心。可以荐嘉客，奈何阻重深。运命唯所遇，循环不可寻。徒言树桃李，此木岂无阴？"(《感遇》其七)可见，全身持性的目的还是为了兼济天下。在晚年，九龄因监察御史周子谅引谶书弹牛仙客事，被李林甫诬陷为荐才不当，贬荆州长史后南归拜扫时还说："幸得不锄去，孤苗守旧根。无心羡旨蓄，岂欲近名园。遇赏宁充佩，为生莫碍门。幽林芳意在，非是为人论。"(《园中时蔬尽皆锄理，唯秋兰数本委而不顾，彼虽一物，有足悲者，遂赋二章》之二)而当"兼济"不能如愿的时候，便"避世辞轩冕"。《老子》四十三章认为"天下之至柔，驰骋天下之至坚"。《论语·卫灵公》认为"君子固穷"，《孟子·尽心上》主张君子"穷则独善其身"。可见，张九龄的全身持性，不是消极避世，也不是任性放情，而是将老子的贵身和儒家的"独善"思想相结合的处世之道。

张九龄的兼济天下，表现为守正嫉邪，以道匡弼。他在左拾遗任上，"以才鉴见推，当时吏部试拔萃、选人及应举者，咸令九龄及右拾遗赵冬

---

[1] 《旧唐书》卷一〇六《李林甫传》。

曦考其等第，前后数四，每称公允"①。唐代文人中，经他举荐可考者就有孟浩然、卢象、韦陟、孙逖、王维、李泌、皇甫冉、万齐融等人。他在调任桂州刺史兼岭南按察使途中回家探亲作短暂停留时也说："积善家方庆，思深国未酬。栖栖将义动，安得久停留。"（《与弟游家园》）他在《酬周判官巡至始兴会改秘书少监见贻之作，兼呈耿广州》中自述生平思想："惟昔迁乐土，追今已重世。阴庆荷先德，素风惭后裔。惟益梓桑恭，岂禀山川丽。于时初自勉，揆己无兼济。瘠土资劳力，良书启蒙蔽。一探石室文，再擢金门第。既起南宫草，复掌西掖制。过举及小人，便蕃在中岁。亚司河海秩，转牧江湖澨。勿谓符竹轻，但觉涓尘细。一麾尚云忝，十驾宜求税。心息已如灰，迹牵且为赘。忽捧天书委，将革海隅弊。朝闻徇诚节，夕饮蒙瘴疠。义疾耻无勇，盗憎攻亦锐。葵藿是倾心，豺狼何反噬……所仗有神道，况承明主恩。"他所持的"性"与"葵藿是倾心"有着本质的联系。《开元天宝遗事》"七宝山座"条载："明皇于勤政楼以七宝装成山座，高七尺。召诸学士讲议经旨及时务，胜者得升焉。惟张九龄辩论风生，升此座，余人不可阶也。"张九龄做宰相时，以"经术"辅佐玄宗，所参与的军国大事，举其大者如谏相李林甫、牛仙客，请诛安禄山，反对废除太子瑛等，他都能犯颜直谏，后人称之为"开元贤相"②。可见，张九龄在"逢时"时，实践儒家拯物济世、安邦定国的理念，已不仅仅停留在追求事功的层面，也超越了老子的自然无为，"爱民治国"。

毋庸讳言，张九龄在仕宦失意之时，也常常产生隐退的念头："明时独匪报，尝欲退微躬"（《酬起二侍郎使西军赠两省旧僚之作》），"已矣直躬者，平生壮图失。去去勿重陈，归来茹芝术"（《叙怀二首》其二），"奋翼笼中鸟，归心海上鸥。既伤日月逝，且欲桑榆收。豹变焉能及，鹦鸣非可求。愿言从所好，初服返林丘"（《登乐游春望书怀》），"时哉苟不达，取乐遂吾情"（《南还湘水言怀》），"陈力尚无效，谢病从芝术"（《登郡城南楼》）。然而，他的隐退是以功成为前提条件的："当须报恩已，终尔谢尘缁"（《使还都湘东作》），"愿言答休命，归事丘中琴"（《出为豫章郡逢次庐山东岩下》）。可见，在初、盛两唐之交特定的文化语境中，张九龄将全身持性与兼济天下兼容互补，这构成了其文化价值取

---

① 《旧唐书》卷九十九《张九龄传》。
② 见《四库全书总目提要》卷一四九，中华书局1965年版。

向的一体两面。

张九龄的文化价值取向使他能够灵活圆通地处理人生的进退和穷达，形成了自己守正中和，随缘自适的文化心态。他先后与张说、赵冬曦、裴耀卿、严挺之、袁仁敬等人以正直中和相交，信守不渝，甚为当时之所称。这种文化心态在他的《感遇》十二首中得到形象的体现，如"兰叶春葳蕤，桂华秋高洁。欣欣此生意，自尔为佳节。谁知林栖者，闻风坐相悦。草木有本心，何求美人折？"（《感遇》其一）"抱影吟中夜，谁闻此叹息。美人适异方，庭树含幽色。白云愁不见，沧海飞无翼。凤凰一朝来，竹花斯可食。"（《感遇》其九）这种文化心态外现为一种"典午名士"的风度[1]，"后宰执每荐引公卿，上必问，风度得如九龄否？"[2] 于是，"九龄风度"成了当时朝廷录用大臣的美学标准，也成为一代士夫文人生命生活的美好理想。李白的"功成拂衣去，摇曳沧州旁"（《玉真公主别馆苦雨赠卫尉张卿》），"愿一助明主，功成还旧林"（《留别王司马嵩》），"功成谢人间，从此一投钓"（《翰林读书言怀呈集贤诸学士》），"功成拂衣去，归入武陵源"（《登金陵冶城西北谢安墩》），所追求的正是功成身退的人生理想，而王维的亦官亦隐亦禅则是随缘自适的深化和发展。在中国文化心理发展史上，这种儒道兼容互补的价值取向和守正中和、随缘自适的文化心态，具有深远的美学意义，直接影响着张九龄诗歌创作的美学追求。

二、环譬托谕、委婉深秀

张九龄的诗歌是其人生意蕴的艺术凝聚和形象展现。《四库全书总目提要》卷一四九指出："九龄守正嫉邪，以道匡弼，称开元贤相。而文章高雅，亦不在燕、许诸人下。……今观其《感遇》诸作，神味超轶，可与陈子昂方驾。文笔宏博典实，有垂绅正笏气象，亦具见大雅之遗。"这里有两点值得注意：一是指出张九龄的人品与诗品有内在联系；二是将张九龄与陈子昂的诗歌并称。本文赞同张九龄的人品与诗品有内在联系的说法，但只将张九龄与陈子昂的诗歌并称，本文却不能苟同。

陈子昂与张九龄不但价值取向有明显的差别，而且诗歌的审美取向也

---

[1] 温汝适《曲江集考证》上引《居易录》语。
[2] 《旧唐书》卷九十九《张九龄传》。

不尽相同。陈子昂从小就"驰侠使气",18岁才"慨然立志,因谢绝门客,专攻坟典"(卢藏用《陈氏别传》),自言"少好三皇五帝霸王之经"(《谏政理书》),"少学纵横术"(《从严仓曹乞攉命书》)。在24岁中进士到40岁辞官的16年中,陈子昂主要是将儒家的"民本",法家的耕战法治、富国强兵和纵横家的霸王术联系起来,体现了一种拯物济世情怀和刚正直切的精神风度。陈子昂在40到42岁逝世的两年中,"爱黄老之言,尤耽味《易》象"(卢藏用《陈氏别传》),在老庄哲学中寻找精神的寄托。这是一种前后脱节反差明显的文化价值取向。陈子昂前期的文化价值取向主要是兼济的思想,因而他在这一时期所写的《修竹篇序》,提倡恢复"汉魏风骨""风雅""兴寄",倡导的正是儒家以诗"言志"和"风雅比兴"的诗学理念,这使他的诗歌呈现出一种矫拔古奥之美。而张九龄自始至终坚持全身持性与兼济天下兼容互补的文化价值取向,感性显现为随缘自适、守正中和的精神风度,这种风度在他的诗歌中对象化为一种委婉深秀之美。

沈德潜在《唐诗别裁》卷一中就明确地指出陈子昂和张九龄诗歌审美取向的差异:"唐初五言古,渐趋于律,风格未遒。陈正字起衰而诗品始正,张九龄继续而诗品始醇。""正"指雅正。李华《扬州功曹萧颖士文集序》说:"左思诗赋有雅颂遗音,干宝著论近乎王化根源,此外皆绝无闻。近日陈拾遗文体最正。"故"诗品始正"应是指陈子昂倡导恢复诗歌"风骨"、"风雅"的"言志"、"美刺"的传统,将唐诗导入了雅正的康庄大道。"醇"指醇厚。张九龄在《陪王司马宴王少府东阁序》中说:

> 夫道行与废,命也,非谋之不臧;命通与塞,时也,岂力之为弊?古之君子推其分、养其和,仲尼得之以弦歌,傅说因之以版筑。至若《诗》有怨刺之作,《骚》有愁思之文,求之微言,匪云"大雅"。王六官志其大者,司马公引而申之。谪居何心?不欲贾生之投吊?穷愁非我,安用虞卿之著书?尝以风月在怀,江山为事。簿领何废?形胜不辜,既好乐而不荒,亦上同而不混。迨乎倚层阁、凭华轩,川泽清明,上悬秋景,岑岭回合,下带溪流,联草树而心摇,际烟氛而目尽。兹邦枕倚,是日登临,岂子虚之过诧,诚仲宣之信美。物色起殊乡之感,谁则无情?而道术得异人之资,吾方有造。于是旨酒时献,清谈间发,歌《沧浪》以放言,咏《蟋蟀》而伤俭。盖古

人之作者,岂异于斯!盍赋诗以扬其美?

逍遥台,在广东曲江县南五里,为隋刺史薛道衡所建。① 此《序》应作于曲江公任左拾遗,"封章直言,不协时宰,方属辞病,拂衣告归"之时。② 仕宦失意使他与《诗》的"怨刺"、《骚》的"愁思"产生了隔代共鸣,而他的"清谈间发,歌《沧浪》以放言,咏《蟋蟀》而伤俭",又显然继承了陆机《文赋》"诗缘情而绮靡"和钟嵘《诗品序》"指事造形,穷情写物"的创作主张。可见,张九龄在理论上倡导的是恢复"诗缘情"的创作传统,将唐代的诗歌创作导入醇厚之途。"诗品始正"与"诗品始醇"实质上是先唐"诗言志"与"诗缘情"的诗学传统在初、盛两唐文化语境中的创造性表述。"正"与"醇"分别揭示了初唐和盛唐诗歌的美学特征,代表了这时期诗坛上两种既有联系又有区别的审美取向。

张九龄诗品的"醇",首先表现在他的诗歌多以环譬托谕的抒情方式来抒情写意,含蓄蕴藉,委婉深秀。比如:

仙境生红药,微芳不自持。幸因清切地,还遇艳阳时。名见桐君录,香闻郑国诗。孤根若可用,非直爱华滋。(《苏侍郎紫微庭各赋一物得芍药》)

上苑春先入,中国花尽开。唯余幽径草,尚待日光催。(《答太常靳博士见赠一绝》)

这两首诗是张九龄开元初年身居下位时与僚友酬唱之作。诗人托物起兴,巧借红药、幽径草传达自己具有高洁的品质和亟须扶持的愿望。《全唐诗话》之"张九龄"条载:"九龄在相位,有謇谔匪躬之诚。明皇既在位久,稍怠庶政,每见帝,极言得失。林甫时方同列,阴欲中之,将加朔方节度使牛仙客实封。九龄称其不可,甚不叶帝旨。他日,林甫请见,屡陈九龄,颇怀诽谤。于时方秋,帝命高力士持白羽扇以赐,将寄意焉。九龄惶恐,因作赋以献。又为《燕》诗(按:指《咏燕》)以贻林甫,曰:'海燕何微眇,乘春亦暂来。岂知泥滓贱,只见玉堂开。绣户时双人,华

---

① 参见臧励龢《中国古今地名大辞典》,商务印书馆1982年重印本,第853页。
② 参见徐浩撰《文献张公碑铭》,载《四部备要》本《曲江集》附录。

轩日几回。无心与物竞,鹰隼莫相猜。'林甫览之,知其必退,恚怒稍解。"与初唐李峤用典加状物的咏物诗相比较,显然,张九龄诗中的"海燕"具有象征的意义。这类以象征来抒情写意的诗歌古代属于"兴体"。

刘勰在《文心雕龙·比兴》篇中指出"比体"与"兴体"的特点分别是"比显而兴隐","顾比者,附也;兴者,起也。附理者切类以指事,起情者依微以拟议。起情,故兴体以立;附理,故比例以生。比则蓄愤以斥言,兴则环譬以托谕"。钟嵘《诗品序》认为"文已尽而意有余,兴也;因物喻志,比也"。张九龄对唐诗发展的一个重要贡献,就是在刘勰所认为"炎汉虽盛,而辞人夸毗,讽刺道丧,故兴义销亡。于是赋颂先鸣,比体云构,纷纭杂沓,倍旧章矣"之后,重新创作了大量的"兴体"诗。张九龄《感遇》十二首、《庭梅咏》和《杂诗》四首都能托物理以寄人情,沿隐以至显,因内而附外,自觉地追求思想感情的感性显现。试取张九龄与陈子昂的《感遇》一首作一比较:

  孤鸿海上来,池潢不敢顾。侧见双翠鸟,巢在三株树。矫矫珍木颠,得无金丸惧?美服患人指,高明逼神恶。今我游冥冥,弋者何所慕?(张九龄《感遇》之四)
  翡翠巢南海,雌雄珠树林。何知美人意,娇爱比黄金。杀身炎州里,委羽玉堂阴。旖旎光首饰,葳蕤烂锦衾。岂不在遐远,虞罗忽见寻。多材信为累,叹息此珍禽。(陈子昂《感遇》之二十三)

陈诗附理切类以指事,借翡翠惨遭杀害,漂亮的羽毛被拿去装首饰、织锦衾来说明"多材信为累"的道理;"多材信为累"二句,属于诗人以第三人称口吻直接出面发议论点明题旨。张诗起情依微以拟议,将"双翠鸟"和"孤鸿"作一对比,借"双翠鸟"的不幸遭遇透露对贤良不容的黑暗现实的忧愤,全诗自始至终以"环譬以托谕"的抒情方式,借"孤鸿"传达失志的贤人忧谗畏祸的恐惧和超然尘外的逸情,情缘境发,意随象显。刘熙载在《艺概·诗概》中明确指出:"曲江之《感遇》出于《骚》,射洪之《感遇》出于《庄》,缠绵超旷,各有独至。""出于庄"的特点是借物明理,"出于骚"的特点是"环譬以托谕"。因而,陈诗属于"比体",而张诗属于"兴体"。"环譬以托谕"使得诗歌委婉深秀,而委婉深秀的美学概括则为"醇"。

"正"与"醇"在复古与通变上各有不同的侧重。皎然在《诗式》卷三"论卢藏用《陈子昂集序》"中指出"子昂《感遇》三十首,出自阮公《咏怀》",又在卷五"复古通变体"中指出"陈子昂复多而变少"。叶燮《原诗》卷一也指出:"然吾犹谓子昂古诗,尚蹈袭汉魏蹊径,竟有全似阮籍咏怀诸作者,失自家体段。"厉志《白华山人诗说》卷一则说,陈子昂的诗歌"大半局于摹拟,自己真气仅得二三分",而张九龄的诗能"发舒神变,学古而为我用,毫不为古所拘"。乔亿《剑溪说诗》又编亦指出张诗锐意创新,"何尝似后人步趋不失尺寸"?翁方纲在《石洲诗话》卷一中说:"曲江公委婉深秀,远在燕、许诸公之上,阮、陈以后,实推一人,不得以初唐论。"张九龄的诗品"醇"是对陈子昂的诗品"正"的升华和提高。升华是审美理想的升华,提高是表现艺术的提高。

刘熙载在《艺概·诗概》中说:"唐初四子沿陈、隋之旧,故才力迥绝,不免致人异议。陈射洪、张曲江独能超出一格,为李、杜开先。"然而,白居易在《与元九书》中说过一番耐人寻味的话:"又诗之豪者,世称李、杜。李之作,才矣奇矣,人不逮矣,索其风雅比兴,十无一焉。杜诗最多,可传者千余首。至于贯串今古,觑缕格律,尽工尽善,又过于李。然撮其《新安吏》、《石壕吏》、《潼关吏》、《塞芦子》、《留花门》之章,'朱门酒肉臭,路有冻死骨'之句,亦不过三四十首。杜尚如此,况不逮杜者乎!"过去学术界多认为白居易指责李、杜诗歌少"风雅比兴",他的评价是偏颇和错误的。但是,如果从初、盛两唐士夫文人的价值取向和诗美追求去审视这一问题,本文认为,这正是白居易以"风雅比兴"的美学准则去品评李、杜诗歌而得出的近乎实际的结论。我们是否可以这样理解:李、杜诗歌绝大部分超越了风雅政教,进入了生命命运的体悟,属于缘情抒愤的文学,他们的诗歌更多的是沿着张九龄开创的诗品"醇"的道路向前推进?

三、随风卷舒,自然成态

张九龄诗品的"醇",其次表现在他的山水诗能够因山水以抒情,较好地解决山水物形与主体神情之间的矛盾,从整体上超越了大谢体和小谢体,为盛唐山水诗的发展做出了独特的贡献。

"兴则环譬以托谕",其特点是触类可为其象,合义可为其征,拟诸形容,象其物宜,以类万物之情。它有一个先在的条件,即诗人心口已存在有要表达的"意义",然后假托物象以拟之。而山水诗创作,则是"物色之动,心亦摇焉",山水摇荡诗人的情怀,使其不得不吐之而后为快。但因为"物有恒姿,而思无定检"①,因而山水物形常常与主体神情产生一定的矛盾。诗人根据自己对山水的审美意识,以自己独特的方式解决这一矛盾,因而形成了自己的山水诗的创作特色。刘勰在《文心雕龙·物色篇》中提出:"是以诗人感物,联类不穷。流连万象之际,沉吟视听之区;写气图貌,既随物以婉转;属采附声,亦与心而徘徊。"张九龄在《题山水画障》中说:"心累犹不尽,果为物外牵。偶因耳目好,复假丹青妍。尝报野间意,而迫区中缘。尘事固已矣,秉意终不迁。良工适我愿,妙墨挥岩泉。变化合群有,高深侔自然。置陈北堂上,仿像南山前。静无户庭出,行已兹地偏。萱草忧可树,合欢忿亦蠲。所因本微物,况乃凭幽筌。言象会自泯,意色聊自宣。对玩有佳趣,使我心渺绵。"可见,张九龄是深谙山水文学创作之奥秘的。"从初唐四杰到开元前期,山水诗曾有过继承齐梁体和效仿大谢体的两次复变。唐前期山水诗的表现艺术正是在这两种诗风的反复交替中,逐渐突破前人,臻于完善,在盛唐形成了风骨与词采相结合的理想风貌。"② 张九龄以随缘自适的心态审视山水,因山水以抒情,诗情缘境生发,因而他能够突破大谢山水诗或景—情—理,或情—景—理,或景—理—情的三段式结构和小谢山水诗以景物的客观描写为主的景情两分式结构,形成自己山水诗"若蜘蛛之放游丝,一气倾吐,随风卷舒,自然成态"的特色。③

张九龄的山水诗是其隐居实践和羁旅行役生活的艺术呈现。毫无疑问,他的山水诗也不同程度地显露出模仿大谢体和小谢体的某些痕迹,如《临泛东湖》《彭蠡湖中》《入庐山仰望瀑布水》等诗,"大量使用表现抽象感觉的形容词来描写具体物象",接近写境密实繁富的大谢体④,而《侦阳峡》《读书岩中寄沈郎中》等前期山水诗,则更接近清新秀丽、空灵简淡的小谢体。然而,在指出张九龄山水诗创作继承大谢体和小谢体的同时,我们更应该注视其发展创新的一面。

张九龄的山水诗,主要有两大特点。

---

① 刘勰:《文心雕龙·物色篇》。
② 葛晓音:《山水田园诗派研究》,辽宁大学出版社1993年版,第103页。
③ 厉志:《白华山人诗说》卷一引赤堇氏语。
④ 详见葛晓音《山水田园诗派研究》,第173、174页。

第一，笔补造化，妙造自然。比如《江上遇风疾》：

疾风江上起，鼓怒扬尘埃。白昼晦如夕，洪涛声若雷。投林鸟铩羽，入浦鱼曝鳃。瓦飞屋且发，帆快樯巳摧。不知天地气，何为此喧豗？

此诗分别用比喻、夸张、渲染的手法，把无形的江上疾风挥洒得声势磅礴，形神会通，心物无间。这对岑参《走马川行奉送封大夫出师西征》写"风"、《白雪歌送武判官归京》写"雪"应有直接的影响。又如《湖口望庐山瀑布水》：

万丈洪泉落，迢迢半紫气。奔飞下杂树，洒落出重云。日照虹霓似，天清风雨闻。灵山多秀色，空水共氤氲。

诗人抓住日光中庐山瀑布飞流直下的特性，分别从视觉、听觉和意觉等角度，运用夸张、渲染的手法，淋漓尽致地展现了庐山瀑布的生动气韵。张九龄这类山水诗紧紧抓住山水的个性，"顺其性而扩充之"①，"超以象外，得其环中"②。李白的《望庐山瀑布二首》无论是格调还是表现手法，显然都受这种诗风的直接影响。张彦远《历代名画记·论画山水树石》指出："山水之变，始于吴（道子），成于二李（思训、昭道父子）。"开元初，李思训曾在大同殿画嘉陵山水掩障，唐玄宗称赞他的画夜间水声，通神之佳手。天宝初，吴道子亦在大同殿壁画嘉陵山水。玄宗将李、吴二人的画进行比较后说，李思训数月之功，吴道子一日之迹，皆极其妙。李、吴二人都是与张九龄大致同时的著名宫廷画师。李思训的嘉陵山水，色彩浓重，描绘精工，形成自己以形写神的画风；而吴道子的嘉陵山水则大笔挥洒，离形得似。如果说张九龄的《临泛东湖》《彭蠡湖中》《入庐山仰望瀑布水》等山水诗风，与李思训以形写神的山水画风共趋合流，那么，他的《江上遇风疾》《湖口望庐山瀑布水》等山水诗风则与吴道子离形得似的山水画风同源神会，这使其山水诗创作从整体上超越了大

九龄风度与盛唐气象

---

① 钱锺书：《谈艺录》，中华书局1984年版，第61页。
② 司空图：《诗品·雄浑》。

谢体。

第二，缘情体物，顺其自然。张九龄的山水诗大多描写其羁旅行役，与亲人离别的生活。如《赴使泷峡》：

> 溪路日幽深，寒空入两崟。霜清百丈水，风落万重林。夕鸟联归翼，秋猿断去心。别离多远思，况乃岁方阴。

首联用"高远"的技法，勾勒乐昌泷峡的深幽狭长和两岸高耸入云的山峰；颔联用"平远"的技法，描绘泷峡一带萧瑟的秋景，寄寓漂泊的旅愁；颈联融情于景，以反衬的手法传达诗人离家北返的别绪；尾联点题。又如《自湘水南行》：

> 落日催行舫，逶迤洲渚间。虽云有物役，乘此更休闲。暝色生前浦，清辉发近山。中流澹容与，唯爱鸟飞还。

此诗为张九龄奉使南归途中所作。诗人在夕阳晚照中航行，以悠闲舒缓的心情领略山水的自然温馨，而山水的自然温馨又诱发出即将与亲人团圆的喜悦。张九龄这类山水诗善于抓住特定环境中山水的特性，然后"顺其性而恰有当于吾心"者①，缘情体物，情以物迁，辞以情发，形成了一种自然清澹的风格，从整体上超越了小谢体。如"归舟宛何处？正值楚江平。夕逗烟村宿，朝缘浦树行。于役已弥岁，言旋今惬情。乡郊尚千里，流目夏云生"（《使还湘水》），将羁旅情思融入山水之中，情景交融，自然成态。又如"江路与天连，风帆何森然。遥林浪出没，孤舫鸟联翩。常爱千钧重，深思万事捐。报恩非徇禄，还逐贾人船"（《江上使风呈裴宣州耀卿》），邢昉《唐风定》卷十二评此诗"闲澹幽远，王、孟一派，曲江开之"。孟浩然的《过故人庄》《晚泊浔阳望庐山》《万山潭作》，王维的《山居秋暝》《渭川田家》《终南山》等诗，显然受到张九龄这种"闲淡幽远"诗风的影响。胡应麟《诗薮·内编》卷二指出："张子寿首创清澹之派。盛唐继起，孟浩然、王维、储光羲、常建、韦应物，本曲江之清澹，而益以风神者也"，当是确当之论。

---

① 钱锺书：《谈艺录》，中华书局1984年版，第210页。

在唐诗发展史上,张九龄的诗歌基本上克服了初唐陈子昂诗歌中所存在的局限于模拟、缺乏"自己真气"、未形成"自家体段"的缺点,重新确立了诗缘情发,诗情缘境发的创作取向,独立成为一家。故皎然《读张曲江集》诗说:"体正力已全,理精识何妙。……才兼荆衡秀,气助潇湘秋。逸荡子山匹,经奇文畅俦。沉吟未终卷,变态纷难数。"杜甫在《故右仆射相国曲江张公九龄》诗中亦说张九龄:"诗罢地有余,篇终语清省。……绮丽玄晖拥,笺谏任昉骋。自我一家则,未缺只字警。千秋沧海南,名系朱鸟影。"陈子昂和张九龄分别为盛唐诗人开辟了诗品"正"与"醇"两种诗歌境界。刘大杰在《中国文学发展史》中册指出:"故后人论初唐诗之转变者,每以陈、张并称。"周祖撰《隋唐五代文学史》说:"陈子昂是第一个有意识要摆脱齐梁诗风并取得成绩的人,而张九龄是陈子昂的直接继承者,其地位当然是要略逊于陈子昂。""陈、张并称"和"张略逊于陈"的观点都只是看到张九龄继往复古的一面,还未能结合初、盛两唐士夫文人的文化价值取向和诗歌的美学追求及其演变来认识张九龄对唐诗的创新开来的一面。在陈子昂与盛唐诸子的诗歌之间,有一个不可或缺的中间环节,那就是张九龄。"九龄风度"是盛唐士夫文人的审美理想,张九龄的诗歌主张和诗歌创作是联系初、盛两唐诗歌的桥梁。

(原载《文学遗产》2001年第4期)

张九龄《曲江集》敕书的文史价值
——唐代开元二十二年至二十四年突骑施苏禄
侵犯四镇个案探究

张九龄《曲江集》中的敕书具有重要的文史价值,但迄今为止,学界对其缺乏必要的探究。

唐玄宗开元年间,突骑施苏禄南通吐蕃,东附突厥,绥抚十姓部落,终于雄霸西域。开元二十三年,突骑施苏禄侵犯安西、北庭,直接威胁唐朝的主权和国家安全。唐朝廷与突骑施苏禄的这场战争共打了5年。开元二十六年,北庭都护盖嘉运破突骑施,杀苏禄,苏禄之子吐火仙继为可汗;开元二十七年盖嘉运擒苏禄之子吐火仙,献俘于京师,这场战争方结束。

然而,唐朝廷与突骑施苏禄之间战争的史实,史书只有零星的记载,特别是开元二十二年至二十四年这三年间的战争过程,史书记载尤为简略。例如,《旧唐书》卷八《玄宗上》:"(开元)二十三年,冬,十月辛亥,移隶伊西、北庭都护属四镇节度。突骑施寇北庭及安西拨换城";又"(开元)二十四年春正月……北庭都护盖嘉运率兵击突骑施,破之"①。《资治通鉴》玄宗开元二十四年:"……秋……甲寅,突骑施遣其大臣胡禄达干来请降,许之。"② 笔者从《四部丛刊》本《曲江集》的敕书中,了解到突骑施苏禄侵犯安西、北庭这三年发生的事情远比史书记载复杂;强敌寇境,唐朝廷高度重视,从政治、外交、军事等层面展开了一系列针锋相对的斗争。

唐朝廷与突骑施苏禄之间这三年的战争,唐方参战将领有安西节度使王斛斯、瀚海军使北庭都护盖嘉运等人。《唐会要》卷七十八"节度使"

---

① 《旧唐书》第1册,中华书局1975年版,第203页。
② 《资治通鉴》第15册,中华书局1982年版,第6821页。

条载:"(开元)二十一年十二月,王斛斯除安西四镇节度。"①《玉海》卷十九所载与《唐会要》同。《旧唐书》卷四十《地理三·陇右道八》载:"瀚海军,开元中,盖嘉运置,在北庭都护城内,管镇兵万二千人、马四千二百匹。"②《旧唐书》卷八《玄宗上》:"二十二年……四月……甲寅,北庭都护刘涣谋反,伏诛。五月戊子,黄门侍郎裴耀卿为侍中,中书侍郎张九龄为中书令。"③盖嘉运充北庭都护当在开元二十二年四月刘涣谋反伏诛之后。据《曲江集·附录》,玄宗开元二十年,张九龄由秘书少监、兼集贤院学士副知院事转工部侍郎、兼知制诰,二十二年为中书令,二十四年十一月罢知政事、充尚书右丞相。可知,开元二十二年至二十四年十一月间,九龄曾代玄宗拟制诰,述宣圣旨。《曲江集》现存给安西节度使王斛斯、瀚海军使北庭都护盖嘉运、河西节度使牛仙客、吐蕃赞普等人的多道敕书,可补史书开元二十二年至二十四年唐朝廷与突骑施苏禄之间战争记载之缺。

从这些敕书中,我们不仅可了解突骑施苏禄此次围犯安西、北庭的过程,了解唐王朝针对突骑施苏禄此次犯边而展开远交近攻的谋略,而且还可从文辞表述中领略盛唐下行公文的写作特点,进而了解盛唐开元后期朝廷所崇尚的文风。

一、唐朝廷在开元二十二年就已察觉突骑施苏禄将要围犯安西、北庭的动向

从《曲江集》现存的《敕安西节度王斛斯书》和《敕瀚海军使盖嘉运书》中,可证实唐朝廷在开元二十二年已察觉突骑施苏禄的动向。如《敕安西节度王斛斯书(一)》(编号为笔者所加,下同):

敕安西副大都护王斛斯:使人兼赵壁近至,省表具之。前已敕卿严加部勒,近得奏请,皆依处置。卿当此信任,必用尽诚,蕃镇之虞,且无西顾。顷者,刘涣凶悖,遂起奸谋,朕以偏荒,比加隐忍。而恶迹转露,人神不容,忠义之徒,复知密旨,自闻伏法,自取诛

---

① 王溥撰:《唐会要》下册,中华书局1955年版,第1429页。
② 《旧唐书》第5册,中华书局1975年版,第1646页。
③ 《旧唐书》第1册,中华书局1975年版,第201页。

夷。狂愚至深，亦何足道，卿与彼地近，想备知之。突骑施北来窥隙，会须审察，至竟如何？蕃中人来，未可轻信。但当抚养士卒，而临事制宜，必先保全，以此为上。夏初已热，卿及将士已下平安好。遣书指不多及。

据《唐会要》卷七十八载，王斛斯除安西四镇节度在开元二十一年十二月，《旧唐书》卷八《玄宗上》载北庭都护刘涣谋反伏诛在开元二十二年四月甲寅，突骑施寇北庭及安西拨换城在开元二十三年冬十月。又据《敕安西节度王斛斯书（六）》："顷与突骑施攻战，历涉三年，降虏生俘，所获过当，悬军能尔，朕甚嘉之！行官已有赏劳，在卿固合优奖。今授卿重职，兼彼领护，且复褒进，终为后图。吐蕃此来，意不徒尔，所有计校，前已略言，先觉预防，无能为也。万里之外，三军之宜，一以委卿，勿失权断。秋后渐冷，卿及将士已下，并平安好，遣书指不多及。""今授卿重职，兼彼领护"，当指《旧唐书》卷八《玄宗上》所载"（开元）二十三年，冬，十月辛亥，移隶伊西、北庭都护属四镇节度"之事。"顷与突骑施攻战，历涉三年"，这"三年"如果从开元二十三年冬十月突骑施寇北庭及安西拨换城算起，则应至开元二十五年，然九龄开元二十四年十一月罢相，二十五年四月出为荆州长史，已不可能再述宣圣旨，故知这"三年"应指开元二十二年、二十三年、二十四年。由此亦可知，《敕安西节度王斛斯书（一）》应作于"刘涣凶悖，遂起奸谋……自取诛夷"以后，"突骑施北来窥隙"应指"突骑施寇北庭及安西拨换城"之前，"夏初已热"应指开元二十二年夏，唐朝廷已警惕突骑施苏禄将要围犯安西、北庭；《敕安西节度王斛斯书（六）》中有"秋后渐冷"，应指开元二十四年秋。

又据《敕安西节度王斛斯书（二）》："突骑施輒凶暴，侵我西陲。卿等悬军，遇此狂贼，爰自去夏以迄于今，攻战相仍，念甚勤苦！近者闻在拨换，兵少贼多，朕每忧之，虑遭吞噬……初春尚寒，卿及将士已下，并平安好。"成化九年刻本、《四部丛刊》本、《四库全书》本该敕书所载均同。敕书中的"去夏"指明突骑施寇北庭及安西拨换城应在"夏"而不是"冬"，时间应在开元二十三年冬之前；故疑《旧唐书》卷八《玄宗上》所载"（开元）二十三年，冬……突骑施寇北庭及安西拨换城"有误。又，敕书中又写明"初春尚寒"，应作于《旧唐书》卷八《玄宗上》

张九龄《曲江集》敕书的文史价值

所载"(开元)二十四年春,北庭都护盖嘉运率兵击,破之"之前,亦可推断出突骑施此次围犯边陲时间应在开元二十三年"夏"而不是"冬"。

二、唐朝廷通过政治外交手段联通西域诸国,形成共讨突骑施苏禄的阵营

《旧唐书》卷一百九十四下《突厥下》载:"苏禄性尤清俭,每战伐,有所克获,尽分与将士及诸部落。其下爱之,甚为其用。潜又遣使通吐蕃,东附突厥。突厥及吐蕃亦嫁女与苏禄。既以三国女为可敦……"①《资治通鉴》卷二百一十三载:"(开元十五年)闰月,庚子,吐蕃赞普与突骑施苏禄围安西城,安西副大都护赵颐贞击破之。"② 可见,开元初期,突骑施苏禄就有意与吐蕃、突厥结盟。唐朝廷有鉴于此,针对突骑施苏禄此次犯边,采取了一系列瓦解敌盟、各个击破的策略。

1. 瓦解突骑施与吐蕃的密盟

《曲江集》有关敕书证实,唐朝廷早就洞悉吐蕃与突骑施暗地往来。《敕陇右节度阴承本书》:"朕于吐蕃,恩信不失,彼心有异,操持两端,阴结突骑施,密相来往。"《敕安西节度王斛斯书(三)》:"兼闻吐蕃与此贼计会,应是要路,斥候须明,事必预知,动即无患耳。"又《敕安西节度王斛斯书(四)》:"吐蕃与我盟约,歃血未干,已生异心。远结凶党,而甘言缓我,欲待合谋。连衡若成,西镇何有?卿能先觉,有以待之,观衅而行,适是军法。"《敕西州都督张待宾书》:"吐蕃背约,入我西镇,观其动众,是不徒然,必与突骑施连谋,表里相应。或恐贼心多计,诸处散下。"

从《曲江集》有《敕吐蕃赞普书》七通和《敕金城公主书》三通来看,唐朝廷主动出击,对吐蕃采取政治上牵制、外交上打"和亲"牌的策略,分化瓦解吐蕃与突骑施的密盟。《敕吐蕃赞普书(一)》:"自与彼蕃连姻,亦以数代。又与赞普结约,于今五年。人使往来,未尝有间。朕以两国通好,百姓获安,子孙已来,坐受其福……近闻莽布支西行,复有何故。若与突骑施相和,谋我碛西,未必有成,何须同恶?若尔者欲先为

---

① 《旧唐书》第16册,中华书局1975年版,第5192页。
② 《资治通鉴》第14册,中华书局1982年版,第6779页。

恶，乃以南蛮为词，今料此情，亦已有备。近令勒兵数万，继赴安西，傥有所伤，慎勿为怪也。朕心无所负，事欲论平。但国家之所守者信，鬼神之所助者顺，未有背道求福，违约能昌。何况兵众不可当，而又天道所不假，以此求济，不亦难乎！……春首尚寒……今使内常侍窦元礼往。遣书指不多及。"《敕吐蕃赞普书（二）》：

> 皇帝问赞普：缘国家先代公主，既是舅甥；以今日公主，即为子婿。如是重姻，何待结约？遇事足以相信，随情足以相亲，不知彼心，复同以否？近得四镇节度使表云：彼使人与突骑施交通，但苏禄小蕃，负恩逆命，赞普并既是亲好，即合同嫉顽凶。何为却与恶人密相往来，又将器物交通赂遗？边镇守捉，防遏是常，彼使潜行，一皆惊觉，夜中格拒，人或死伤，比及审知，亦不总损。所送金银诸物及偷盗人等，并付悉诺勃藏却将放还，彼既与赞普亲厚，岂复以此猜疑？自欲坦怀，略无所隐，纵通异域，何虑异心？……晚春极暄，赞普及平章事、首领并平安好。有少信物，别具委曲。遣书指不多及。

《册府元龟》卷九八零《外臣部·通好》："（开元）二十三年三月，命内使窦元礼使于吐蕃，使悉诺勃藏还蕃，命通事舍人杨绍贤往赤岭以宣慰焉。""此使前至之日，具知彼意。窦元礼中间所云，亦已备论。且亲以舅甥之国，申以婚娅之好，义非不重，心岂合疑？顷岁以来，加之盟约，此又不信，其如之何？……勿取浮言，亏我大信，以绝两国之好。"（《敕吐蕃赞普书（三）》）《敕金城公主书（一）》："彼使近来，具知安善。又闻赞普情义，是事叶和，亦当善执柔谦，永以为好。……晚春极暄……今令内常侍窦元礼往。"唐朝廷派窦元礼出使吐蕃，一方面是牵制"莽布支西行"，防止其侵吞碛西，斩断吐蕃与突骑施的军事联系；另一方面反复申述"舅甥""子婿"亲上加亲之情，与负恩逆命的苏禄作对比，陈述利弊；同时又命金城公主"善执柔谦"，使吐蕃与大唐"永以为好"。唐朝廷三管齐下，促使吐蕃信守与唐的盟约，瓦解吐蕃与突骑施的密盟。

2. 瓦解突骑施与东突厥联盟

突骑施本为西突厥之一部，与东突厥之间有着千丝万缕的联系。《资治通鉴》卷二百一十四："（开元二十二年）冬……突厥毗伽可汗为其大臣梅录啜所毒,未死,讨诛梅录啜及其族党。既卒,子伊然可汗立,寻卒,弟登利可汗立,庚戌,来告丧。"在突骑施犯边之时,唐朝廷采取离间和物质诱惑等手段牵制突厥。如《敕突厥可汗书》:

> 敕儿突厥可汗:朕与先可汗结为父子,及儿绍续,情义日深,至于国计,亦欲无别。儿去年冬讨,虽有先言;然两蕃既归国家,亦即不合侵伐。朕既与儿无间,终不以此为怀。契丹及奚,诸蕃穷者,土地不足以放牧,羊马不足以贪求,远劳师徒,兼冒锋镝,胜不为武,不胜亦危。以此言之,当务其大者。突骑施本非贵种,出自异姓,惟在奸数,诳诱群胡。十数年间,又承国家庇荫,因其荒远,遂得苟存。近日已来,敢兹背德。又知儿意亦欲破之,前与先可汗举哀,其使不肯就哭,当时辞拒,彼使具知。儿若总兵西行,朕即出师相应,安西、瀚海近已加兵,欲以灭之,复何难也?傥事捷之日,羊马土地,总以与儿,子女玉帛,别有优赏。信是长策,可熟思之。与儿情亲,故言及此耳。今有少信物,至宜领取。春初尚寒,儿及平章事、首领百姓已下,并平安好。遣书指不多及。

何格恩《张曲江诗文事迹编年考》云:

> 敕云:"儿去年冬讨,虽有先言;然两蕃既归国家,亦即不合侵伐。"按公去年论东北军未可轻动状云:"昨李佺使回,虏亦具云东下,中间或言难信,至今果如所说,即是输诚于国,未有他诈。"盖突厥之讨两蕃,实现已有知会,并非专擅也。此敕力言两蕃穷苦,劝其夹击突骑施,且言"前与先可汗举哀,其使不肯就哭",以引起突厥敌忾同仇之感。大抵当时突骑施猖獗,安西疲弊;故拟联络突厥以牵制之。此敕必在盖嘉运破突骑施以前。敕云:"安西、瀚海近已加兵",事详去年冬(按:指开元二十三年冬)敕牛仙客、王斛斯等书。敕又云:"春初尚寒",当在(开元二十四年)正月间也。①

而"傥事捷之日,羊马土地,总以与儿,子女玉帛,别有优赏。信是

---

① 《广东文物》卷7"人物考证门"。

长策，可熟思之。与儿情亲，故言及此耳"，则以物质利益诱惑突厥，瓦解突厥与突骑施之盟。

3. 联系西域诸国，共同讨伐突骑施

《曲江集》有关敕书证实，唐朝廷一方面着力瓦解吐蕃、东突厥与突骑施之间的密盟，另一方面又联络大食，要求护密等国，共同讨伐突骑施。《敕安西节度王斛斯书（五）》："得卿表并大食东面将军呼逻散诃密表，具知卿使张舒耀计会兵马回。此虽远蕃，亦是强国，观其意理，似存信义。若四月出兵是实，卿彼已合知之，还须量宜与其相应，使知此者计会，不是空言。且突骑施负恩，为天所弃，诃密若能助国破此寇仇，录其远劳，即合优赏。"唐朝廷充分肯定王斛斯邀请大食东面将军呼逻散诃密出兵助国破突骑施的计策。《敕护密国王书》则要求护密国王真擅"宣扬国命，慰抚远人，保我西陲，长守诚节。突骑施凶逆，虑其寇掠，卿宜善讨，勿令不觉其来"。同时，唐朝廷还向诸国王、叶护城使等发文："突骑施不道，连年作寇，使我边镇常以为虞。诸处攻围，所在坚守，能伺其隙，各有诛夷。比卿等赤诚，临事效节，使妖不胜德，氛祲自消。遥料凶谋，还虑再下，且贼众乌合，疲于重来，劳则心离，久必有隙。卿等常须有预，以逸待之，一二年间，奇功可立。富贵之举，彼贼是资，忠烈之怀，此心可度。今各赐卿衣一副，聊慰勤诚。所有勋劳，已令叙定，当续有处分，想亦知之。"（《敕诸国王叶护城等书》）唐朝廷向西域各国陈述利弊，恩威并重，目的在于切断突骑施苏禄与西域诸国在政治、外交、军事等方面的联系，在西域构筑讨伐突骑施苏禄的阵营，并达到了预期的效果。

三、调集安西四镇、北庭、河西诸路兵马，围剿突骑施

《曲江集》有关敕书证实，在对付突骑施苏禄犯边的问题上，唐朝廷不但重视远交，而且更重视军事近攻。军事近攻有如下举措：

（1）多次明确指示四镇节度副大使、安西副大都护王斛斯，瀚海军使、北庭都护盖嘉运，河西节度使牛仙客，天山军使、西州都督张待宾等人相互协作，组织抗敌，并授予前线将军充分的决断权力。如《敕四镇节度王斛斯书（六）》："卿可与盖嘉运计会，取彼道便，随事进讨。使此贼救首救尾，形势分离，本既乌合，劳则自溃。若以计取，可不战而擒；若

守而不攻，益为后患。卿彼诸将皆是旧人，既谙山川，又能料敌，兼与北庭并力，事亦可图，无为端然连年受弊。所缘边镇要切，并委卿临事筹之，可与盖嘉运务量力为彼此之计也。所缘兵募行赐，则令所由支遣，已别敕牛仙客讫。四镇蕃汉健儿，并委卿随所召募，可得几许，仍具数奏闻。史震袭父可汗，即令彼招辑，兼与卿计会并临事处置，无失所宜。"又如《敕瀚海军使盖嘉运书（一）》："突骑施凶逆，犯我边陲。自夏以来，围逼疏勒。频得王斛斯表，见屯遍城。张羲之等人据此城屡与之斗，将士效节，逆虏破伤，已不敢攻围，而顿兵不去。但边城粮少，或为其所知，持久则难，不可不早为计也。卿可简练骁武，扬声大入，仍有所保，据以防不虞，用解边城之围，以挫逆贼之势。临机适变，委卿裁之，仍与王斛斯审筹形势，取万全也。今故令内谒者王尚客往，一一口具。"《敕西州都督张待宾书》："铁关千术四镇咽喉，倘为贼所守，事乃交切。已敕盖嘉运与卿计会，简练骁雄，于要处出兵，以为声援。仍远令探候，知其有无。自外临时，皆委卿量事。"又如《敕天山军使张待宾书》："近知贼下烧此，安然即去。竟无斥候，来不预知，如此防边，无乃疏阔！此一分头抄掠，计其数不至多，向若烽燧稍明，复与北庭计会，相与来击，贼可无遗。且边镇统军，俱受朝委，共防患害，何异一家？况在绝漠，尤宜相援。已敕盖嘉运讫，可与之筹宜。凶党复来，固须有预。"朝廷不仅指示各边镇统军密切计会，明令王斛斯"万里之外，三军之宜，一以委卿，勿失权断"（《敕安西节度王斛斯书》）；而且能针对所预料的困难提供具体的对策，还派内谒者王尚客到前线传令协调，使前方军令统一，万众一心。

（2）迅速调集诸镇兵马和军需用品，并及时补充安西、北庭兵员。如《敕河西节度副大使牛仙客书》："突骑施连岁犯边，凶恶如此，若不威服，只长寇雠。自夏及今，连营不散，疏勒虽解，边城见侵。虽无如我何，亦为边所患，终须有计，以挫凶谋。卿可于河西诸军州拣练骁雄五千人，即赴安西受王斛斯分部。朕当发遣十八年安西应替五千四百八十人，与彼相续，足得成师……已敕盖嘉运与王斛斯审量事宜，临时为计。既为卿探访所管，亦宜随要指麾。兼有别敕发三万人，此但声援而已，可大张威势，远使震慑。又恐安西资用之乏，卿可于凉府将二十万段物往安西，令随事支拟及克（充）宴赐。朕则续支送凉州云云。"《敕四镇节度王斛斯书（六）》："苏禄忘我大惠，敢作寇仇，屡犯边城，将肆其恶。虽禽兽是似，而天地不容。卿等义心，固所发愤。朕已敕河西节度使牛仙客，令河西于诸军州及在近诸军，简练骁健五千人，并十八年应替兵募五千四百八十人，即相续发遣。"《敕河西节度使牛仙客书（一）》："突骑施顷者通和，朕每抚之如子，行李来往不隔岁时，赐与优饶，非直君长。而窥我边隙，图陷庭川……犯我城堡，是其送死之日，可谓天亡之时。若不因其自来，乘危决策，一失此便，后悔何追？宜密令安西征蕃汉兵一万人，仍使人星夜倍道，与大食计会，取叶护勃达等路入碎叶，令王斛斯自领精骑取其家口。河西节度内发蕃汉二万人取瓜州北高同伯帐路西入，仍委卿简择骁将统率，仍先与西庭等计会，勉日齐入。此已敕朔方军西受降城、定远城及灵州，兼取大家子弟，并丰安、新泉等军，共征二万，于瓜州北庭招托，就中简择骁健五千人先入，直赴北庭。从瓜州宜给一月熟粮，若至北庭，粮贮可支五年已上。凡此诸道征发，并限十二月上旬齐集西庭等州，一时讨袭。时不可失，兵贵从权，破虏灭胡，必在此举。卿可火急支计，无失便宜。今故使内侍程元宗催遣兵马，一一口具。"可见，朝廷运筹帷幄，有条不紊，兵贵神速，关键时刻都派内侍监督；但"兼有别敕发三万人，此但声援而已，可大张威势，远使震慑"，又见一时捉襟见肘，然深得用兵虚实之法。

四、开元二十四年秋，突骑施遣其大臣胡禄达干来请和，唐朝廷同意和好，同时指示北庭都护盖嘉运勒军对突骑施保持高度警惕，并严防大食南下

《敕北庭经略使盖嘉运书》："突骑施虽请和好，其意不真，近敕彼军与天山计会，当审观事势，远着候人。若有形势，事变先据，如无应会，不可虚劳，势在临时，固难遥断。"《敕瀚海军使盖嘉运书（二）》："苏禄反房，敢为寇雠，犯我边城，初闻蚁附，投兵死地，果自冰销。朕始料之，一不差也。近得卿表，知其狼狈。而贼既不利，众必携离，犯顺违天，招殃破国，将在此举，已见其征。卿等坚守孤城，赤心边徼，言念于此，嗟尚久之。初解重围，差有劳苦，将士已下，并得如宜。又卿表所云，叶护被杀，事势合尔，殆非妄传。向若安西出兵，乘虚讨袭，碎叶逋丑，皆可成擒。应为悬军，未能越境，逆虏漏刃，莫不由兹。今贼虽请和，恃我张势。以防大食之下，以镇杂虏之心。岂是真情？此其奸数！"可见，唐朝廷在与周边诸国展开政治外交活动中始终保持清醒的主权意

识，时刻维护国家的安全。

五、《曲江集》敕书以尚用为目的，思路精密，文辞朴实简练

敕书是皇帝赐给大臣的下行公文。研究张九龄代玄宗所拟的敕书，我们不仅可以了解《曲江集》敕书的写作特点，亦可从中了解盛唐开元后期朝廷所崇尚的文风。

例如，《敕吐蕃赞普书（四）》：

> 皇帝问赞普：朕与彼国，既是旧亲，近年以来，又加盟约，如此结固，仍有猜嫌。明知异域之心，亦难可保。比者所有信使，惟知怨此相违，自料国家何负于彼？至于突骑施，蕞尔丑虏，顷年恃我为援，幸至今日，而敢辜恩。朕未即诛之，待其恶积。赞普越界与其婚姻，前者以意向道，即云寻已告绝。朕亦委信以为必然。今乃定婚如初，党恶可见。又莽布支西出，朕具知之，今令窦元礼往彼问以何故，又道别缘他事，为此追还。其人实将兵向西，拟行攻取，前后诈妄，言与事违。验在目前，得不叹恨！夫人之所以为贵者，以其有信有礼，国之所以能强，亦云惟信与义。若言不可信，义不可亲，虽在匹夫，尚多耻愧，何况君长，能无情乎？彼人面兽心，偏僻荒远，见利则背，与亲实难。赞普背朕宿恩，共彼相厚，应非长策，可熟思之！又比来观彼事，意有殊往日，惟任计数，以此为能。今与突骑施和亲，密相结托，阴有赞助，而傍作好人。如此潜谋，亦非远计，所欲为患，不过边庭。且边鄙之于中国，如毫毛之在身耳，以彼戎狄，侵我毫毛，虽实无多，何须有损？朕所以殷勤和好，欲静边人，君国之心，不能忘也。亦与赞普累代旧亲，幸无大故，不宜轻绝。今边镇兵马，不可不防，彼亦有之，与此无别。既不先举，自足知心，从前所言，岂有虚也？秋晚稍冷，赞普及平章事、首领百姓，并平安好，遣书指不多及。

开篇先言唐朝廷与吐蕃既是旧亲新盟，如此结固的关系仍有猜嫌，进而指出唐朝廷曾有恩于突骑施，而突骑施竟敢辜恩，突骑施不可信赖明矣；接着列举"赞普越界与其婚姻"，因唐的过问"寻已告绝"，"今乃定婚如初"，结党构恶和莽布支西出而"又道别缘他事"的事实，指出逆犯

旧亲、违背盟约、"前后诈妄"是非礼失信不义；匹夫尚且有礼、有信、有义，何况一国之君？接着指出突骑施乃见利背义之辈，赞普"背朕宿恩"，"与突骑施和亲，密相结托，阴有赞助"，举戎狄之国侵我视为毫毛之边庭，应非长策，亦非远计。最后重申唐与赞普累代旧亲，不宜轻绝，而我陈兵边镇，已作正常防卫。全文思维缜密，意畅辞达；辞锋犀利，又注重外交上的礼节，设身处地为其分析利弊；既寓斥责于摆事实讲道理之中，又申明了朝廷的意图和原则；不以势压人，而以理服人，恩威并使，做到了有理有节。

又如《敕北庭将士已下书》：

> 敕北庭将士、瀚海军使盖嘉运已下：逆胡忿戾，乘此猖狂，驱率匪人，围犯边镇，皆如素虑，不出下策。卿等虽在绝境，且据坚城，将士一心，莫非勇义，观衅而动，取乱在兹，宜临事筹之，无失此便。但苏禄本以奸诈诳诱群胡，无德在人，何能有国？今乃驱乌合之众，作不义之举，师曲在老，族灭其时。卿可因其不固之心，乘其已疲之众，掎角归路，剪灭遗丑。此亦天与，岂直人谋？仍熟料之，取万全也。国之重赏，惟待奇功，岂在言之？自良图耳！比秋气已冷，卿及将士百姓，并平安好。遣书指不多及。

《旧唐书》卷一百九十上《杨炯传》载徐坚论唐代文士："张九龄之文如轻缣素练，实济时用而微窘边幅。"①《敕北庭将士已下书》正体现了"轻缣素练，实济时用"的特点。至于"微窘边幅"则不能一概而论，所传达之意已尽，就没有必要铺张扬厉。

由此可见，张九龄代玄宗所拟的敕书，继承上古散文"尚用"和"辞达"的传统，以意遣词，思路精密，文辞朴实简练，如蜘蛛之吐游丝，行止有度，收放自如，呈现出从容不迫、不怒而威的大国风度。

《曲江集·敕书》比较详细地记载了开元二十二年至二十四年唐朝与突骑施苏禄之间战争的史实，真实可信，可补两《唐书》和《资治通鉴》记载之缺，具有非常重要的文献价值。从唐代散文发展史的角度看，张九龄是继"燕、许大手笔"之后盛唐的一代辞宗。《新唐书》卷一百二十六

---

① 《旧唐书》第15册，中华书局1975年版，第5004页。

《张九龄传》载:"时张说为宰相,亲重之,与通谱系,常曰:'后出词人之冠也。'迁中书舍人内供奉,封曲江男,进中书舍人。"[1] 张九龄任中书令后,善于提携文学后进。《新唐书》卷一百二十二《韦安石传附韦陟》载:"中书令张九龄引为舍人,与孙逖、梁涉并为书命,时号得才。"[2] 可见,张九龄"尚用"和"辞达"的行文风格成为盛唐开元中后期朝廷所崇尚的文风。当评价唐代李华、萧颖士、柳冕、韩愈、柳宗元反对骈体文,倡导古文,从文风、文体和文学语言三方面进行散文革新的时候,我们不能不正视盛唐以张九龄为代表的散文的存在及其对唐代文坛所造成的影响。张九龄代玄宗所拟的敕书,具有较高的历史文献和文学的价值,值得治唐代文史者重视。

(原载《华南师范大学学报》2007年第3期)

---

[1] 《新唐书》第14册,中华书局1975年版,第4427页。
[2] 《新唐书》第14册,中华书局1975年版,第4351页。

"九龄风度"与"盛唐气象"

在中国文化史上,因"风仪"和"文行"得到皇帝激赏而品评为宰执荐引公卿、朝廷录用大臣所参照"风度"的人物屈指可数,岭南张九龄就是其中的一位。"九龄风度"是张九龄研究和盛唐文化史研究绕不开的一个重要话题。然而,"九龄风度"有何美学内涵?"九龄风度"与"盛唐气象"的生成有何关系?目前学界对这两个问题还没进行过系统深入的探究。

一、"九龄风度"的美学内涵

唐玄宗"九龄风度"的提出,有以下主要文献记载。
《旧唐书·张九龄传》载:

> (开元)二十三年,加金紫光禄大夫,累封始兴县伯。李林甫自无学术,以九龄文行为上所知,心颇忌之。乃引牛仙客知政事,九龄屡言不可,帝不悦。二十四年,迁尚书右丞相,罢知政事。后宰执每荐引公卿,上必问:"风度得如九龄否?"故事皆搢笏于带,而后乘马,九龄体羸,常使人持之,因设笏囊。笏囊之设,自九龄始也。①

又《新唐书·张九龄传》载:

> 九龄体弱,有蕴藉。故事,公卿皆搢笏于带,而后乘马。九龄独常使人持之,因设笏囊,自九龄始。后帝每用人,必曰:"风度能若九龄乎?"②

---

① 《旧唐书》卷九十九《张九龄传》,第九册,中华书局1975年版,第3099页。
② 《新唐书》卷一百二十六《张九龄传》,第十四册,中华书局1975年版,第4429页。

又《资治通鉴》载:

(开元二十八年)二月,荆州长史张九龄卒。上虽以九龄忤旨,逐之,然终爱重其人,每宰相荐士,辄问曰:"风度得如九龄不?"①

"九龄风度"是唐玄宗在魏晋人物品评之后,对张九龄的审美品评。唐玄宗品评的时间是在九龄罢相之后,品评的具体语境是在与宰执谈论荐引公卿、朝廷用人的场合。综而观之,玄宗品评"九龄风度"基于张九龄的"风仪""文""行"三个层面。

一是张九龄体弱秀整的"风仪"令玄宗见之"精神顿生"。人物品评,离不开直观的审美具象。《旧唐书》《新唐书》均描述了张九龄上朝时,因"体羸"或"体弱"设笏囊使人持之的独特场景。《唐语林》载"明皇早朝,百官趋班。上见九龄风仪秀整,有异于众,谓左右曰:'朕每见张九龄,精神顿生。'"② 可见,张九龄虽体质羸弱,但"风仪秀整,有异于众",令玄宗悦目赏心,以至"精神顿生"。

二是张九龄以文学精识深得玄宗器重。"文",统指张九龄的文章和诗歌。"九龄幼聪敏,善属文……以才鉴见推。当时吏部试拔萃选人及应举者,咸令九龄与右拾遗赵冬曦考其等第,前后数四,每称平允……时张说为中书令,与九龄同姓,叙为昭穆,尤亲重之,常谓人曰:'后来词人之称首也'……初,张说知集贤院事,常荐九龄堪为学士,以备顾问。说卒后,上思其言,召拜九龄为秘书少监、集贤院学士、副知院事。"③ "会赐渤海诏,而书命无足为者,乃召九龄为之,被诏趣成。"④ 张九龄以"文"见知玄宗,升知制诰。他在《谢知制诰状》中谦虚地说:"臣学业既浅,识理非长,述宣圣旨,诚恐不逮。"玄宗"御批"云:"昔掌王言,以宣国命。顷来相习,多事游词。卿旧在掖垣,已推才识,及登书府,备探微奥。故有特命,宜副朕心"⑤,期望九龄杜绝"游词",继续以"才识"宣扬"国命"。九龄迁中书侍郎,有《谢中书侍郎状》谢恩;玄宗"御批"

---

① 《资治通鉴》卷二百一十四,第十五册,中华书局1982年版,第6841页。
② 王谠:《唐语林·卷四·容止》,周勋初校正,中华书局1987年版,第347页。
③ 《旧唐书》卷九十九《张九龄传》,第九册,中华书局1975年版,第3097~3099页。
④ 《新唐书》卷一百二十六《张九龄传》,第十四册,中华书局1975年版,第4428页。
⑤ 《唐丞相曲江张先生文集》卷十五《谢知制诰状并御批》,《四部丛刊》本。

云:"此职择才,十年虚位。以卿达识,所以畴庸,斟酌朝经,动关政本。当兹密命,宜喻朕怀。"①《开天遗事》"七宝山座"条载:"明皇于勤政楼,以七宝装成山座,高七尺。召诸学士讲议经旨及时务,胜者得升焉。惟张九龄论辨风生,升此座,馀人不可阶也,时论美之。"② 可知,张九龄的文才、学问、时务均为一时盛选,深得玄宗器重,而令李林甫嫉之若雠。

三是张九龄守正忠直,蕴藉儒雅,具有宰辅大臣应有品行风范和预见性。张九龄在中书令任上,屡次犯言直谏。玄宗晚年刚愎自用,虽逐之,"然终爱重其人",后宰执每荐引公卿,必问"风度得如九龄否",将"九龄风度"作为当时朝廷录用大臣所参照的审美标准。当"安史之乱"爆发之后,唐玄宗幸蜀,思九龄之"风度",悔当初不听九龄谏斩安禄山之言,叹曰:"自公殁后,不复闻忠谠言",并发中使至韶州,吊祭其先见之明。③ "忠谠"是对国与君的忠诚。上引《新唐书》说,张九龄"有蕴藉",即有宽和有容的儒雅风韵。可见,"九龄风度"已超越了张九龄的人格风范,而成为"开元盛世"文化人格的象征。

宋代严羽在《沧浪诗话》中用"气象"来评论盛唐诗歌的气韵和风神。然从文化生态学的视野观之,"盛唐气象"不仅仅指盛唐诗歌的"气象",它完全可以解读为:开元年间,在唐玄宗和姚崇、宋璟、张嘉贞、张说、李元纮、杜暹、韩休、张九龄等几位贤相的共同治理下,盛唐逐渐形成政治稳定、经济繁荣、文化昌盛、士风正直和社会和谐的盛世风貌。杜甫在《忆昔》诗中曾描述过心目中的"盛唐气象":"忆昔开元全盛日,小邑犹藏万家室。稻米流脂粟米白,公私仓廪俱丰实。九州道路无豺虎,远行不劳吉日出。齐纨鲁缟车班班,男耕女桑不相失。宫中圣人奏云门,天下朋友皆胶漆。百馀年间未灾变,叔孙礼乐萧何律。"因此,"盛唐气象"可解读为"开元全盛日"的大国气度和盛世景象。

作为"开元盛世"的最后一位贤相,张九龄以其风仪秀整的羸弱之躯,以自己的"文行"创建并维护"盛唐气象"。张九龄的罢相,标志着唐代由盛转衰的开始。"九龄风度"作为"盛唐气象"生成的一个重要的

---

① 《唐丞相曲江张先生文集》卷十五《谢中书侍郎状并御批》,《四部丛刊》本。
② 《开天遗事》,转引自温汝适《曲江集考证》上册,第38页。
③ 徐浩:《文献张公碑铭》,见《曲江集》附录,《四部丛刊》本。

审美标志，分别对盛唐的世风、士人心态以及文风和诗风产生了巨大的影响。因而，通过对张九龄的"文"与"行"的解读，探究其与"盛唐气象"生成的关系，对张九龄研究和盛唐文化史研究具有重要的意义。

二、"行"树盛唐守正忠直蕴藉儒雅的大臣风范

张九龄开元之末为相期间，正是唐玄宗"稍怠于政"之时。据《旧唐书》《新唐书》《资治通鉴》等文献记载，"九龄风度"，其核心是张九龄在唐代开元年间与"柔佞多狡"的李林甫的直接较量中得以淋漓尽致展现出来的守正忠直的品行和蕴藉儒雅的大臣风范。

在开元贤相中，张九龄以"直"著称。"上即位以来，所用之相，姚崇尚通，宋璟尚法，张嘉贞尚吏，张说尚文，李元纮、杜暹尚俭，韩休、张九龄尚直，各其所长也。"①《新唐书·张九龄传》载：

> （九龄）及为相，谔谔有大臣节。当是时，帝在位久，稍怠于政。故九龄议论必极言得失，所推引皆正人。武惠妃谋陷太子瑛，九龄执不可。妃密遣宦奴牛贵儿告之曰："废必有兴，公为援，宰相可长处。"九龄叱之曰："房帷安有外言哉。"遽奏之，帝为之动色。故卒九龄相而太子无患。②

开元二十四年，武惠妃暗中勾结李林甫，想立自己的儿子寿王瑁为太子，在玄宗面前诬陷太子瑛、鄂王瑶和光王琚，又密求九龄相助，许之以长处相位，被九龄严词拒绝。张九龄在为之"动色"的玄宗面前直言诤辩：

> "陛下纂嗣鸿业，将三十年，太子已下，常不离深宫，日受圣训。今天下之人，皆庆陛下享国之日久，子孙蕃育，不闻有过。陛下奈何以一日之间废弃三子。伏惟陛下思之。且太子国本，难于动摇。昔晋献公惑嬖之言，太子申生忧死，国乃大乱。汉武威加六合，受江充

---

① 《资治通鉴》卷二百一十四，第十五册，中华书局1982年版，第6825页。
② 《新唐书》卷一百二十六《张九龄传》，第十四册，中华书局1975年版，第4429页。武惠妃谋陷太子瑛事又见《资治通鉴》卷二百一十四，第十五册，中华书局1982年版，第6823页。

巫蛊之事，将祸及太子，遂至城中流血。晋惠帝有贤子为太子，容贾后之谮，以至丧亡。隋文帝取宠妇之言，废太子勇而立晋王广，遂失天下。由此而论之，不可不慎。今太子既长无过，二王又贤，臣待罪左右，敢不详悉。"玄宗默然，事且寝。①

在废立太子的问题上，张九龄以史为鉴，"议论必极言得失"，挫败了李林甫和武惠妃的结党营私，其守正忠直而成为朝廷的中流砥柱，极力维护着盛唐稳定的政治局面。

张九龄为相期间，"所推引皆正人"，树立朝廷正气。《旧唐书·严挺之传》载：

> 挺之与张九龄相善，九龄入相用挺之为尚书左丞知吏部选，陆景融知兵部选，皆为一时精选。②

张九龄任用"一时精选"的严挺之知吏部选，用陆景融知兵部选，直接触及朝廷选拔用人的理念、标准和制度的改革，修正武后以来用人唯亲的陋习。

在选拔宰相大臣的问题上，张九龄主张注重人品，量才使用，极力反对玄宗感情用事的恩赏和李林甫的结党营私。比如：

> 上美张守珪之功，欲以为相。张九龄谏曰："宰相者，代天理物，非赏功之官也。"③
>
> 初，上欲以李林甫为相，问于中书令张九龄。九龄对曰："宰相系国安危。陛下相林甫，臣恐异日为庙社之忧。"上不从。时九龄方以文学为上所重，林甫虽恨，犹曲意事之。侍中裴耀卿与九龄善，林甫并疾之。是时，上在位岁久，渐肆奢欲，怠于政事。而九龄遇事细大皆力争；林甫巧伺上意，日思所以中伤之。④
>
> 朔方节度使牛仙客，前在河西，能节用度，勤职业，仓库充实，

---

① 《旧唐书》卷一百七《太子瑛传》，第十册，中华书局1975年版，第3259页。
② 《旧唐书》卷九十九《严挺之传》，第九册，中华书局1975年版，第3103页。
③ 《资治通鉴》卷二百一十四，第十五册，中华书局1982年版，第6811页。
④ 《资治通鉴》卷二百一十四，第十五册，中华书局1982年版，第6823页。

器械精利。上闻而嘉之，欲加尚书。张九龄曰："不可。尚书，古之纳言，唐兴以来，惟旧相及扬历中外有德望者乃为之。仙客本河湟使典，今骤居清要，恐羞朝廷。"上曰："然则但加实封可乎？"对曰："不可。封爵所以劝有功也。边将实仓库，修器械，乃常务耳，不足为功。陛下赏其勤，赐之金帛可也；裂土封之，恐非其宜。"上默然。李林甫言于上曰："仙客，宰相才也，何有于尚书！九龄书生，不达大体。"上悦。明日，复以仙客实封为言，九龄固执如初。上怒，变色曰："事皆由卿邪？"九龄顿首谢曰："陛下不知臣愚，使得待罪宰相，事有未允，臣不敢不尽言。"上曰："卿嫌仙客寒微，如卿有何阀阅？"九龄曰："臣岭海孤贱，不如仙客生于中华；然臣出入台阁，典司诰命有年矣。仙客边隅小吏，目不知书，若大任之，恐不惬众望。"林甫退而言曰："苟有才识，何必辞学！天子用人，有何不可。"①

张九龄在朝廷选用宰辅大臣问题上敢于屡次触怒皇帝，特别在玄宗怒问"事皆由卿邪"、质问"卿有何阀阅"的时候，仍能据理力争，不卑不亢，充分展现了他守正忠直的品行和酝藉儒雅的大臣风范。

但由于唐玄宗晚年刚愎自用，好听阿谀谄辞，张九龄最终受李林甫的造谣中伤而被罢相。"九龄既得罪，自是朝廷之士，皆容身保位，无复直言"②，直接导致了朝廷政风和士风的转变。

唐宋士人常将张九龄罢相与唐代的治乱联系起来。如《新唐书·崔群传》载："世谓禄山反，为治乱分时。臣谓罢张九龄，相林甫，则治乱固已分矣。"③ 北宋苏轼指出：

> 张九龄不肯用张守珪、牛仙客。轼窃谓：士大夫砥砺名节，正色立朝，不务雷同以固禄位，非独人臣之私义，乃天下国家所恃以安者也。若名节一衰，忠信不闻，乱亡随之，捷如影响。西汉之末，敢言者惟王章、朱云二人。章死而云废，则公卿持禄保妻子，如张禹、孔光之流耳。故王莽以斗筲穿逾之才，恣取神器如反掌。唐开元之末，

---

① 《资治通鉴》卷二百一十四，第十五册，中华书局1982年版，第6823页。
② 《资治通鉴》卷二百一十四，第十五册，中华书局1982年版，第6823页。
③ 《新唐书》卷一百六十五《崔群传》，第十六册，中华书局1975年版，第5081页。

大臣守正不回，惟张九龄一人。九龄既已忤旨罢相，明皇不复闻其过，以致禄山之乱。治乱之机，可不慎哉。①

东坡亦认为，张九龄在相位，国家则"治"；罢相，国家则"乱"；张九龄"守正不回"，"乃天下国家所持以安者"；张九龄的罢相，标志着唐代由盛转衰的开始。可见，苏轼已将"九龄风度"融入"盛唐气象"的历史生成之中，并作为"盛唐气象"生成的一个重要的审美标志。

三、"文"开盛唐"轻缣素练，实济时用"之文风

张九龄是继"燕、许大手笔"之后盛唐的一代辞宗。张九龄以文学精识深得玄宗器重，其"文"，是其"行"对象化的一条主要的艺术途径。

中国古代常说"文如其人"，进而以人品论其文品，强调文品与人品的相关性。《旧唐书·杨炯传》载张说与徐坚论唐人之文："张九龄之文如轻缣素练，实济时用而微窘边幅。"②《四库全书总目》指出："九龄守正嫉邪，以道匡弼，称开元贤相。而文章高雅，亦不在燕许诸人下。《新唐书·文艺传》载徐坚之言，谓其文如轻缣素练，实济时用，而窘篇幅。今观其《感遇》诸作，神味超轶，可与陈子昂方驾。文笔宏博典实，有垂绅正笏气象，亦具见大雅之遗。坚局于当时风气，以富艳求之，不足以为定论。至所撰制草，明白切当，多得王言之体。"③ 四库馆臣认为论者批评九龄文章"微窘边幅"之言，不能一概而论，这是很有见地的。如张九龄《敕吐蕃赞普书》：

> 皇帝问赞普：朕与彼国，既是旧亲，近年以来，又加盟约，如此结固，仍有猜嫌。明知异域之心，亦难可保。比者所有信使，惟知怨此相违，自料国家何负于彼？至于突骑施，蕞尔丑虏，顷年恃我为援，幸至今日，而敢辜恩。朕未即诛之，待其恶积。赞普越界与其婚姻，前者以意向道，即云寻已告绝。朕亦委信以为必然。今乃订婚如初，党恶可见。又莽布支西出，朕具知之，今令窦元礼往彼问以何

---

① 《苏轼文集·第七卷·迩英进读》，孔凡礼点校，中华书局1986年版，第197页。
② 《旧唐书》卷一百九十上《杨炯传》，第十五册，中华书局1975年版，第5004页。
③ 《四库全书总目》卷一四九《集部·曲江集二十卷》，下册，中华书局1983年版，第1179页。

故,又道别缘他事,为此追还。其人实将兵向西,拟行攻取,前后诈妄,言与事违。验在目前,得不叹恨!夫人之所以为贵者,以其有信有礼,国之所以能强,亦云惟信与义。若言不可信,义不可亲,虽在匹夫,尚多耻愧,何况君长,能无情乎?彼人面兽心,偏僻荒远,见利则背,与亲实难。赞普背朕宿恩,共彼相厚,应非长策,可熟思之!又比来观彼事,意有殊往日,惟任计数,以此为能。今与突骑施和亲,密相结托,阴有赞助,而傍作好人。如此潜谋,亦非远计,所欲为患,不过边庭。且边鄙之于中国,如毫毛之在身耳,以彼戎狄,侵我毫毛,虽实无多,何须有损?朕所以殷勤和好,欲静边人,君国之心,不能忘也。亦与赞普累代旧亲,幸无大故,不宜轻绝。今边镇兵马,不可不防,彼亦有之,与此无别。既不先举,自足知心,从前所言,岂有虚也?秋晚稍冷,赞普及平章事、首领百姓,并平安好,遣书指不多及。

本篇先言唐朝廷与吐蕃既是旧亲又是新盟,如此牢固的关系仍有猜嫌,进而指出唐朝廷曾有恩于突骑施,而突骑施竟敢辜恩,突骑施不可信赖明矣;接着列举"赞普越界与其婚姻",因唐的过问"寻已告绝","今乃订婚如初",结党构恶和莽布支西出而"又道别缘他事"的事实,指出逆犯旧亲、违背盟约、"前后诈妄"是非礼失信不义;匹夫尚且有礼、有信、有义,何况一国之君?接着指出突骑施乃见利背义之辈,赞普"背朕宿恩""与突骑施和亲,密相结托,阴有赞助",举戎狄之国侵我视为毫毛之边庭,应非长策,亦非远计。最后重申唐与赞普累代旧亲,不宜轻绝,而我陈兵边镇,已作正常防卫。全文思维缜密,意畅辞达;词锋犀利,又注重外交上的礼节,设身处地为吐蕃赞普分析利弊;既寓斥责于摆事实讲道理之中,又申明了朝廷的意图和原则;不以势压人,而以理服人,恩威并施,做到有理有节。文章以博雅之笔书写堂堂正气,思路缜密,文辞明白切当,行止有度,收放自如,呈现了宽和有容和不怒而威的大国风度。

又如《敕北庭将士已下书》:

敕北庭将士、瀚海军使盖嘉运已下:逆胡忿戾,乘此猖狂,驱率匪人,围犯边镇,皆如素虑,不出下策。卿等虽在绝境,且据坚城,将士一心，莫非勇义，观衅而动，取乱在兹，宜临事筹之，无失此便。但苏禄本以奸诈诳诱群胡，无德在人，何能有国？今乃驱乌合之众，作不义之举，师曲在老，族灭其时。卿可因其不固之心，乘其已疲之众，掎角归路，剪灭逋丑。此亦天与，岂直人谋？仍熟料之，取万全也。国之重赏，惟待奇功，岂在言之？自良图耳！比秋气已冷，卿及将士百姓，并平安好。遣书指不多及。

从唐代下行公文使用的文体来看，唐代诏书用于正式场合，一般要宣读，要求语句典雅，句式整饬，多用骈体写作；而敕书处理的是庶政，不必宣读，用散体写作，力求简洁明了。张九龄代玄宗所拟的敕书本是"王言之体"，以"尚用""辞达"为目的，其所传达之意已尽，就没有必要铺张扬厉。九龄所拟敕书，务去"游词"，明白切当，形成"轻缣素练，实济时用"的文风。

唐中书省掌管国家政令，主要工作就是起草诏敕。其长官为中书令，下有中书侍郎、中书舍人、右散骑常侍、右补阙、右拾遗等职，设集贤殿、史馆、匦使院等机构。玄宗初，置"翰林待诏"，以张说、陆坚、张九龄等为之，掌四方表疏批答、应和文章。张九龄任中书令后，善于提携文学后进，充实中书省。《新唐书·韦安石传附韦陟》载："中书令张九龄引为舍人，与孙逖、梁涉并为书命，时号得才。"[①] 这意味着，张九龄"轻缣素练，实济时用"的行文风格直接影响着盛唐开元中后期朝廷下行公文所崇尚的文风。当评价唐代李华、萧颖士、柳冕、韩愈、柳宗元反对骈体文，倡导古文，从文风、文体和文学语言三方面进行散文革新时，我们不能不正视盛唐以张九龄为代表的散文的存在及其对唐代朝廷文风所产生的影响。

四、"诗"开盛唐"清澹醇厚"、典实雄浑之诗风

张九龄的诗歌亦是其"行"对象化的另一条重要的艺术途径。

胡应麟《诗薮·内编》指出："唐初承袭梁、隋，陈子昂独开古雅之源，张子寿首创清澹之派。盛唐继起，孟浩然、王维、储光羲、常建、韦

---

① 《新唐书》卷一百二十二《韦安石传附韦陟》，第14册，中华书局1975年版，第4351页。

应物，本曲江之清澹，而益以风神者也。高适、岑参、王昌龄、李颀、孟云卿，本子昂之古雅，而加以气骨者也。"① 沈德潜在《唐诗别裁》中指出："唐初五言古，渐趋于律，风格未遒。陈正字起衰而诗品始正，张九龄继续而诗品始醇。"② "正"指雅正。李华《扬州功曹萧颖士文集序》说："左思诗赋有雅颂遗音，干宝著论近乎王化根源，此外皆绝无闻。近日陈拾遗文体最正。"故"诗品始正"应指陈子昂倡导恢复诗歌"风骨"、"风雅"的"言志"、"美刺"的传统，将唐诗导入了雅正的康庄大道。"醇"指清澹醇厚。张九龄诗歌的"清澹醇厚"，与李白之豪放、杜甫之沉郁、王昌龄之沉着、岑参之雄奇、高适之浑厚、孟浩然之冲淡、王维之清雅，共同构成了"盛唐之音"的多重交响。"诗品正"与"诗品醇"分别揭示了初唐和盛唐诗歌的美学特征，代表了这时期诗坛上两种既有联系又有区别的审美取向。

张九龄诗歌的"清澹醇厚"，首先表现在他的诗歌多以环譬托谕的方式抒情写意，含蓄蕴藉，委婉深秀。刘勰在《文心雕龙·比兴》篇中指出"比体"与"兴体"的特点分别是"比显而兴隐"，"顾比者，附也；兴者，起也。附理者切类以指事，起情者依微以拟议。起情，故兴体以立；附理，故比例以生。比则蓄愤以斥言，兴则环譬以托谕"。钟嵘《诗品序》认为"文已尽而意有余，兴也；因物喻志，比也"。刘熙载在《艺概·诗概》中明确指出："曲江之《感遇》出于《骚》，射洪之《感遇》出于《庄》，缠绵超旷，各有独至。"③ "出于庄"的特点是借物明理，"出于骚"的特点是"环譬以托谕"。"环譬以托谕"正是九龄"蕴藉"品行艺术呈现的途径，故其诗歌在初盛两唐之交的诗坛上，凸显委婉深秀一格。翁方纲在《石洲诗话》中说："曲江公委婉深秀，远在燕、许诸公之上，阮、陈以后，实推一人，不得以初唐论。"④ 张九龄《感遇》十二首、《望月怀远》《赋得自君之出矣》《庭梅咏》和《杂诗》等诗作都能托物理以寄人情，沿隐以至显，因内而附外，自觉地追求思想感情的感性显现。

张九龄在释褐前初入长安参加"材堪经邦科"考试途经商洛山时，作

---

① 胡应麟：《诗薮·内编》卷二，上海古籍出版社1958年版，第35页。
② 沈德潜：《唐诗别裁》卷一，中华书局1975年版，第10页。
③ 刘熙载：《艺概·诗概》，上海古籍出版社1978年版，第57页。
④ 翁方纲：《石洲诗话》卷一，人民文学出版社1981年版，第27页。

《商洛山行怀古》：

> 园绮值秦末，嘉遁此山阿。陈迹向千古，荒途始一过。硕人久沦谢，乔木自森罗。故事昔尝览，遗风今岂讹。泌泉空活活，樵叟独皤皤。是处清晖满，从中幽兴多。长怀赤松意，复忆紫芝歌。避世辞轩冕，逢时解薜萝。盛明今在运，吾道竟如何？

"避世辞轩冕，逢时解薜萝"，"不着一字，尽得风流"，形象地揭示了九龄对"商山四皓"既贵身又兼济的价值取向和进退随缘的处世风度的激赏。

在张九龄以前，初唐文人的文化价值取向主要表现为两种：一种是以王勃、杨炯、骆宾王、陈子昂等人为代表的强烈希望建功立业，志在兼济的取向；另一种是以王绩为代表，效法陶渊明，在经过仕与隐之间的一段徘徊之后，走向愤世嫉俗、啸傲山林，行在独善的取向。因而，前者的诗歌，更多的是激荡着建功立业的豪情壮志和抒发人生失意的牢骚怨愤；后者的诗歌，更多的是抒写醉入酒乡的简傲放达或放浪山水的恬淡逸兴。审视这一时期的士人心态，儒道两种文化价值观念还未能达到兼容互补的境界，前者的诗歌在"刚健"之中包含着不同程度的狂热和浮躁，后者的诗歌在恬淡或放达之后也不时地流露出莫名的孤寂和迷茫。而张九龄在未释褐前就形成了儒道兼容互补的文化价值取向和进退随缘的处世风度。这使他能够灵活圆通地处理人生的进退和穷达，形成了自己守正中和、随缘自适的文化心态。张九龄的诗歌艺术地呈现其这种文化心态："江南有丹橘，经冬犹绿林。岂伊地气暖，自有岁寒心。可以荐嘉客，奈何阻重深。运命唯所遇，循环不可寻。徒言树桃李，此木岂无阴？"（《感遇》其七）又"兰叶春葳蕤，桂华秋高洁。欣欣此生意，自尔为佳节。谁知林栖者，闻风坐相悦。草木有本心，何求美人折？"（《感遇》其一）《唐音癸签》说："张曲江五言以兴寄为主，而结体简贵，选言清泠，如玉磬含风，晶盘盛露，故当于尘外置赏。"[①] 而李白的"功成拂衣去，摇曳沧州旁"（《玉真公主别馆苦雨赠卫尉张卿》），"愿一助明主，功成还旧林"（《留别王司马嵩》），"功成谢人间，从此一投钓"（《翰林读书言怀呈集贤诸学士》），

---

① 胡震亨：《唐音癸签·评汇一》，上海古籍出版社1981年版，第46页。

"功成拂衣去，归入武陵源"（《登金陵冶城西北谢安墩》），所追求的正是九龄式儒道兼容互补的气度风神，而王维的亦官亦隐亦禅则是九龄式随缘自适心态的深化和发展。

张九龄诗歌的"清澹醇厚"，还表现在他的诗歌能含清拔于绮绘之中，"寓神俊于庄严之内"，如《度蒲关》《登太行》《和许给事》《酬赵侍御》等作，同时燕、许皆莫及。① 九龄诗"归舟宛何处？正值楚江平。夕逗烟村宿，朝缘浦树行。于役已弥岁，言旋今惬情。乡郊尚千里，流目夏云生"（《使还湘水》），将羁旅情思融入山水之中，情景交融，自然成态。又如其"江路与天连，风帆何森然。遥林浪出没，孤舫鸟联翩。常爱千钧重，深思万事捐。报恩非徇禄，还逐贾人船"（《江上使风呈裴宣州耀卿》），如蜘蛛之吐游丝，随风卷舒，自然成态。邢昉《唐风定》卷十二评此诗"闲淡幽远，王、孟一派，曲江开之"。孟浩然的《过故人庄》《晚泊浔阳望庐山》《万山潭作》，王维的《山居秋暝》《渭川田家》《终南山》等诗，显然受到张九龄这种"闲淡幽远"诗风的影响。可见，张九龄诗歌的"清澹醇厚"，与其文章的"轻缣素练，实济时用"精神相通，有内在的一致性。

张九龄的应制诗还体现一种典实雄浑的艺术趣向。

开元前期，唐朝北部和西北地区很不平静。开元八年四月丙午，大食欲诱乌长王、骨咄王、俱位王叛唐，三国不从。② "十一月辛未，突厥寇甘凉等州，败河西节度使杨敬述，掠契苾部落而去。"③ 开元九年，"兰池州胡康待宾诱诸降户同反，夏，四月，攻陷六胡州，有众七万，进逼夏州；命朔方大总管王晙、陇右节度使郭知运共讨之"④，"秋，七月，己酉，王晙大破康待宾，生擒之，杀叛胡万五千人。辛酉，集四酋长，腰斩康待宾于西市"⑤，康待宾余部康愿子续乱反唐。开元十年，闰五月，玄宗敕兵部尚书、同中书门下三品张说兼知朔方军节度大使，往巡五城，处置兵马，进兵讨擒。唐玄宗御制诗送张说巡边，群臣应制奉和。唐玄宗《送张说巡边》云："端拱复垂裳，长怀御远方。股肱申教义，戈剑靖要

---

① 参见胡震亨《唐音癸签·评汇六》，上海古籍出版社1981年版，第98页。
② 《资治通鉴》，第十四册，中华书局1982年版，第6740页。
③ 《资治通鉴》，第十四册，中华书局1982年版，第6742页。
④ 《资治通鉴》，第十四册，中华书局1982年版，第6745页。
⑤ 《资治通鉴》，第十四册，中华书局1982年版，第6746页。

荒。命将远绥服，雄图出庙堂……"①，表达以文化远，以武靖边的国策。张九龄《奉和圣制送燕国公赴朔方》云：

宗臣事有征，庙算在休兵。天与三台座，人当万里城。朔南方偃革，河右（一作北）誓扬旌。宠锡从仙禁，光华出汉京。山川勤远略，原隰轸皇情。为奏熏琴唱，仍题宝剑名。闻风六郡伏，计日五戎平。山甫归应疾，留侯功复成。歌钟旋可望，衽席岂难行！四牡何时入？吾君忆履声。

计有功《唐诗纪事》云："明皇送张说巡朔方赐诗云：'命将绥边服，雄图出庙堂。'说应制诗有'从来思博望，许国不谋身'之句。张嘉贞云：'山川看是阵，草木想为兵。'卢从愿云：'伫闻歌杕杜，凯入系名王。'徐知仁云：'由来词翰首，今见勒燕然。'皆取制胜之意。独九龄诗云：'宗臣事有征，庙算在休兵。天与三台座，人当万里城。朔南方偃革，河右誓扬旌。'又曰：'威风六郡勇，计日五戎平。山甫归应疾，留侯功复成。'大抵取旋师偃武之义。宋璟诗云：'以智泉宁竭，其徐海自清。'亦有深意也。"②周珽辑定《删补唐诗选脉会通评林》训评九龄此诗云："首四句美其入相出将，得行兵之胜算。次四句见其膺命出师，荣宠可羡。中四句见其远体圣衷，有不专战伐。又四句见其威信所及，速能奏积。末四句望其安辑足赏，应还耸帝聪也。按《唐书》，时边镇兵赢六十万，张说以时平无事，请罢二十万还农。故曲江进诗，首即以休兵赞之。其曰'方偃革'、'暂扬旌'，曰'歌钟'、'枕席'，无非期以抚安之利。朝廷安边良策，老臣谋国长谟，尽在是矣。"③可见，在处理此次西北地区少数民族问题上，与张嘉贞、卢从愿、徐知仁等人尚兵崇武相比，张九龄不专战伐、主张休兵抚安，既为长远良策，又呈现了宽和有容的大国风度。

《旧唐书》卷三十八地理一载，太宗贞观元年，因山川形便，分天下为关内、河南、河东、河北、山南、淮南、江南、陇右剑南、岭南使道。开元二十二年，九龄以中书侍郎、同中书门下平章事兼修国史的身份"建

---

① 《全唐诗》卷三，中华书局1960年版，第39页。
② 计有功：《唐诗纪事》卷十五，上海古籍出版社1987年版，第231～232页。
③ 周珽辑定《删补唐诗选脉会通评林》，崇祯乙亥（1635年）刻本。

议复置十道采访使"[1]。

张九龄在《奉和圣制送十道采访使及朝集使》中说：

> 三年一上计，万国趋河洛。谋最力已陈，赏延恩复博。垂衣深共理，改瑟其咸若。首路回竹符，分镳扬木铎。戒程有攸往，诏饯无淹泊。昭晰动天文，殷勤在人瘼。持久望兹念，克终期所托。行矣当自强，春耕庶秋获。

采访处置使掌管检查刑狱与监察州县。九龄在诗中表达了关心民瘼，主张地方官吏应具有改革精神，充分施展行政能力，争取良好的政绩的吏治思想。

张九龄的应制诗在唐诗由"初唐之渐盛"的历史进程中，不仅形象地描述了开元前期君臣注重国事的活动指向和关心民生、注重事功、安邦定国的价值追求和唐代社会由初唐逐步走向盛唐的历史轨迹，同时也隐藏唐玄宗从早年励精图治任人唯贤到晚年刚愎自用任人唯亲转向的玄机。它以昭切洗炼的叙事和委婉含蓄的兴讽成为"盛唐之音"中典实雄浑的音符。

总之，张九龄的"风仪""文""行"构成"九龄风度"的一体三面。张九龄儒道兼容互补的文化价值取向，守正中和、随缘自适的文化心态，成就其守正忠直的品行和蕴藉儒雅的大臣风范，外化为"轻缣素练，实济时用"之文和"清澹醇厚"、典实雄浑之诗。张九龄以宰相和文坛领袖的双重身份，一度引领着"初唐之渐盛"的历史进程。"九龄风度"作为"盛唐气象"生成的一个重要的审美标志，分别对盛唐的政风、士风和诗文创作以重大的影响。

（原载王锡非主编《张九龄研究论文集》，广东教育出版社1990年版）

---

[1] 《旧唐书》卷九十九《张九龄传》，第九册，中华书局1975年版。

从张九龄应制诗看唐诗由"初唐之渐盛"

作为开元名相和著名诗人，明清诗学界一直认为张九龄对唐诗由"初唐之渐盛"① 做出了重要贡献。沈德潜在《唐诗别裁集》卷一中指出："唐初五言古，渐趋于律，风格未遒。陈正字起衰而诗品始正，张曲江继续而诗品乃醇。"② 胡应麟在《诗薮·内篇》卷二中说："唐初承袭梁、隋，陈子昂独开古雅之源，张子寿首创清澹之派。盛唐继起，孟浩然、王维、储光羲、常建、韦应物，本曲江之清澹，而益以风神者也。高适、岑参、王昌龄、李颀、孟云卿，本子昂之古雅，而加以气骨者也。"③ 刘熙载在《艺概·诗概》中指出："唐初四子沿陈、隋之旧，故虽才力回绝，不免致人异议。陈射洪、张曲江独能超出一格，为李、杜开先。"④ 20世纪以来，学界对张九龄诗歌的评价并没有超出明清诗论家的评说。

然而，学界认为张九龄为唐诗由"初唐之渐盛"做出了重要贡献，主要是针对张九龄的登临行旅、山水景物、感遇、咏史、咏怀诸诗创作而言的，并不涉及张九龄的应制诗。近代学者顾建国在《张九龄研究》中专辟"张九龄应制诗"一节，但只从艺术特征和美学风格着眼，指出其"雅正俊爽，言事昭切"的艺术特色。⑤ 管世铭《读雪山房唐诗凡例》"五排凡例"评云："张曲江、宋广平、张燕公、苏许公应制诸作，雄厉振拔，见一代君臣际会之盛。"⑥ 一个朝代的应制诗能够从君臣活动指向中呈现出统治阶层的价值取向和主流文坛的审美趣向，并对同时期诗坛的创作风尚

---

① 高棅：《唐诗品汇·总序》，上海古籍出版社1982年版，第8页。
② 沈德潜：《唐诗别裁集》卷一，上海古籍出版社1975年版，第10页。
③ 胡应麟：《诗薮·内篇》卷二，上海古籍出版社1979年版，第35页。
④ 刘熙载：《艺概·诗概》卷二，上海古籍出版社1978年版，第57页。
⑤ 参见顾建国《张九龄研究》，中华书局2007年版，第146～149页。
⑥ 管世铭：《读雪山房唐诗凡例》，见《清诗话续编》，上海古籍出版社1983年版，第1559页。

产生重要的影响。因此，研究张九龄的应制诗，有助于理解张九龄在唐诗由"初唐之渐盛"过程中所起的作用。

一、呈现开元前期君臣注重国事的活动指向和注重事功的价值追求

据《四部丛刊》本《曲江集》卷二载"奉和圣制"诗27首，卷五载《龙门旬宴得月子韵》《上赐水窗旬宴得移子韵》《天津桥东旬宴得歌子韵》《敕赐宁王池宴》4首，张九龄现存应制诗31首。① 长期以来，我们对应制诗的认识存在着某些偏见，认为此类诗在内容上无非是歌功颂德，起粉饰升平、声色娱兴的作用。如《全唐诗》现存上官仪诗20首，其中12首为应制、宴游、酬答之作，多是逢场应景、点缀升平的寻乐轻歌；沈佺期、宋之问与上官仪一样，也写了许多奉和应制、宴游、酬答的诗；李峤、苏味道位显名高，所写的多是逢场应景的奉诏之作。唐太宗、高宗两大宫廷诗人所写的应制诗，反映了当时君臣际会时逢场应景、优游宴乐的活动指向。毫无疑问，唐玄宗开元前期与群臣的唱和诗，仍然有歌功颂德、逢场应景、点缀升平的轻歌，但值得重视的是，这时期的应制诗描述了当时举行重大国事活动的情况。

张九龄的应制诗主要作于两个阶段：一是开元十年至开元十五年任中书舍人内供奉及守中书舍人期间；二是开元十九年至开元二十五年奉诏还京先后任秘书少监、工部侍郎集贤院学士副知院事兼知制诰、中书令期间。

张九龄任中书舍人内供奉及守中书舍人期间，朝廷有四件大事：一是要稳定西北局势，二是玄宗北巡，三是择廷臣为诸州刺史，四是玄宗东封泰山。

开元前期，唐朝北部和西北地区很不平静。开元八年四月丙午，大食欲诱乌长王、骨咄王、俱位王叛唐，三国不从。② "十一月辛未，突厥寇

---

① 参见顾建国《张九龄研究》，中华书局2007年版，第143页。张九龄应制诗29首，占其现存诗歌222首的13%，或将插入卷一"奉和圣制"诗中的《南郊文武出入舒和之乐》和《南郊太尉酌献武舞作凯安之乐》2首郊庙乐章误认为是应制诗，而又将卷五中《龙门旬宴得月子韵》《上赐水窗旬宴得移子韵》《天津桥东旬宴得歌子韵》《敕赐宁王池宴》4首排除在应制诗之外。

② 参见《资治通鉴》，中华书局1982年版，第6740页。

甘凉等州，败河西节度使杨敬述，掠契苾部落而去。"①开元九年，"兰池州胡康待宾诱诸降户同反，夏，四月，攻陷六胡州，有众七万，进逼夏州；命朔方大总管王晙、陇右节度使郭知运共讨之"②，"秋，七月，己酉，王晙大破康待宾，生擒之，杀叛胡万五千人。辛酉，集四酋长，腰斩康待宾于西市"③，康待宾余部康愿子续乱反唐。开元十年，闰五月，玄宗敕兵部尚书、同中书门下三品张说兼知朔方军节度大使，往巡五城，处置兵马，进兵讨擒。唐玄宗御制诗送张说巡边，群臣应制奉和。唐玄宗《送张说巡边》云："端拱复垂裳，长怀御远方。股肱申教义，戈剑靖要荒。命将远绥服，雄图出庙堂……"④，表达以文化远，以武靖边的国策。张九龄《奉和圣制送燕国公赴朔方》云：

> 宗臣事有征，庙算在休兵。天与三台座，人当万里城。朔南方偃革，河右（一作北）誓扬旌。宠锡从仙禁，光华出汉京。山川勤远略，原隰轸皇情。为奏熏琴唱，仍题宝剑名。闻风六郡伏，计日五戎平。山甫归应疾，留侯功复成。歌钟旋可望，衽席岂难行！四牡何时入？吾君忆履声。⑤

计有功《唐诗纪事》云："明皇送张说巡朔方赐诗云：'命将绥边服，雄图出庙堂。'说应制诗有'从来思博望，许国不谋身'之句。张嘉贞云：'山川看是阵，草木想为兵。'卢从愿云：'伫闻歌杕杜，凯入系名王。'徐知仁云：'由来词翰首，今见勒燕然。'皆取制胜之意。独九龄诗云：'宗臣事有征，庙算在休兵。天与三台座，人当万里城。朔南方偃革，河右誓扬旌。'又曰：'威风六郡勇，计日五戎平。山甫归应疾，留侯功复成。'大抵取旋师偃武之义。宋璟诗云：'以智泉宁竭，其徐海自清。'亦有深意也。"⑥周珽辑定《删补唐诗选脉会通评林》训云："首四句美其入相出将，得行兵之胜算。次四句见其膺命出师，荣宠可羡。中四句见其远

---

① 《资治通鉴》，中华书局1982年版，第6742页。
② 《资治通鉴》，中华书局1982年版，第6745页。
③ 《资治通鉴》，中华书局1982年版，第6746页。
④ 《全唐诗》卷三，中华书局1960年版，第39页。
⑤ 《全唐诗》卷四十七，中华书局1960年版，第596页。
⑥ 计有功：《唐诗纪事》卷十五，上海古籍出版社1987年版，第231～232页。

体圣衷,有不专战伐。又四句见其威信所及,速能奏积。末四句望其安辑足赏,应还耸帝聪也。按《唐书》,时边镇兵赢六十万,张说以时平无事,请罢二十万还农。故曲江进诗,首即以休兵赞之。其曰'方偃革'、'暂扬旌',曰'歌钟'、'枕席',无非期以抚安之利。朝廷安边良策,老臣谋国长谟,尽在是矣。"① 可见,在处理此次西北地区少数民族问题上,与张嘉贞、卢从愿、徐知仁等人尚兵崇武相比,张九龄不专战伐、主张休兵抚安不失为长远良策。

开元十一年春正月己巳,唐玄宗自东都洛阳北巡潞州、并州,辛卯至并州,置北都,以并州为太原府;二月戊申还至晋州,祭后土于汾阴;三月庚午,还至西京长安。② 唐玄宗此次北巡表面上看是重游和缅怀先圣起兵发迹之故地,实际上亦有威服北部部落之意,其过王浚墓、登太行山、幸晋阳宫、南出雀鼠谷、渡蒲津关,所到之处,君臣唱和,为一时之盛。从《全唐诗》所载应制诗,可知当时随驾北巡有张说、苏颋、张嘉贞、宋璟、赵冬曦、王光庭、王丘、袁晖、席豫、张九龄等人。如张九龄《奉和圣制过王浚墓》:

汉王思巨鹿,晋将在弘农。入蜀举长算,平吴成大功。与浑虽不协,归皓实为雄。孤绩沦千载,流名感圣衷。万乘渡荒陇,一顾凛生风。古节犹不弃,今人争效忠。③

玄宗《过王浚墓》感叹墓主"受任敌已灭,策勋名不彰。居美未尽善,矜功徒自伤"④。张诗却肯定王浚"平吴成大功",同情其"孤绩沦千载"的遭遇,对历史人物王浚是非功过的评判较玄宗诗更为公允。

开元十三年,为了加强诸州的治权,"上自选诸司长官有声望者大理卿源光裕、尚书左丞杨承令、兵部侍郎寇泚等十一人为刺史,命宰相、诸王及诸司长官、台郎、御史,饯于洛滨,供张甚盛。赐以御膳,太常具

---

① 周珽辑定:《删补唐诗选脉会通评林》,崇祯乙亥(1635年)刻本。
② 参见《资治通鉴》,中华书局1982年版,第6754~6755页。
③ 《全唐诗》卷四十九,中华书局1960年版,第597页。
④ 《全唐诗》卷三,中华书局1960年版,第29页。

乐，内坊歌妓；上自书十韵诗赐之"①，"且给笔纸，令自赋焉"②。玄宗《赐诸州刺史以题座右》云："眷言思共理，鉴梦想维良。猗欤此推择，声绩著周行。贤能既俟进，黎献实伫康。视人当如子，爱人亦如伤。讲学试诵论，阡陌劝耕桑。虚誉不可饰，清知不可忘。求名迹易见，安贞德自彰。讼狱必以情，教民贵有常。恤荣且存老，抚弱复绥强。勉哉各祗命，知予眷万方。"③ 玄宗以诗充座右铭向诸州刺史交代职责，并寄以厚望。张九龄《奉和圣制赐诸州刺史以题座右》云：

> 圣人合天德，洪覆在元元。每劳苍生念，不以黄屋尊。兴化俟群辟，择贤守列藩。得人此为盛，咨岳今复存。降鉴引君道，殷勤启政门。容光无不照，有象必为言。成宪知所奉，致理归其根。肃肃禀玄猷，煌煌戒朱轩。岂徒任遇重，兼尔宴锡繁。载闻励臣节，持答明主恩。④

此诗高度赞扬皇帝关怀苍生，亲选德才兼备的人充诸州刺史，驻守列藩，振兴教化之英明决策，勉励诸州刺史替天行道，依法行政，励行臣节，报主明恩。

开元十三年冬十月，唐玄宗东封泰山，从东都洛阳出发，次成皋，登泰山，幸孔子宅，十二月返回东都。⑤ 九龄有《奉和圣制次成皋先圣擒建德之所》《奉和圣制经孔子旧宅》《奉和圣制登封礼毕洛城酺宴》等诗，或缅怀先圣艰难创业的伟绩，或嘉赞东封告成功于天地神明之盛事。

开元十九年至开元二十五年，张九龄奉诏还京先后任秘书少监、工部侍郎集贤院学士副知院事兼知制诰、中书令期间所写的应制诗，特别值得关注的有《奉和圣制送十道采访使及朝集使》：

> 三年一上计，万国趋河洛。课最力已陈，赏延恩复博。垂衣深共理，改瑟其咸若。首路回竹符，分镳扬木铎。戒程有攸往，诏饯无淹

---

① 《资治通鉴》，中华书局1982年版，第6763页。
② 《赐诸州刺史以题座右》诗题下注，见《全唐诗》卷三，中华书局1960年版，第27页。
③ 《全唐诗》卷三，中华书局1960年版，第27页。
④ 《全唐诗》卷四十七，中华书局1960年版，第564页。
⑤ 参见《旧唐书》卷八《玄宗纪》，中华书局1975年版，第187~189页。

泊。昭晰动天文,殷勤在人瘼。持久望兹念,克终期所托。行矣当自强,春耕庶秋获。①

《旧唐书》卷三十八地理一载,太宗贞观元年,囚山川形便,分天下为关内、河南、河东、河北、山南、淮南、江南、陇右剑南、岭南使道。开元二十二年,九龄以中书侍郎、同中书门下平章事兼修国史的身份"建议复置十道采访使"。②《唐会要》卷七十八:"开元二十二年二月十九日,初置十道采访取置使,以御史中丞卢绚等为之。至三月二十三日,诸道采访取置使、华州刺史李尚隐等奏请各使置印。许之。"③ 采访处置使掌管检查刑狱与监察州县。各道每年派遣朝见皇帝、谒见宰相报告政情的使者为朝集使。可知,复置十道采访使本是九龄的动议。此应制诗表达了九龄关心民瘼,主张地方官吏应具有改革精神,充分施展行政能力,争取良好的政绩的吏治思想。

在唐代文化生态环境中,应制诗隶属于统治阶层主流文化的范畴。人主的好恶、价值取向直接影响着应制诗的题材和内容。与初唐宫廷诗人的应制诗相比,以张九龄为代表的盛唐开元应制诗在题材内容上有了新的拓展。开元应制诗可以议论军国大事,可以评论历史人物,可以表达治国的理念,甚至可以论道谈玄,与当时的社会现实、政治政策有着某种内在的关联,从一个侧面呈现了当时君臣的精神风貌和唐代社会由初唐逐步走向盛唐的历史轨迹。

二、由"绮错婉媚"渐向典实醇正和雄浑儒雅

作为一种遵命的宫廷文学,毫无疑问,应制诗受到特定语境的限制,需要投合人主的艺术趣味,由此而呈现一个朝代统治阶级核心集团的审美趣向,并直接影响着当时诗坛的创作取向。

宋人葛立方在《韵语阳秋》卷二中曾指出:"应制诗非他诗比,自是一家句法,大抵不出于典实富艳尔。"④ "一家句法"之说,并不完全符合

---

① 《全唐诗》卷四十七,中华书局1960年版,第564～565页。
② 《旧唐书》卷九十九《张九龄传》,中华书局1975年版,第3099页。
③ 《唐会要》卷七十八,《影印文库阁四库全书》,第697册,台湾商务印书馆1986年版,第183页。
④ 葛立方:《韵语阳秋》卷二,上海古籍出版社1984年版,第28页。

盛唐应制诗的实际情况。

《隋书·文学传序》对六朝文学提出批评："梁自大同之后，雅道沦缺，渐乖典则，争驰新巧。简文、湘东，启其淫放；徐陵、庾信，分路扬镳。其意浅而繁，其文匿而彩，词尚轻险，情多哀思。格以延陵之听，盖亦亡国之音乎！周氏吞并梁、荆，此风扇于关右，狂简斐然成俗，流宕忘反，无所取裁。"① 因而主张文学应走南北文风融合的道路。南方的清绮，北方的气质"各去所短，合其两长，则文质彬彬，尽善尽美矣"②。唐太宗在《帝京篇十首》序中亦云："予追踪百王之末，驰心千载之下，慷慨怀古，想彼哲人。庶以尧舜之风，荡秦汉之弊；用咸英之曲，变烂漫之音。"③ 然综观唐太宗和唐高宗、武则天两大宫廷中魏徵、上官仪、沈佺期、宋之问、李峤、苏味道、上官婉儿等人的应制诗，在题材内容上大多是点缀升平、逢场应景之作，虽无宫体诗那种"裎裸"的文字，但仍带有齐梁清绮的遗风。《全唐诗》上官仪小传载，"太宗每属文，遣仪视稿，私宴未尝不预"，高宗即位，他官运亨通，位至宰相，"仪工诗，其词绮错婉媚，人多效之，谓为上官体"④。《全唐诗》沈佺期小传说他"善属文，尤长七言之作。……建安后，讫江左，诗律屡变。至沈约、庾信，以音韵相婉附，属对精密。及佺期与宋之问，尤加靡丽，回忌声病，约句准篇，如绵绣成文，学者宗之，号为沈宋"⑤。《唐诗纪事》卷三载宋之问以《奉和晦日幸昆明池应制》一诗才服沈佺期⑥；同书卷十一又载，宋之问以《龙门应制》一诗从左史东方虬手中夺回御赐锦袍⑦。然值得指出的是，沈、宋的应制诗多典实富艳，已渐离上官仪应制诗绮错婉媚之态。

盛唐开元年间的应制诗，由于所述之事多与国事活动相关，或描述事件，或评论历史人物，或途经山川河流，注重典实而不追求富艳。如张九龄《奉和圣制次成皋先圣擒建德之所》：

---

① 《隋书·文学传序》，中华书局1973年版，第1730页。
② 《隋书·文学传序》，中华书局1973年版，第1730页。
③ 《全唐诗》卷一，中华书局1960年版，第1页。
④ 《全唐诗》卷四十，中华书局1960年版，第505页。
⑤ 《全唐诗》卷九十五，中华书局1960年版，第1020页。
⑥ 参见《唐诗纪事》卷三，上海古籍出版社1987年版，第28页。
⑦ 参见《唐诗纪事》卷十一，上海古籍出版社1987年版，第165页。

天命诚有集，王业初惟艰。翦商自文祖，夷项在兹山。地识斩蛇处，河临饮马间。威加昔运往，泽流今圣还。尊祖颂先烈，赓歌安用攀。绍成即我后，封岱出天关。①

此诗为奉和唐玄宗《行次成皋途经先圣擒建德之所缅思功业感而赋诗》（见《全唐诗》卷三）而作。《金石录》卷五目录第九百八十七条："唐明皇行次成皋诗，艾叙行书，开元十三年十月。"②《八琼室金石补正》卷三十六亦载，唐玄宗行次成皋诗为开元十三年十月十三日作，艾叙书。可知此诗作于开元十三年（725）十月东封泰山途经成皋之时。唐玄宗在开元十年敕兵部尚书、同中书门下三品张说兼知朔方军节度大使，往巡五城，抚平西北之后，接着在开元十一年春北巡潞州、并州，威服蓟北，又接着在开元十三年自选诸司长官有声望十一人为诸州刺史。此时内外安定，便立即东封泰山将成功告于天地神明。汉立成皋县，隋开皇十八年改成皋为汜水县。武德四年，唐太宗讨平王世充、窦建德，复分汜水县置成皋县，故址在今河南荥阳县汜水镇。《元和郡县图志》卷五"板渚"："板渚，在县东北三十五里。初，窦建德众数十万，自于板渚结阵，南属鹊山，以临汜水。太宗帅轻骑击之，贼众大溃，建德窜于牛口渚，将军白士让生获之。……牛口渚与板渚迤逦相接。"③张诗连用周灭商、刘汉灭项楚、汉高祖斩白蛇起义三个故事铺叙大唐"天命诚有集，王业初惟艰"，接着追述太宗当年于板渚用黄河牧马之计诱擒窦建德之战，再接着赞颂玄宗缅思功业，光大先烈而东封告天。又如张九龄《奉和圣制幸晋阳宫》："隋季失天策，万方罹凶残。皇祖称义旗，三灵皆获安。圣期将申锡，王业成艰难。盗移未改命，历在终履端。彼汾惟帝乡，雄都信郁盘。一月朔巡狩，群后陪清銮。霸迹在沛庭，旧仪睹汉官。唐风思何深，舜典敷更宽。户蒙枌榆复，邑争牛酒欢。缅惟翦商后，岂独微禹叹。三后既在天，万年斯不刊。尊祖实我皇，天文皆仰观。"④ 这两首均为怀古励今的应制诗，叙事昭切洗练，典实而不富艳，醇正而不婉媚；"寂然凝虑，思接千

---

① 《全唐诗》卷四十七，中华书局1960年版，第564页。
② 《金石录》卷五目录第987条，见《影印文渊阁四库全书》，第681册，台湾商务印书馆1960年版，第187页。
③ 《元和郡县图志》卷五"板渚"，中华书局1983年版，第147页。
④ 《全唐诗》卷四十七，中华书局1960年版，第564页。

载;稍焉动容,视通万里;吟咏之间,吐纳珠玉之声;眉睫之前,卷舒风云之色"①,其神思飞越于古今六合,显示出纵横捭阖、雄浑儒雅的气度。

又如张九龄《奉和圣制初出洛城》:

> 东土淹龙驾,西人望翠华。山川只询物,宫观岂为家。十月回星斗,千官捧日车。洛阳无怨思,巡幸更非赊。②

《旧唐书》卷八《玄宗纪》载:"(开元)二十四年冬十月,戊申,车驾发东都。"③李肇《唐国史补》载:"(明皇)时在东都,因宫中有怪,明日召宰相,欲西幸。裴稷山、张曲江谏曰:'百姓场圃未毕,请待冬中。'是时,李林甫初拜相,窃知上意,及班旅退,佯为蹇步。上问:'何故脚疾?',对曰之'臣丰脚疾,愿独奏闻',乃言:'二京,陛下东西宫也。将欲驾幸,焉用择时?假使有妨于刈获,则独可蠲免沿路租税。臣请宣示有司,即日西幸。'上大悦,自此驾至长安不复东。旬日,耀卿、九龄俱罢,而牛仙客进焉。"④十月正值农时,耀卿、九龄劝玄宗仲冬西还,实为良策。而玄宗却听信李林甫之言,不顾农时而劳师西还,正中了李林甫排斥异己之计。此诗从一个侧面透露了唐玄宗价值取向的转变。明明是玄宗有违农时执意西还,诗却说"东土淹龙驾,西人望翠华";"十月回星斗,千官捧日车"极写皇帝出行劳师动众的场面;洛阳长安相隔千里之遥,却说"巡幸更非赊"。此首应制诗一改前期的赞颂夸饰为反话正说,用委婉含蓄的比兴讽谕而又不失典雅醇正,形象地展现了守正中和以道匡弼的"九龄风度"。《旧唐书》卷九十九《张九龄传》载:"(张九龄开元二十四年)罢知政事,后宰执每荐引公卿,上必问:'风度得如九龄否?'"⑤于是,"九龄风度"成了当时朝廷录用大臣的美学标准,也成为一代士夫文人生命生活的美的理想。

唐代殷璠在《河岳英灵集》序中指出:"贞观末,标格渐高。景云

---

① 刘勰:《文心雕龙·神思》,周振甫注,人民文学出版社2002年版,第295页。
② 《全唐诗》卷四十八,中华书局1960年版,第579页。
③ 《旧唐书》卷八《玄宗纪》,中华书局1975年版,第203页。
④ 李肇:《唐国史补》上卷,见《影印文渊阁四库全书》,第1035册,台湾商务印书馆1986年版,第418页。
⑤ 《旧唐书》卷九十九《张九龄传》,中华书局1975年版,第3099页。

中，颇通远调。开元十五年后，声律风骨始备矣。"① 这说明盛唐诗人已经做到把"风骨"和"声律"两种诗歌质态有机地统一起来，把丰富深刻的时代精神风度蕴涵在精炼而富于表现力的文字形式之中，从而创造出既洋溢着诗情又飘扬着乐韵的"盛唐之音"。张九龄的应制诗在唐诗由"初唐之渐盛"的历史进程中，不仅形象地描述了开元前期君臣注重国事的活动指向和关心民生、注重事功、安邦定国的价值追求，同时也隐藏唐玄宗从早年励精图治任人唯贤到晚年刚愎自用任人唯亲转向的玄机。它以昭切洗练的叙事和委婉含蓄的比兴讽谕形成一种典实醇正、雄浑儒雅的艺术趣向，成为引领"盛唐之音"的一个响亮的音符。

（原载《学术研究》2009 年第 1 期）

---

① 殷璠：《河岳英灵集序》，见《影印文渊阁四库全书》，第 1332 册，台湾商务印书馆 1986 年版，第 21 页。

《曲江集》附录"诰命"笺订

《四部丛刊·集部》所收《曲江张先生文集》，为"上海涵芬楼借印南海潘氏藏"明刊本，集后附录"诰命"28道。① 岑仲勉《依唐代官制说明张曲江集附录诰命的错误》指出："祠堂本张曲江集附录的'诏命'，是这个集里面一种极宝贵的史料，从开元八年起直到二十七年止，他的官历，除失掉两三件不计，几完全包括在内，后世替他写年谱的凭着这些资料，直可不必再费神来推究。又如开元二十三年正月在中书令任上的御注考词，二十四年在尚书右丞相任上的御注考词，我们也可以借此窥见唐代考绩的一斑。就现存的唐人文集来看，只颜鲁公文集剩下三四篇零星制诰，其余都没有，单从这一点而论，称曲江集为'唐集之雄'，是并不过誉的。上述那种制诰，经过长期及多次传抄、转刻，加以后人不了解唐代的复杂官制，自然免不了舛误、夺漏。可惜从前没有人加工勘定，遂使读者失其正鹄。……大抵要改订曲江集制诰的错误，先须明白唐代官制整套的内容，所以现在试作校正，目的不单在尽量使这个附录回复其本来面目，同时，人们如果能举一反三，则凡读史时涉及唐代的官制，也可以迎刃而解，是一举而两得的。"②

据岑先生这段话，《曲江集》附录"诏命"的价值：一是凭曲江集附录"诏命"的资料，可编撰张九龄年谱；而《曲江集》附录"诰命"同时还涉及其他官员的任命，亦可作为编撰这些官员年谱的重要资料。二是借其中的"御注考词"，可"窥见唐代考绩的一斑"。三是唐代"诰命"和"御注考词"罕见存世，单从这一点而论，曲江集可称为"唐集之雄"。同时，岑先生亦指出《曲江集》附录"诏命""经过长期及多次传

---

① 《四部丛刊·集部》所收《曲江张先生文集》，题为"上海涵芬楼借印南海潘氏藏明成化九年韶州刊本"。今考证，南海潘氏藏本为明刊本，然非明成化九年韶州刊本。参阅拙文《四部丛刊影印张九龄集》（《文学遗产》2002年第4期）和《曲江集版本源流考》（蒋寅、张伯伟主编《中国诗学》第八辑，人民文学出版社2003年版）。

② 岑仲勉：《依唐代官制说明张曲江集附录诰命的错误》，《中山大学学报》1958年第2期。

抄、转刻，加以后人不了解唐代的复杂官制，自然免不了舛误、夺漏"。他虽据唐代官制整套的内容，对《曲江集》附录"诰命"中的舛误、夺漏进行勘正，但未对原文逐一注释和整理，阅读或者使用极为不便。今对《四部丛刊·集部》所收《曲江张先生文集》附录"诰命"逐一疏证。

凡　　例

（1）本文以《四部丛刊·集部》所收《曲江张先生文集》附录"诰命"为底本依序笺注，加中文序号排序，以《四部备要·集部》所收《曲江集》为参校本。

（2）本文参录岑仲勉《依唐代官制说明张曲江集附录诰命的错误》（简称"岑勘"）一文的"勘正"成果，对《曲江张先生文集》附录"诰命"原文的舛误、夺漏进行勘正，原文勘正之处用括号"（）"标示；"岑勘"中之"旧书"指《旧唐书》，"新书"指《新唐书》。

（3）本文依据《唐六典》《旧唐书·职官志》和《新唐书·百官志》对"诰命"中的唐代官职进行注释。

（4）本文使用徐浩《唐尚书右丞相中书令张公神道碑》，简称《徐碑》；使用何格恩《张曲江诗文事迹编年考》（载《广东文物》卷七），简称【何考】。

（5）凡前敕制中已笺注之官名、词语，后文重现，不再出注。

一、转司勋员外郎[1]敕

门下[2]

通直郎[3]、判[4]尚书礼部员外郎[5]张九龄，温粹冲简，乐善虚怀。朝议郎[6]、（行）[7]河南府法曹参军[8]袁晖[9]，清直雅正，大器轨物。并富仁践义、崇德著言。词学高步于当时，领袖久彰于后进。或早游礼闱，或久处神京。甄其奏议，可序勋礼之籍。九龄可守[10]尚书司勋员外郎，晖可行尚书礼部员外郎[11]，散官各如故[12]。

开元八年四月七日

【笺注】

（1）司勋员外郎：唐吏部职事官名。《唐六典》卷二尚书吏部："司勋郎中一人，从五品上；员外郎二人；从六品上；郎中、员外郎之职，掌邦国官人之勋级。"岑勘：唐代文官制度，"唐的官制，比起任何朝代，最为复杂不过，所用的术语又很多，每个术语往往含孕着两种或两种以上的意义，这是学习唐史者较难搞通的一件事；像郑鹤年氏的杜佑年谱，就犯了把虚衔和实职等观的错误。说其大概，可分为职事官、散官、爵、勋四项，五品以上的官员，往往各项兼备，最低限度也有职事官和散官两项"。

（2）门下：唐门下省侍中、侍郎、给事中等官管皇帝门下众事（查）。《南齐书》卷十六《百官志》："永元三年，东昏南郊，不欲亲朝士，以主玺陪乘，前代未尝有也。侍中呼为门下。亦置令史。领官如左：给事黄门侍郎。亦管知诏令，世呼为小门下。"《资治通鉴·晋安帝隆安二年》："〔王宪〕领选曹事，兼掌门下。"胡三省注："门下，侍中、常侍、给事黄门之职。"《旧唐书》卷四十三志第二十三职官二（门下省）："凡制敕宣行，大事则称扬德泽，褒美功业，覆奏而请施行；小事则署而颁之。"岑勘："转司勋员外郎敕开首便言，'通直郎、判尚书礼部员外郎张九龄'（页一）。按旧书四三记门下省给事中的职务说：'凡制敕宣行……小事则署而颁之'。所以制敕的开首都题'门下'二字（可参页二转中书舍人内供奉敕），这敕文漏了，应补入。"

（3）通直郎：唐文职散官名。唐文职散官共二十九阶。《唐六典》卷二"尚书吏部"："凡叙阶二十九：从一品曰开府仪同三司，正二品曰特进，从二品曰光禄大夫，正三品曰金紫光禄大夫，从三品曰银青光禄大夫，正四品上曰正议大夫，正四品下曰通议大夫，从四品上曰太中大夫，从四品下曰中大夫，正五品上曰中散大夫，正五品下曰朝议大夫，从五品上曰朝请大夫，从五品下曰朝散大夫，正六品上曰朝议郎，正六品下曰承议郎，从六品上曰奉议郎，从六品下曰通直郎，正七品上曰朝请郎，正七品下曰宣德郎，从七品上曰朝散郎，从七品下曰宣义郎，正八品上曰给事郎，正八品下曰征事郎，从八品上曰承奉郎，从八品下曰承务郎，正九品上曰儒林郎，正九品下曰登仕郎，从九品上曰文林郎，从九品下曰将仕郎。"

（4）判：岑勘："诰命之'判'犹言未实授。已见前文，这样用法，大抵只限于武后至玄宗时代（参拙著唐集质疑二七页）。通常都作'判事'解，例如新书六二，'户部侍郎判度支皇甫镈'，即是以户部侍郎而管理度支事务。又新书六三，'牛僧孺为户部侍郎同中书门下平章事，丁卯，复判户部'，即是以宰相而兼管户部事务，清代用大学士管部，于唐制大略相同。"

（5）尚书礼部员外郎：唐礼部职事官名，即尚书省礼部员外郎。《唐六典》卷四尚书礼部："员外郎一人，从六品上。"

（6）朝议郎：唐文散官名。《唐六典》卷二尚书吏部："正六品上曰朝议郎。"

（7）行：《旧唐书》卷四十二"职官一"："凡九品已上职事，皆带散位，谓之本品。职事则随才录用，或从闲入剧，或去高就卑，迁从出入，参差不定。散位则一切以门荫结品，然后劳考进叙。《武德令》，职事高者解散官，欠一阶不到为'兼'。职事卑者，不解散官。《贞观令》，以职事高者为'守'，职事卑者为'行'，仍各带散位。其欠一阶，依旧为'兼'，与当阶者，皆解散官。永徽已来，欠一阶者，或为兼，或带散官，或为守，参而用之。其两职事者亦为'兼'，颇相错乱。（其欠一阶之'兼'，古念反。其职事之'兼'，古恬反。字同音异耳。）咸亨二年，始一切为'守'。"此处为"行"字之夺漏。岑勘："职事官阶跟散官的官阶，常常是不相适合的，……因是之故，凡遇职事官和散官不相适合的，两者之间，须用一个'守'或'行'字来连串着以表示其高低的比较。旧书四二说：'贞观令以职事高者为守，职事卑者为行，仍各代散位'。这就是说，须将每个人的职事官与散官相比较，如果职事官之阶较高而所带散官之阶较低，则职事官上应加一'守'字。反之，职事官之阶较低而所带散官之阶较高，则职事官上应加一'行'字。"

（8）河南府法曹参军：河南府，《元和郡县图志》卷第五河南道一："河南府，……武德四年讨平充，复为洛州，仍置总管府。其冬罢府，置陕东道大行台，太宗为大行台尚书令。九年罢台，置洛州都督府，贞观十八年废府。显庆二年，置东都，则天改为神都，神龙元年复为东都。开元元年改洛州为河南府。天宝元年，改东都为东京，至德元年复为东都。"法曹参军，河南府职事官名。《唐六典》卷三十京兆河南太原三府官吏："法曹参军事二人，正七品下。"袁晖散官原为朝议郎（正六品上），职事官为法曹参军事（正七品下），散官官阶高于职事官官阶，可知原文"河南府法曹参军"前漏一"行"字。

（9）袁晖：《元和姓纂》附四校记卷四："（袁）玘又生晖，中书舍人。晖，景云二年制科及第，玄宗初为左补阙，见《会要》七六及七五；又有《奉和答张说南出雀鼠谷》诗，见《说之集》四。开元中，马怀素校正群集,晖自邢州司户与焉,见《纪事》一三。《千唐》开元十年《大圣真观杨法师(暭)生墓铭并序》,题'朝散大夫、行礼部员外郎袁晖撰'。《广记》二五五引《朝野佥载》,补阙袁晖,即其人。"

(10) 守:九龄散官原为通直郎(从六品下),尚书吏部司勋员外郎为职事官(从六品上),职事官官阶高于散官官阶,故职事官名前用"守"字。

(11) 袁晖散官原为朝议郎(正六品上),而尚书礼部员外郎为职事官(从六品上),散官官阶高于职事官官阶,故职事官名前用"行"字。

(12) 散官各如故:岑勘:"九龄、晖两人只更动他们的职事官,其原来之通直郎、朝议郎均照旧,因是两人,故加'各'字。"

二、加朝散大夫⁽¹⁾诰

门下⁽²⁾

朝议郎⁽³⁾、行⁽⁴⁾司勋员外郎、护军⁽⁵⁾张九龄。

右可朝散大夫,(余如故)⁽⁶⁾。

朝议郎、中骁骑尉⁽⁷⁾王昱⁽⁸⁾等,文台效美,书省推能,句籍丹墀⁽⁹⁾,声华紫帐。或荣升储馆⁽¹⁰⁾,或政洽端僚⁽¹¹⁾。畿甸扬芬,京都课最⁽¹²⁾。咸逢朝庆,式光通级。可依前件,主者施行⁽¹³⁾。

开元九年十月十四日

【笺注】

(1) 朝散大夫:唐文职散官名。《唐六典》卷二尚书吏部:"从五品下曰朝散大夫。"

(2) 底本"门下"二字误置于"朝议郎、中骁骑尉王昱等"之前,今依照唐制敕开首题"门下"体例校正。

(3) 朝议郎:据此"诰"可知,张九龄应于开元八年四月七日至开元九年十月十四日之间,散官由通直郎(从六品下)转朝议郎(正六品上)。

(4) 行:朝议郎为正六品上散官,司勋员外郎为从六品上职事官,九龄此时散官官阶高于职事官官阶,故应在职事官名前加"行"字。

(5) 护军:唐勋名。《唐六典》卷二尚书吏部:"司勋郎中、员外郎掌邦国官人之勋级。凡勋,十有二转为上柱国,比正二品。十一转为柱

国,比从二品。十转为上护军,比正三品。九转为护军,比从三品。八转为上轻车都尉,比正四品。七转为轻车都尉,比从四品。六转为上骑都尉,比正五品。五转为骑都尉,比从五品。四转为骁骑尉,比正六品。三转为飞骑尉,比从六品。二转为云骑尉,比正七品。一转为武骑尉,比从七品。凡有功效之人,合授勋官者,皆委之覆定,然后奏拟。"据此"诰"可知,张九龄应于开元八年四月七日至开元九年十月十四日之间,曾授护军(从三品勋官)。

(6) 底本此处原无"余如故"三字。岑勘:"九龄所更动的只是散官,依下文加中散大夫敕有'勋、封如故'字样,则朝散大夫下应补'余如故'方合。"

(7) 中骁骑尉:岑勘:"郎官石柱题名考——以为朝议郎下'有脱字',是也。按敕文有'荣升储馆'之句,'中'疑为'中允'或'中舍人'之夺文,但未敢断定。"骁骑尉为唐勋名,《唐六典》卷二尚书吏部:"四转为骁骑尉,比正六品。"唐官衔按散官、职事官、勋、封(爵)次序排列,故《郎官石柱题名考》卷一一以为朝议郎下有脱字,甚是。岑勘疑"中"为"中允"或"中舍人",但未敢断定。"中允"或"中舍人"均为太子左右春坊属官。《唐六典》卷二十六太子左春坊:"太子中允二人,正五品下。左庶子之职,掌侍从,赞相礼仪,驳正启奏,监省封题,中允为之贰。凡皇太子从大祀及朝会,出则版奏外办中严,入则解严焉。凡令书下于左春坊;则与中允、司议郎等覆启以画诺;及覆下,以皇太子所画者留为按,更写令书,印署,注令诺,送詹事府。若皇太子监国,事在尚书者,如令书之法。"《唐六典》卷二十六太子右春坊:"太子中舍人二人,正五品下。右庶子之职,掌侍从左右,献纳启奏,宣传令言;中舍人为之贰。凡皇太子监国,于宫内下令书,太子亲画日至春坊,则宣传之。"太子"中允"或"中舍人"均为正五品下职事官,朝议郎为正六品上散官,骁骑尉为比正六品勋官,如果此"中"指确"中允"或"中舍人",则是职事官官阶高于散官官阶,应在职事官名前加一"守"字。

(8) 王昱:不详。岑仲勉《郎官石柱题名新考订》(外三种)——"户部郎中"删补:"劳引《新唐书》表同姓名者二人,官不过丞尉,是否此王昱,殊可疑。"

(9) 勾籍:勾查官员出入宫门的门籍。丹墀:指宫殿的赤色台阶。张衡《西京赋》:"右平左城,青琐丹墀。"

（10）储馆：太子东宫。

（11）端僚：旧称幕僚之居首位者。

（12）课最：《唐六典》卷二尚书吏部："考功郎中一人，从五品上；员外郎一人，从六品上；主事三人，从九品上。考功郎中、员外郎之职，掌内外文武官吏之考课。凡应考之官，皆具录当年功过、行能，本司及本州长官对众读，议其优劣，定为九等考第，各于其所由司准额校定，然后送省。内外文武官，量远近，以程限之有差。（京师百僚，九月三十日已前校定，十月一日送省。外官去京一千五百里内，八月三十日；三千里内，七月三十日；五千里内，五月三十日；七千里内，三月三十；万里内，正月三十日已前校定。）其外官附朝集使送簿至省。（凡流内、流外官考前厘务不满二百日者，不考。）每年别敕定京官位望高者二人，其一人校京官考，一人校外官考。又定给事中、中书舍人各一人，其一人监京官考，一人监外官考。郎中判京官考，员外郎判外官考。其检覆同者，皆以功过上使。京官则集应考之人对读注定，外官对朝集使注定讫，各以奏闻。其亲王及中书门下与京官三品已上、外官五大都督，并以功过状奏，听裁。凡考课之法有四善：一曰德义有闻，二曰清慎明著，三曰公平可称，四曰恪勤匪懈。善状之外，有二十七最：一曰献替可否，拾遗补阙，为近侍之最；二曰铨衡人物，擢尽才良，为选司之最；三曰扬清激浊，褒贬必当，为考校之最；四曰礼制仪式，动合经典，为礼官之最；五曰音律克谐，不失节奏，为乐官之最；六曰决断不滞，与夺合理，为判事之最；七曰部统有方，警守无失，为宿卫之最；八曰兵士调习，戎装充备，为督领之最；九曰推鞫得情，处断平允，为法官之最；十曰雠校精审，明于刊定，为校正之最；十一曰承旨敷奏，吐纳明敏，为宣纳之最；十二曰训导有方，生徒充业，为学官之最；十三曰赏罚严明，攻战必胜，为将帅之最；十四曰礼义兴行，肃清所部，为政教之最；十五曰详录典正，词理兼举，为文史之最；十六曰访察精审，弹举必当，为纠正之最；十七曰明于勘覆，稽失无隐，为勾检之最；十八曰职事修理，供承强济，为监掌之最；十九曰功课皆充，丁匠无怨，为役使之最；二十曰耕耨以时，收获剩课，为屯官之最；二十一曰谨于盖藏，明于出纳，为仓库之最；二十二曰推步盈虚，究理精密，为历官之最；二十三曰占候医卜，效验居多，为方术之最；二十四曰讥察有方，行旅无壅，为关津之最；二十五曰市廛不扰，奸滥不行，为市肆之最；二十六曰牧养肥硕，蕃息孳多，为牧官之最；二十七日边境肃清，城隍修理，为镇防之最。一最已上有四善为上上；一最已上有三善，或无最而有四善为上中；一最已上有二善；或无最而有三善为上下；一最已上有一善，或无最而有二善为中上；一最已上，或无最而有一善为中中；职事粗理，善最弗闻为中下；爱憎任情，处断乖理为下上；背公向私，职务废阙为下中；居官谄诈，贪浊有状为下下。若于善最之外别可嘉尚，及罪虽成殿、情状可矜，虽不成殿而情状可责者，省校之日，皆听考官临时量定。"（亦见《旧唐书》卷四十三志第二十三职官二）

（13）主者施行：《史记》卷五十六《陈丞相世家》："上曰：'主者谓谁？'平曰：'陛下即问决狱，责廷尉；问钱谷，责治粟内史。'"主者，指主管人，或主管部门。

三、转中书舍人（内供奉）[1]敕

门下

朝散大夫、行尚书省司勋员外郎、上柱国[2]张九龄，含章间出，禀秀挺生。学总丘坟[3]，词变风雅。早应旌辟，累践清华。行居四科[4]之首，才称一台[5]之妙。司言缺位，侧席求贤，宜以起草之能，式长如纶之命[6]，可中书舍人内供奉[7]，（余如故。主者施行。）[8]

开元十年二月十七日

【笺注】

（1）底本此处原无"内供奉"三字。敕文中有"可中书舍人内供奉"。岑勘："'敕'字上应依敕文补'内供奉'三字。"中书舍人：《唐六典》卷九中书省："中书舍人六人，正五品上。中书舍人掌侍奉进奏，参议表章。凡诏旨、制敕及玺书、册命，皆按典故起草进画；既下，则署而行之。其禁有四：一曰漏泄，二曰稽缓，三曰违失，四曰忘误，所以重王命也。制敕既行，有误则奏而改正之。凡大朝会，诸方起居，则受其表状而奏之；国有大事，若大克捷及大祥瑞，百察表贺亦如之。凡册命大臣于朝，则使持节读册命命之。凡将帅有功及有大宾客，皆使以劳问之。凡察天下冤滞，与给事中及御史三司鞫其事。凡有司奏议，文武考课，皆预裁焉。"

（2）上柱国：唐勋名。"十有二转为上柱国，比正二品"，见（二）

(6)。

（3）丘坟：对传说中古代典籍"三坟""九丘"的简称。伪托孔安国《尚书传序》认为，伏羲、神农、黄帝三皇时期所著之书，谓之"三坟"；少昊、颛顼、高辛、唐、虞五帝时期所著之书，谓之"五典"；八卦之书，谓之"八索"；九州之志，谓之"九丘"。

（4）四科：一指"孔门四科"。《论语·先进篇第十一》："德行：颜渊、闵子骞、冉伯牛、仲弓；言语：宰我、子贡；政事：冉有、季路；文学：子游、子夏。"后以德行、言语、政事、文学为"孔门四科"。二指唐高宗时举荐人才之"孝悌力行、经史儒术、藻思词锋、廉平强直"四条标准（见王应麟《小学绀珠·制度·四科》）。

（5）一台：根据本敕文内容，此一台指中书省。唐龙朔二年，改尚书都省为中台，改门下省为东台，改中书省为西台（见《旧唐书》卷四十三《职官二》）。

（6）纶之命：指天子的诏命。《礼记注疏》卷五十五缁衣："子曰：王言如丝，其出如纶。王言如纶，其出如綍。"

（7）内供奉：岑勘："有两种不同用法：（甲）在武后、中宗时代，有此字样者等于虚衔，无实任职务。（乙）旧书四三，'两省自侍中、中书令已下，尽名供奉官'，供奉是内庭执事的意味。"《曲江集》附录有《加守中书舍人勒》，可知此"内供奉"非正式职事官，乃"试用"之虚衔。

（8）底本此处原无"余如故，主者施行"字样，当为脱漏。今据唐敕书体例补。

四、加朝请大夫⁽¹⁾敕

门下⁽²⁾

朝散大夫、中书舍人内供奉、上柱国张九龄

右可朝请大夫，（余）如故⁽³⁾。

朝散大夫、（守）中书舍人崔沔⁽⁴⁾等，并恺悌忠信，士林推重。礼乐词华，掖垣高选⁽⁵⁾。郊禋上帝，侍从圜丘⁽⁶⁾，宜增荣级，俾承大庆。可依前件，主者施行。

开元十一年五月二十八日

【笺注】

（1）朝请大夫：唐文职散官名。《唐六典》卷二尚书吏部："从五品上曰朝请大夫。"

（2）此处"门下"二字底本原文误置于下文"朝散大夫"之前，今依唐制敕开首题"门下"体例校正。

（3）底本原无"余"字，今据唐敕书体例补入。

（4）底本原作"守朝散大夫、中书舍人崔沔"，误将"守"字置于散官名之前。据《唐六典》，朝散大夫为从五品下散官，中书舍人为正五品上职事官，散官官阶低于职事官官阶，故应在职事官名前加"守"字。崔沔，《旧唐书》卷一百八十八《孝友》载："崔沔，京兆长安人，周陇州刺史士约玄孙也。自博陵徙关中，世为著姓。父皑，库部员外郎、汝州长史。沔淳谨，口无二言，事亲至孝，博学有文词。初应制举，对策高第。俄被落第者所讼，则天令所司重试，沔所对策，又工于前，为天下第一，由是大知名。……睿宗时，征拜中书舍人。时沔母老疾在东都，沔不忍舍之，固请闲官，以申侍养，由是改为虞部郎中。……开元七年，为太子左庶子。母卒，哀毁逾礼，常于庐前受吊，宾客未尝至于灵座之室，谓人曰：'平生非至亲者，未尝升堂入谒，岂可以存亡而变其礼也。'中书令张说数称荐之。服阕，拜中书侍郎。……寻出为魏州刺史，奏课第一，征还朝廷，分掌吏部十铨事。以清直，历秘书监、太子宾客。……沔既善礼经，朝廷每有疑议，皆取决焉。二十七年卒，时年六十七，赠礼部尚书。"（《新唐书》卷一二九《崔沔传》所载略同）据《曲江集》附录此敕，崔沔开元十一年"守中书舍人"，可补两《唐书》记载之阙。

（5）掖垣：唐代门下、中书两省分别在禁中左右掖，故称门下、中书为掖垣。《新唐书》卷一百六十五《权德舆传》："左右掖垣，承天子诰命，奉行详覆，各有攸司。"

（6）郊禋：古代帝王升烟祭祀天地的大礼。扬雄《甘泉赋》："徕祇郊禋，神所依兮。"上帝：《周礼注疏》卷第十八《大宗伯》："以禋祀，祀昊天上帝。"贾公彦疏："昊天上帝，冬至于圆丘。"圆丘：即"祭天坛"，皇帝冬至日祭天的祭坛。

五、封曲江县开国男食邑三百户⁽¹⁾敕

门下⁽²⁾

朝请大夫、中书舍人内供奉、上柱国张九龄
右可封曲江县开国男，食邑三百户。
朝议大夫⁽³⁾、（守）中书舍人⁽⁴⁾、上柱国、上谷县开国男窦泚⁽⁵⁾等，俱膺五等⁽⁶⁾之荣，俾光两闱⁽⁷⁾之宠。可依前件，主者施行。
开元十二年正月十三日

【笺订】

（1）开国男：唐代爵位。《唐六典》卷二《尚书吏部》"司封郎中"条："九曰县男，从五品，食邑三百户。"岑勘："武德令唯有公、侯、伯、子、男，贞观十一年始加开国之称。清代要立武功才封爵，唐代却是一件很平常的事，曲江只做试用中书舍人，还未到正五上阶的实职，便开始受封为曲江县男（页三），那就可想而知了。封爵本有食邑若干户之规定（如曲江县男食邑三百户），唯是颁封太滥，故徒有其名，必声明'食实封'者才享其实。"

（2）此处"门下"二字底本原文误置于下文"朝议大夫"之前，今据唐敕书"门下"二字置于开首体例校正。

（3）朝议大夫：唐散官名。《唐六典》卷二《尚书吏部》"郎中"条："正五品下曰朝议大夫。"

（4）底本原文"中书舍人"前夺"守"字。唐制，中书舍人为正五品上阶职事官。岑勘："朝议大夫是正五下阶，中书舍人上应补'守'字。"

（5）上谷县开国男窦泚：岑勘："《郎官石柱题名考》一二：窦泚疑寇泚，再考。"按《册府元龟》一四四，开元十二年七月，寇泚以中书舍人宣慰河东，此敕是开元十二年正月十三日所发，未必同时任中书舍人的有两人都单名'泚'那么巧。而且唐代封爵，应切合各人的郡望，上谷正是寇姓郡望，不是窦姓郡望，'窦'为'寇'讹，无可致疑。"

（6）五等：公、侯、伯、子、男五等爵位。

（7）两闱：《文选》卷二十六颜延年《直东宫答郑尚书》诗："两闱阻通轨，对禁限清风。"李善注："两闱，谓东宫及中台也。"中台，古代天子会诸侯之所。

六、加守中书舍人敕

门下

朝请大夫、中书舍人内供奉、上柱国、曲江县开国男张九龄，文含风雅，道映簪裾。朝请大夫、试给事中⁽¹⁾、上柱国褚琇⁽²⁾，学总古今，词兼典则。或司言右掖⁽³⁾，纶綍戴华，或参议东垣⁽⁴⁾，皎止斯允。便繁日久，忠愤逾深。宜章称职之名，俾加即真之命⁽⁵⁾。九龄可守中书舍人，琇可守给事中，散官、勋、封各如故。

开元十二年十二月十三日

【笺注】

（1）试给事中：即试用给事中。给事中，《唐六典》卷八"门下省"："给事中四人，正五品上。给事中掌侍奉左右，分判省事。凡百司奏抄，侍中审定，则先读而署之，以驳正违失。凡制敕宣行，大事则称扬德泽，褒美功业，覆奏而请施行；小事则署而颁之。凡国之大狱，三司详决，若刑名不当，轻重或失，则援法例退而裁之。凡发驿遣使，则审其事宜，与黄门侍郎给之；其缓者给传；即不应给，罢之。凡文武六品已下授职，所司奏拟，则校其仕历深浅，功状殿最，访其德行，量其才艺；若官非其人，理失其事，则白侍中而退量焉。其弘文馆图书缮写、雠校，亦课而察之。凡天下冤滞未申及官吏刻害者，必听其讼，与御史及中书舍人同计其事宜而申理之。"

（2）褚琇：岑仲勉《元和姓纂（附四校记）》卷六："琇，给事中，常州刺史。"又"琇由试给事中、上柱国改为守给事中，见《曲江集》附录开元十二年诰命。又《集古录目·杨干绪碑》，称平富主簿褚琇撰，先天元年立。"

（3）右掖：唐时指中书省。因其位于皇宫正殿右边，故称右掖。《唐六典》卷九"中书省集贤院史馆匦使"："中书令之职，掌军国之政令，缉熙帝载，统和天人。入则告之，出则奉之，以厘万邦，以度百揆，盖以佐天子而执大政者也。凡王言之制有七：一曰册书，二曰制书，三曰慰劳制书，四曰发日敕，五曰敕旨，六曰论事敕书，七曰敕牒。皆宣署申覆而施行焉。"李显《十月诞辰内殿宴群臣效柏梁体联句》："鲰生侍从忝王枚（李乂），右掖司言实不才（马怀素）。"

（4）东垣：唐时指门下省。因其位于皇宫正殿东边，故称东垣。《唐六典》卷八"门下省"："侍中之职，掌出纳帝命，缉熙皇极，总典吏职，赞相礼仪，以和万邦，以弼庶务，所谓佐天子而统大政者也。凡军国之务，与中书令参而总焉，坐而论之，举而行之；此其大较也。"

（5）宜章称职之名，俾加即真之命：张九龄由中书舍人内供奉守中书舍人，褚琇由试给事中守给事中，二人均由试用转为正式录用。

七、加中散大夫⁽¹⁾敕

门下⁽²⁾

朝请大夫、（守）⁽³⁾中书舍人、上柱国、曲江县开国男张九龄

右可中散大夫，勋、封如故。

太中大夫⁽⁴⁾、御史中丞⁽⁵⁾内供奉、上柱国蒋钦绪⁽⁶⁾等，咸以雅望，并登朝列，缉乎功绩，光我朝猷。而有事岱宗，待升柴燎，告成之典，既展于封崇行庆之恩，宜加于班序。可依前件，主者施行。

开元十三年四月二十五日

【笺注】

（1）中散大夫：唐文职散官名。《唐六典》卷二"尚书吏部"："正五品上曰中散大夫。"

（2）此处"门下"二字，底本原误置于下文"太中大夫"之前，今据唐敕书"门下"二字置于开首体例校正。

（3）底本原漏"守"字。《唐六典》卷二"尚书吏部"："从五品上曰朝请大夫。"同书卷九"中书省集贤院史馆匦使"："中书舍人六人，正五品上。"职事官官阶高于散官官阶，今补"守"字。

（4）太中大夫：唐文职散官名。《唐六典》卷二"尚书吏部"："从四品上曰太中大夫。"

（5）御史中丞：唐御史台属官。《唐六典》卷十三御史台："中丞二人，正五品上。""御史中丞内供奉"为试用，尚未实授。

（6）蒋钦绪：《新唐书》卷一百十二《蒋钦绪传》："蒋钦绪，莱州胶水人。颇工文辞，擢进士第，累迁太常博士。中宗始亲郊，国子祭酒祝钦明建言，皇后应亚献，欲以媚韦氏。天子疑之，诏礼官议。众曲意阿徇，钦绪独抗言不可，诸儒壮其节。历吏部员外郎。……出为华州长史。萧至忠自晋州被召，过钦绪，钦绪本姻家，因戒曰：'以君才不患不见用，患非分而求耳。'至忠竟及祸。开元十三年，以御史中丞录河南囚，宣尉百姓，振穷乏。徙吏部侍郎，历汴、魏二州刺史，卒。"

八、转太常少卿[1]制

门下

（中散大夫）[2]、中书舍人、上柱国、曲江县开国男张九龄，凤擅能文，早推强学。清简彰于莅职，谨确著于立身。掌诰禁垣，是称无对。亚司宗礼[3]，时称有归。宜参象河之任[4]，以光得人之美。可中散大夫、守太常少卿，勋、封如故，主者施行。

开元十三年十一月十六日[5]

【笺注】

（1）太常少卿：唐太常寺属官。《唐六典》卷十四"太常寺"："太常寺：卿一人，正三品；少卿二人，正四品上。太常卿之职，掌邦国礼乐、郊庙、社稷之事，以八署分而理焉：一曰郊社，二曰太庙，三曰诸陵，四曰太乐，五曰鼓吹，六曰太医，七曰太卜，八曰廪牺，惣其官属，行其政令；少卿为之贰。凡国有大礼，则赞相礼仪；有司摄事，为之亚献；率太乐之官属，设乐县以供其事。燕会亦如之。若三公行园陵，则为主副，公服乘辂，备卤簿，而奉其礼。若大祭祀，则先省其牲器。凡大卜占国之大事及祭祀卜则日，皆往莅之于太庙南门之外。凡大驾巡幸，出师克获，皆择日告于太庙。凡仲春荐冰，及四时品物甘滋新成者，皆荐焉。凡有事于宗庙，少卿帅太祝、斋郎入荐香烛，整拂神幄，出入神主；将享，则与良酝令实尊罍。凡备大享之器物有四院，各以其物而分贮焉。"

（2）此处原漏"中散大夫"字样，依前敕校补。

（3）宗礼：祭祀宗庙的典礼。

（4）象河之任：意谓圣人效法天象次序及其运转规律任命官吏治理国家。《周易正义》卷六《系辞上》："是故天生神物，圣人则之；天地变化，圣人效之；天垂象见吉凶，圣人象之；河出《图》，洛出《书》，圣人则之。"

（5）【何考】唐玄宗开元十四年丙寅（726）"转太常少卿"："《曲江集》附录《转太常少卿制》云：'……可中散大夫、守太常少卿，勋、封如故。'……阶卑而拟高故曰守。《旧唐书·本传》云：'时御史中丞宇文融方知田户之事，每有所奏，说多建议违之；融亦以此不平于说。九龄复劝说为备。说又不从其言。无己，说果为融所劾，罢知政事。九龄亦改太常少卿。'则公之转太常少卿，当在开元十四年四月庚申之后，而《曲江集》附录之诰命竟作开元十三年十一月十六日，至为可疑。今《曲江集》既有《停燕国公中书令制》，如公已改太常少卿，则不应草制；若改太常少卿后，仍兼知制诰，则史无明文。《通鉴》卷二一三开元十四年亦云：'中书舍人张九龄言于说曰："宇文融承恩用事，辩给多权数，不可不备。"'则在四月庚申以前，公仍为中书舍人。诰命所系之年月，必为后人所妄加。"注四十三："自《四部丛刊》景印明成化九年本以下各种刊本，均附录诰命。自转司勋员外郎敕至加检校中书侍郎制，均不见于《文苑英华》及《唐大诏令》，其来源莫可稽考。其授官加阶封爵先后之次序，均与碑传符合。其体裁与唐代之典章制度，亦无冲突，当非赝作。惟所系年月，往往与史传少异。余颇疑此种诰命为曲江张氏家藏旧物，年月多为后人所妄加，遂致讹误。正如《适园丛书》之《唐大诏令》，所系年月，颇多讹误；然其勒制本身，则非赝作也。"

九、授冀州⁽¹⁾刺史制

门下⁽²⁾

中散大夫、守太常少卿、上柱国、曲江县开国男张九龄，可持节（都督）⁽³⁾冀州诸军事、（守）⁽⁴⁾冀州刺史，散官、（勋、封）⁽⁵⁾如故。

忠武将军⁽⁶⁾、前守⁽⁷⁾左金吾卫将军、上柱国、寿春县开国男（桓）臣范⁽⁸⁾等，才干卓立，智术旁通，从事招于艺能，效劳美于官政，求瘝之重，惟良是属，迭迁中外，抑有常规，分牧黎烝，咸膺俊选。可依前件，主者施行。

开元十四年五月十四日⁽⁹⁾

【笺注】

（1）冀州：古九州之一。唐属河北道。

（2）底本此处"门下"二字误置于下文"忠武将军"之前，今依唐敕制开首体例校正。

（3）底本此处原漏"都督"二字，今依唐敕制体裁校正。

（4）底本此处原无"守"字。岑勘："中散大夫、守太常少卿……可可持节冀州诸军事冀州刺史（页四），下州刺史也是正四下阶，中散大夫只正五上阶，由于太常少卿（正四上）之称'守'，可见冀州刺史上应补

'守'字。"

（5）底本此处原无"勋、封"二字，今依唐敕制体裁校正。

（6）忠武将军：底本"忠"原作"中"，误。岑勘："'中'应作'忠'，是武散官正四上阶。"

（7）前守：岑勘："前守、前行等，凡职事官早已开去，遇到重新授官的时候，提及他的旧官，都用'前'字来表示（如果他还当着某个职官，则不用'前'字），例如'前守左金吾卫将军'（页四）、'前行尚书都官郎中'（页五），'前检校中书侍郎'（页九），都属于这种例子。"左金吾卫将军：《唐六典》卷二十五"诸卫府"："左、右金吾卫，大将军各一人，正三品；将军各二人，从三品。左、右金吾卫大将军、将军之职，掌宫中及京城昼夜巡警之法，以执御非违，凡翊府及同轨等五十府皆属焉。凡车驾出入，则率其属以清游队建白泽旗、朱雀旗以先驱，又以玄武队建玄武旗以后殿，余依卤簿之法以从。若巡狩师田，则执其左、右营卫之禁。凡翊卫翊府、同轨・宝图等五十府骁骑、卫士应番上者，各配所职焉。"左金吾卫将军为从三品职事官，忠武将军为武散官正四上阶，故加"守"。

（8）上柱国、寿春县开国男（桓）臣范：底本原文"上柱国"误置于"寿春县开国男"之后，今依唐敕制体例校正。岑勘："当是桓臣范而漏却他的姓，桓姓出自谯国，也与寿春县相近，可参拙著姓纂四校记三七七页。"唐武德三年（620），改淮南郡为寿州（治寿春，今属安徽省）。

（9）此处年月可疑，曲江公授冀州刺史当在其为太常少卿奉命祭南岳及南海之后。《册府元龟》卷一四四帝王部弭灾二："（玄宗开元）十四年六月丁未，以久旱分命六卿祭山川，诏曰：五岳视三公之位，四渎当诸侯之秩，载于祀典章。方属农功，颇增旱汉，虔诚徒积，神道未孚。用申靡爱之勤，冀通能润之感。宜令工部尚书卢从愿祭东岳，河南尹张敬忠祭中岳，御史中丞兼户部侍郎宇文融祭西岳及西海河渎，太常少卿张九龄祭南岳及南海，黄门侍郎李昷祭北岳，右庶子何鸾祭东海，宗正少卿郑繇祭淮渎，少詹事张晤祭江渎，河南少尹李晕祭北海及济渎。"【何考】唐玄宗开元十四年丙寅（726）"奉命祭南岳及南海"："《唐大诏令》卷七十四命卢从愿等祭岳渎敕作开元十四年正月。查《曲江集》卷三有《夏日奉使南海在道中作》，当以六月丁未为是。"

十、授洪州刺史⁽¹⁾制

门下

中散大夫、新除冀州刺史⁽²⁾、上柱国、曲江县开国男张九龄，禀秀杰出，含章挺生，蔚文华以擅奇，躬孝友以成德。

太中大夫⁽³⁾、前行尚书都官郎中⁽⁴⁾、上柱国、姑臧县开国子李成裕⁽⁵⁾，体仁以善，率礼以训，守官阙以独茂，履忠信而不骞。

皆人物表才，声方归妙，瞻彼江汉，允籍仁明。运协歌良之勤，式应咨岳之重。九龄可使持节都督洪州诸军事、守洪州刺史；成裕可使持节（都督）⁽⁶⁾金州⁽⁷⁾诸军事、守金州刺史。散官、勋、封如故，主者施行。

开元十五年三月十三日

【笺注】

（1）《旧唐书》卷九十九《张九龄传》："无几，说果为融所劾，罢知政事，九龄亦改太常少卿，寻出为冀州刺史。九龄以母老在乡，而河北道里辽远，上疏固请换江南一州，望得数承元音耗，优制许之，改为洪州都督。俄转桂州都督，仍充岭南道按察使。"唐洪州治所在今江西省南昌市。

（2）新除冀州刺史：《旧唐书》卷九十九《张九龄传》载："寻出为冀州刺史，九龄以母老在乡，而河北道里辽远，上疏固请换江南一州，望得数承元音耗，优制许之。"《徐碑》："（九龄）出为冀州刺史，以庭闱在远，表请罢官。"【何考】开元十四年丙寅（726）"出为冀州刺史"条："盖公虽授冀州刺史，实未尝到官也。《曲江集》附录《授洪州刺史制》亦称'新除冀州刺史'，此可证也。今查《冀州志》卷九职官上：'张玺曰：《旧志》有张九龄，时龄母老不肯行，改任，故不录。'其说良是。"故知九龄未至冀州，而改牧洪州。

（3）太中大夫：唐文职散官名。《唐六典》卷二"尚书吏部"："从四品上曰太中大夫。"底本"太"原作"大"，今据《唐六典》改正。

（4）尚书都官郎中：唐尚书都省属官。《唐六典》卷一"尚书都省"："左司郎中一人，右司郎中一人，并从五品。"

（5）姑臧县开国子李成裕："姑臧"，底本原为"始臧"，误。岑勘："据新《书》七二上，姑臧大房成裕，秘书监，子揆，相肃宗。唐代封爵，率以其原籍地方来命名，故九龄之爵，用'曲江县'、'始兴县'等

字样，成裕出自姑臧，故知'始藏'为'姑臧'之讹。"开国子，唐爵位。即开国县子，正五品上。

（6）底本原文无"都督"二字，今依上文"九龄可使持节都督洪州诸军事"体例补正。

（7）金州：唐金州治所在今陕西安康县境。

十一、加中大夫⁽¹⁾制

门下⁽²⁾

中散大夫、使持节都督洪州诸军事、守洪州刺史、上柱国、曲江县开国男张九龄

右可中大夫，（余如故）。⁽³⁾

朝议大夫⁽⁴⁾、守左散骑常侍崔沔⁽⁵⁾等，温良恭俭，明允笃诚。时懋乃官，能有从政。庆承大礼，恩赐通班，宜循旧章，便增荣级。可依前件，主者施行。

开元十八年四月初八日

【笺注】

（1）中大夫：唐文职散官。《唐六典》卷二"尚书吏部"："从四品下曰中大夫。"

（2）底本"门下"二字原误置于"朝议大夫"之前，今依唐敕制体例校正。

（3）底本原无"余如故"三字，今依唐敕制体例校补。

（4）朝议大夫：唐文职散官。《唐六典》卷二"尚书吏部"："正五品下曰朝议大夫。"

（5）左散骑常侍：《唐六典》卷八"门下省"："左散骑常侍二人，从三品。左散骑常侍掌侍奉规讽，备顾问应对。"崔沔：《新唐书》卷一百四十二《崔沔传》："崔沔，字善冲，京兆长安人，后周陇州刺史士约四世孙，自博陵徙焉。纯谨无二言，事亲笃孝，有才章。擢进士。举贤良方正高第，不中者诵訾之，武后敕有司覆试，对益工，遂为第一。再补陆浑主簿，入调吏部，……服除，迁中书侍郎。……每朝廷有疑议，皆咨逮取衷。卒，年六十七，赠礼部尚书，谥曰孝。沔俭约自持，禄廪随散宗族，不治居宅，尝作《陋室铭》以见志。"

十二、转授桂州刺史兼岭南按察使⁽¹⁾制

门下

中大夫、使持节都督洪州诸军事、守洪州刺史⁽²⁾、上柱国、曲江县开国男张九龄，雅有才干，兼达政理。文孝著于四科⁽³⁾，忠信弘于十室⁽⁴⁾。豫章⁽⁵⁾昔莅，见宝剑之冲天；合浦今来，见明珠之返水⁽⁶⁾。宜加优惜⁽⁷⁾之宠，更委澄清之任，可使持节都督桂州诸军事、守桂州刺史，散官、勋、封如故。仍充当管经略使⁽⁸⁾、兼岭南道按察使、摄御史中丞⁽⁹⁾、借紫金鱼袋⁽¹⁰⁾。驰驿赴任，主者施行。

开元十八年七月三日

【笺注】

（1）桂州：唐桂州治所在今广西壮族自治区桂林市。兼：岑勘："《旧书》四二：'武德令，职事（高者）解散官，欠一阶不至为"兼"，职事卑者不解散官。……永徽以来，欠一阶者或为兼，或带散官，或为守，参而用之。其两职事者亦为"兼"，颇相错乱（其欠一阶之"兼"，古念反；其两职事之"兼"，古恬反，字同音异耳），咸亨二年，始一切为"守"。'与'守'字同义的'兼'，高宗以后，不再行用，象'兼岭南按察使'（页六），'兼集贤院学士'（页七）的'兼'，职事普通兼职的意思。岭南：汉唐时期指分布在今广西东部至广东东部和湖南、江西五省区交界处的越城岭、都庞岭、萌渚岭、骑田岭、大庾岭五岭之南部地区，包括今广东、广西、海南、香港、澳门五省区。按察使：《新唐书》卷四十九下《百官四下》："观察处置使，掌察所部善恶，举大纲。凡奏请，皆属于州。（贞观初，遣大使十三人巡省天下诸州，水旱则遣使，有巡察、安抚、存抚之名。神龙二年，以五品以上二十人为十道巡察使，按举州县，再周而代。景云二年，置都督二十四人，察刺史以下善恶，置司举从事二人，秩比侍御史。扬、益、并、荆四州为大都督，汴、兖、魏、冀、蒲、绵、秦、洪、润、越十州为中都督，皆正三品；齐、鄜、泾、襄、安、潭、遂、通、梁、夔十州为下都督，从三品。当时以为权重难制，罢之，唯四大都督府如故。置十道按察使，道各一人。开元二年，曰十道按察采访处置使，至四年罢，八年复置十道按察使，秋、冬巡视州县，十年又罢。十七年复置十道、京都、两畿按察使，二十年曰采访处置

使,分十五道,天宝末,又兼黜陟使,乾元元年,改曰观察处置使。)"

(2)此处底本原为"守洪州刺史、使持节都督洪州诸军事",误置。岑勘:"依页五'中大夫、使持节都督洪州诸军事、守洪州刺史'之款式,此处'守洪州刺史'五字应乙在'诸军事'之下,结御有一定格式,不可任意排列的。"

(3)文孝著于四科:参见(三)(4)。

(4)忠信弘于十室:《论语·公冶长篇第五》:"子曰:'十室之邑,必有忠信如丘者焉,不如丘之好学也。'"

(5)豫章:豫章,古郡名,隋开皇九年(589)罢豫章郡置洪州,治所在今江西省南昌市。

(6)《后汉书》卷七十六《循吏传·孟尝》:"(尝)迁合浦太守。郡不产谷实,而海出珠宝,与交趾比境,常通商贩,贸籴粮食。先时宰守并多贪秽,诡人采求,不知纪极,珠逐渐徙于交趾郡界。于是行旅不至,人物无资,贫者饿死于道。尝到官,革易前敝,求民病利。曾未逾岁,去珠复还。百姓皆反其业,商货流通,称为神明。"合浦,汉代郡名,治所在今广西合浦县东北。

(7)惜:底本原为"借",误,今据《四部备要》本附录改。

(8)充:岑勘:"凡官品中未列之职务,都归入差使一类,用'充'字来表示;例如'仍充管经略使兼岭南道按察使'(页六),因为经略使和按察使是官品里所无的。"经略使:唐时外官。《新唐书》卷四十九下《百官四下》:"经略使以计度为上考,集事为中考,修造为下考。"

(9)摄:岑勘:"摄,如'摄御史中丞'(页六),中唐后都用'检校'字来代替。御史台职在纠察,故凡临民的官,常依其职事高卑,给以御史大夫、御史中丞或侍御史等宪衔,以便于执行职务,清代督抚带副都御史等衔头,是由唐代传下来的。"御史中丞,《唐六典》卷十三"御史台":"御史大夫一人,从三品;中丞二人,正五品上;御史大夫之职,掌邦国刑宪、典章之政令,以肃正朝列;中丞为之贰。凡天下之人有称冤而无告者,与三司诘之。凡中外百僚主事应弹劾者,御史言于大夫,大事则方幅奏弹,小事则署名而已。若有制使覆囚徒,则与刑部尚书参择之。凡国有大礼,则乘辂车以为之导。"

(10)借紫金鱼袋:岑勘:"贞观年定令,文武入仕者皆带散位,谓之本品。文散官无正一品,由从一品才设立。它的升降,完全用来做班位、俸给、章服的制限，惟并不是依次升降，有时可以一超几阶的。……唐代则职事官的升降跟散官的升降，各为一途。其作用最要在章服；旧日官人服唯黄、紫二色，贞观四年，始诏三品以上服紫，四、五品绯，六、七品绿，八、九品青，妇人从夫之色（参《隋唐嘉话》、旧纪三及会要三一），盖承北周之制（辽史仪卫志）。高宗上元元年，又诏四品深绯，五品浅绯，六品深绿，七品浅绿，八品深青，九品浅青。这些服色系依散官为标准，不依职官为标准，劳考叙阶，相当严紧，比方执行正三品侍中、中书令职务的人（即唐的宰相），他的散官可能还是从五品下阶的朝散大夫。换句话说，职事官阶跟散官的阶，常常是不相适合的，故傅游艺以侍郎（正四品）入相而着绿，张嘉贞为中书令而着绯（尚书故实）。……服色（如绯、紫等）不依现任职事官而依散官来决定，已详前文……因之，京官散阶未及三品者有赐紫、未及五品者有赐绯之特典。武德元年，改制银鱼符。永徽二年，京官文武职事四品、五品并给随身鱼。咸亨三年，五品已上赐新鱼袋，并饰以银，三品已上各赐饰金鱼袋，装刀子、砺石一具。开元九年后，赐绯紫者例兼鱼袋（均旧书四五），因之有'赐绯鱼袋'、'赐紫金鱼袋'之名称；'绯'字'紫'字应一逗，绯、紫是指所穿官服的颜色，鱼袋是指所佩的劳什子，穿绯服的鱼袋只饰银，故略去'银'字。以上说的是'赐'。凡授都督、刺史散阶未及五品者，并听着绯佩（与佩通）鱼，离任则停（旧书四三）。又开元四年令，入蕃使别敕借绯紫者使回合停（会要三一）。以上所说的是'借'，与'赐'有别。曲江授桂州刺史兼岭南按察使的时候，散官是从四下阶的中大夫，照例可以服绯的。但他是一道的按察，服绯还嫌不够威风，所以朝廷特许他临时服用紫金鱼袋，这是'借紫金鱼袋'（页六）的说明。那种'借'法，'离任则停'，他由桂州刺史调任秘书少监时，制末没有提及借紫的话，就因为它是当然取消的。"

十三、守秘书少监[1]制

门下

中大夫、使持节都督桂州（诸）[2]军事、守桂州刺史、充当管经略使兼岭南道按察使、摄御史中丞、借紫金鱼袋、上柱国、曲江县开国男张九龄，履行高厉，含章挺生；学究而精，词丽而则；南宫[3]留其奏草，西掖[4]籍其纶言。自揽辔登涂，下车按察，五岭德化而风美，九皋声远而用闻⁽⁵⁾。足以式副虚求，允谐金属，书院综缉，必籍英儒，蓬山⁽⁶⁾典校，是资宏达。宜膺兼副之职，俾叶文明之理。可守秘书少监兼集贤院学士⁽⁷⁾，仍副知院事⁽⁸⁾，散官、封、勋如故。

开元十九年三月七日

【笺注】

（1）秘书少监：《唐六典》卷十"秘书省"："秘书省：监一人，从三品；少监二人，从四品上；丞一人，从五品上。秘书监之职，掌邦国经籍图书之事。有二局：一曰著作，二曰太史，皆率其属而修其职；（凡四部之书，必立三本，曰正本、副本、贮本，以供进内及赐人。凡敕赐人书，秘书无本，皆别写给之。）少监为之贰焉。丞掌判省事。"

（2）底本此处漏"诸"字。岑勘："门下：中大夫、使持节都督桂州军事、守桂州刺史（页七），'军事'上漏'诸'字，可参前条。"

（3）南宫：尚书省的别称。《后汉书》卷三十三《郑弘传》："建初，为尚书令……弘前后所陈有补益王政者，皆著之南宫，以为故事。"唐及以后，尚书省六部统称南宫。

（4）西掖：中书省的别称。张九龄《酬周判官兼呈耿广州》诗："既起南宫草，复掌西掖制。"

（5）《诗·小雅·鹤鸣》："鹤鸣于九皋，声闻于野。鱼潜在渊，或在于渚。乐彼之园，爰有树檀，其下维萚。它山之石，可以为错。鹤鸣于九皋，声闻于天。鱼在于渚，或潜在渊。乐彼之园，爰有树檀，其下维谷。它山之石，可以攻玉。"

（6）蓬山：秘书省的别称。王勃《上明员外启》："更掌蓬山之务，麟图缉谊。"

（7）集贤院学士：《唐六典》卷九"集贤院"："集贤院学士掌刊缉古今之经籍，以辨明邦国之大典，而备顾问应对。凡天下图书之遗逸，贤才之隐滞，则承旨而征求焉。其有筹策之可施于时，著述之可行于代者，较其才艺，考其学术，而申表之。凡承旨撰集文章，校理经籍，月终则进课于内，岁终则考最于外。"

（8）副知院事：《旧唐书》卷四十三"职官二"："副知院事一人。（初，宰相张说知院事，以左常侍徐坚为副知院事，因为故事。）"

十四、赐紫⁽¹⁾敕

敕

中大夫、守秘书少监、集贤院学士，（仍）⁽²⁾副知院事、上柱国、曲江县开国男张九龄，先任桂州都督借紫金鱼袋，宜（依）⁽³⁾前件赐紫。

开元二十年二月二十日

【笺注】

（1）赐紫：参阅（十二）（10）。

（2）岑勘："后头几个制敕均作'仍副知院事'，这里漏了'仍'字。"

（3）岑勘："'宜（或'可'）依前件'是制敕末的通套语，试看前后文，便知这里漏了'依'字。"

十五、转工部侍郎⁽¹⁾制

门下

中大夫、守秘书少监、集贤院学士、仍副知院事、上柱国、曲江县开国男、赐紫金鱼袋张九龄，识茂而远，体正而清，行兼纯一，词会风雅。密勿累年，留心于西垣⁽²⁾。澄清万里，树声于万国。秘室属书，甫流微婉之誉。公车⁽³⁾待诏，稔闻忠谠之言。更著论于会府⁽⁴⁾，仍献纳于高门。可守尚书工部侍郎，余如故。主者施行。

开元二十年　月⁽⁵⁾三日

【笺注】

（1）工部侍郎：《唐六典》卷七"尚书工部"："工部尚书一人，正三品；侍郎一人，正四品下。工部尚书、侍郎之职，掌天下百工、屯田、山泽之政令。其属有四：一曰工部，二曰屯田，三曰虞部，四曰水部；尚书、侍郎总其职务而奉行其制命。凡中外百司之事，由于所属，咸质正焉。"

（2）西垣：唐时中书省的别称。因设于宫中西掖，故称。韦应物《和张舍人夜值中书寄吏部刘员外》："西垣草诏罢，南宫忆上才。"

（3）公车：秦、汉时期掌宫门警卫、接待、传达事务的官署。《汉书》卷六十五《东方朔传》："朔文辞不逊，高自称誉，上伟之，令待诏

公车,奉禄薄,未得省见。"颜师古注:"公车令属卫尉,上书者所诣也。"《唐六典》卷九"集贤院书院":"公车,卫尉之属官,掌天下之上书。东方朔、刘向、王褒、贾捐之等待诏金马门,宦署门也。今之待制,即其事焉。"

(4) 会府:唐时尚书省的别称。白居易《除赵昌检校吏部尚书兼太子宾客制》:"夫望优四皓,然后能调护春闱;才冠六卿,然后能纪纲会府。"

(5) 岑勘:"依前后文推知为三月至八月的事。"谢本署为"五月"。

十六、知制诰⁽¹⁾敕

敕

中大夫、守尚书工部侍郎、集贤院学士、仍副知院事、上柱国、曲江县开国男、赐紫金鱼袋张九龄,宜知制诰。

开元二十年八月二十日

【笺注】

(1) 知制诰:《唐六典》卷九"中书省":"中书舍人掌侍奉进奏,参议表章。凡诏旨、制敕及玺书、册命,皆按典故起草进画;既下,则署而行之……(按:今中书舍人、给事中每年各一人监考内外官使。其中书舍人在省,以年深者为阁老,兼判本省杂事;一人专掌画,谓之知制诰,得食政事之食;余但分署制敕。六人分押尚书六司,凡有章表皆商量,可否则与侍郎及令连署而进奏。其掌画事繁,或以诸司官兼者,谓之兼制诰)。"岑勘:"中书舍人为正五品上阶职事官,本是中书省的'秘书'或'文案'。中唐后才把舍人掌管的要务,移转到差遣的翰林学士,这与都督的权限移转到差遣的节度使相同,唐代内、外官制,大抵是走着这条路线而嬗变的。故凡职事官高过或低过中书舍人的人,要他来担任中书舍人的职务,就称作'知制诰',曲江职事官已进至正四下阶之工部侍郎,固有'宜知制诰'之敕。简单地说,知制诰就是中书舍人的变名。"

十七、加正议大夫⁽¹⁾制

门下

中大夫、守尚书工部侍郎、集贤院学士、仍副知院事、(兼知制诰)⁽²⁾、上柱国、曲江县开国男、赐紫金鱼袋张九龄,才识通茂,艺能该洽,或修撰是兼,应嘉奖命;或公方克著,随所班秩;昨汾阴展礼,南面覃恩,进等升荣,抑惟常序。可正议大夫,行本官,余如故。主者施行。

开元二十一年闰三月八日

【笺注】

(1) 正议大夫:《唐六典》卷二"尚书吏部":"正四品上曰正议大夫。"

(2) 底本此处原漏"兼知制诰",今据前敕文补正。

十八、加检校中书侍郎⁽¹⁾制

门下

良才敏学,允属畴庸。西掖中台⁽²⁾,旧难其选。正议大夫、行尚书工部侍郎、集贤院学士仍副知院事、(兼知制诰)⁽³⁾、上柱国、曲江县开国男、(赐紫金鱼袋)⁽⁴⁾张九龄,

朝散大夫、(守)⁽⁵⁾中书舍人、集贤院学士、侍讲⁽⁶⁾陈希烈⁽⁷⁾等,先持风望,夙推器识;知名日久,为政必闻;顷在词司,特推雅诰;爰升侍讲,能识道文;国经代教,动多弘益;而枢近之职,择人久瞩;奏议之地,旌贤相望;属应朝典,克厌朕心。

九龄可检校中书侍郎,希烈可检校尚书工部侍郎,(余)⁽⁸⁾如故。

开元二十一年五月二十七日

【笺注】

(1) 检校:岑勘:"检校这个术语,隋已有之。一般用法本含'办理'的意义;作为未实授的称谓,也不过至玄宗朝为止(如页一一一之检校吏部侍郎)。中叶以后,凡官衔上带'检校'字样者都是虚衔,并无实在职务。"中书侍郎:《唐六典》卷九"中书省":"中书侍郎二人,正四品上。中书侍郎掌贰令之职,凡邦国之庶务,朝廷之大政,皆参议焉。凡监

轩册命大，令为之使，则持册书以授之。（若自内册，则以册书授使者。册后则奉琮、玺及绶，册太子则奉玺、绶，皆以授使者。）凡四夷来朝，临轩则受其表疏，升于四阶而奏之；若献赘币弊则受之，以授于所司。"

（2）中台：唐时指尚书省。《旧唐书》卷四十三"职官二"："尚书都省（龙朔二年，改为中台）。"

（3）底本此处原无"兼知制诰"四字，今据前敕文补正。

（4）岑勘："贞观四年，始诏三品以上服紫，四、五品绯。"正议大夫为正四品上阶，服绯，故知底本此处漏"赐紫金鱼袋"五字，今据前敕文补正。

（5）据《唐六典》，朝散大夫为从五品下阶文散官，中书舍人为正五品上阶职事官。陈希烈职事官阶高于散官官阶，故知原文此处漏"守"字。

（6）侍讲：集贤院设侍讲学士，讲论文史以备君王顾问。

（7）陈希烈：《旧唐书》卷九十七《陈希烈传》："陈希烈者，宋州人也。精玄学，书无不览。开元中，玄宗留意经义，自褚无量、元行冲卒后，得希烈与凤翔人冯朝隐，常于禁中讲《老》、《易》。累迁至秘书少监，代张九龄专判集贤院事。玄宗凡有撰述，必经希烈之手。李林甫知上眷待深异，又以和裕易制，乃引为宰相，同知政事，相行甚欢。而林甫居位日久，虽阴谋奸画足以自固，亦希烈佐佑唱和之力也。累迁兼兵部尚书、左相，封颍川郡开国公，宠遇侔于林甫。及林甫死，杨国忠用事，素忌嫉之。乃引韦见素同列，罢希烈知政事，守太子太师。希烈失恩，心颇怏怏。禄山之乱，与张垍、达奚珣同掌贼之机衡。六等定罪，希烈当斩，肃宗以上皇素遇，赐死于家。"

（8）底本此处原漏"余"字，今依唐制敕末体例补正。

十九、起复⁽¹⁾拜相制词

门下

风云之感，必生贤佐。廊庙之任，爰在柱臣。

中大夫、守京兆尹⁽²⁾、上护军⁽³⁾、赐紫金鱼袋裴耀卿⁽⁴⁾，含元精之休⁽⁵⁾，体度宏远。

正议大夫、前检校中书侍郎、集贤院学士、仍副知院事、上柱国、曲江县开国男、赐紫金鱼袋张九龄，挺生人之秀，器识通明。

并风望素高,人伦⁽⁶⁾是仰,可以叶彼寅亮⁽⁷⁾,当兹启沃⁽⁸⁾。干时⁽⁹⁾待士,既资鼎实之和⁽¹⁰⁾;为国急贤,宁惟金华⁽¹¹⁾之事。

耀卿可黄门侍郎⁽¹²⁾、同中书门下平章事⁽¹³⁾、弘文馆⁽¹⁴⁾学士,散官、勋、封如故。

九龄可起复中书侍郎、同中书门下平章事、兼修国史⁽¹⁵⁾,余如故。

主者施行。

开元二十一年十二月十四日

【笺注】

(1) 起复:岑勘:"考晋书卞壶传,'居继母丧,起复旧职',本来是起用他再给以原日职位的意思,不限定于居丧的人。到唐代则已专用于因丧停官的场合,尤其是守制未满的,跟后世的'夺情'无异。"

(2) 京兆尹:《唐六典》卷三十"三府":"京兆、河南、太原府:牧各一人,从二品(开元初,复为京兆、河南尹);尹一人,从三品(然亲王为牧,皆不知事,职务总归于尹,亦汉氏京尹之任也)。

(3) 上护军:勋名。《唐六典》卷二"尚书吏部·司勋郎中":"十转为上护军,比正三品。"

(4) 裴耀卿:《旧唐书》卷九十八《裴耀卿传》:"裴耀卿,赠户部尚书守真子也。……弱冠拜秘书正字,俄补相王府典签。……开元初,累迁长安令。……十三年,为济州刺史。……又历宣、冀二州刺史,皆有善政,入为户部侍郎。……二十年,礼部尚书、信安王祎受诏讨契丹,诏以耀卿为副。……其冬,迁京兆尹。……寻拜黄门侍郎、同中书门下平章事,充转运使,语在《食货志》。……明年,迁侍中。二十四年,拜尚书左丞相,罢知政事,累封赵城侯。……天宝元年,改为尚书右仆射,寻转左仆射。一岁薨,年六十三,赠太子太傅,谥曰文献。"

(5) 元精:指天地的精气。

(6) 人伦:指封建礼教所规定的君臣、父子、夫妇、兄弟、朋友及各种尊卑长幼关系。《孟子·滕文公上》:"人之有道也,饱食暖衣,逸居而无教,则近于禽兽,圣人有忧之,使契为司徒,教以人伦:父子有亲,君臣有义,夫妇有别,长幼有序,朋友有信。"

(7) 寅亮:恭敬信奉。《尚书正义》卷第十八《周书·周官》:"贰公弘化,寅亮天地,弼予一人。"孔安国传:"副贰三公,弘大通化。敬信天地之教，以辅我一人之治。"

（8）启沃：指竭诚开导、辅佐君王。《尚书正义》卷十《商书·说命上》："若岁大旱，用汝作霖雨。启乃心，沃朕心，若药弗瞑眩，厥疾弗瘳。"

（9）干时：犹言治世；用世。潘岳《西征赋》："思夫人之政术，实干时之良具。"

（10）鼎实之和：意谓选拔贤才居于相位。《周易正义》卷第五"鼎"："九二，鼎有实。"潘岳《金谷集作诗》："王生和鼎实，石子镇海沂。"

（11）金华：金华省之省称。金华省之门下省。刘孝绰《归沐呈任中丞昉》："步出金华省，遥望承明庐。"

（12）《唐六典》卷八"门下省"："黄门侍郎二人，正四品上。黄门侍郎掌贰侍中之职，凡政之弛张，事之与夺，皆参议焉。若大祭祀，则从升坛以陪礼；皇帝盥手，则奉巾以进；既帨，则奠巾于篚，奉匏爵以赞献。凡元正、冬至天子视朝，则以天下祥瑞奏闻。"

（13）同中书门下平章事：意谓与中书省、门下省长官协商处理政务。《旧唐书》卷四十三"职官二·中书省"："贞观十七年，李绩为太子詹事，特诏同知政事，始谓同中书门下三品。自是，仆射常带此称。自余非两省长官预知政事者，亦皆以此为名。永淳中，始诏郭正一、郭待举、魏玄同等，与中书门下同承受进旨平章事。自天后已后，两省长官及同中书门下三品并平章事，为宰相。其仆射不带同中书门下三品者，但厘尚书省而已。总章二年，东台侍郎张文瓘，西台侍郎戴至德等，始以同中书门下三品着之入衔。自是相承至今。永淳二年，黄门侍郎刘齐贤知政事，称同中书门下平章事，自后两省长官，及他官执政未至侍中、中书令者，皆称同中书门下平章事也。"

（14）弘文馆：《旧唐书》卷四十三"职官二·门下省"："弘文馆：（……武德初置修文馆，后改为弘文馆。后避太子讳，改曰昭文馆。开元七年，复为弘文馆，隶门下省。）学士：学士无员数。自武德已来，皆妙简贤良为学士。故事，五品已上称学士，六品已下为直学士，又有文学直馆学士，不定员数。馆中有四部书及图籍，自垂拱已后，皆宰相兼领，号为馆主，常令给事中一人判馆事。学生三十人，校书郎二人（从九品上）。令史二人，楷书手三十人，典书二人，拓书手三人，笔匠三人，熟纸装潢匠九人，亭长二人，掌固四人。弘文馆学士掌详正图籍，教授生徒。凡朝廷有制度沿革，礼仪轻重，得参议焉。校书郎掌校理典籍，刊正错谬。其学生教授考试，如国子学之制焉。"

（15）兼修国史《唐六典》卷九"史馆"："史馆史官（……贞观初，别置史馆于禁中，专掌国史，以他官兼领；或卑品有才，亦以直馆焉）。史官掌修国史；不虚美，不隐恶，直书其事。凡天地日月之祥，山川封域之分，昭穆继代之序，礼乐师旅之事，诛赏废兴之政；皆本于起居注以为实录，然后立编年之体，为褒贬焉。既终藏之于府。"

二十、加银青光禄大夫[(1)]中书令[(2)]制

门下

春秋之义，尚重卿才。王国克桢，莫先相位。用增其命，必正其名。

中大夫、守黄门侍郎、同中书门下平章事、弘文馆学士、上护军[(3)]、赐紫金鱼袋裴耀卿；正议大夫、中书侍郎、同中书门下平章事、（集贤院学士、仍副知院事）[(4)]、兼修国史、上柱国、曲江县开国男、赐紫金鱼袋[(5)]张九龄；经济之才，式是百辟。

正议大夫、检校黄门侍郎、上柱国、赐紫金鱼袋李林甫[(6)]，泉源之智，迪惟前人。

既枢密载光，而亲贤称首。审能群会，所莅有孚。宁惟是日畴咨，固已多年历选，国钧繄赖，邦礼允清，宜命鼎臣，置之廊庙。

耀卿可银青光禄大夫、守侍中、弘文馆学士，勋如故[(7)]。

九龄可银青光禄大夫、守中书令、集贤院学士、知院事、修国史，勋、封如故。

林甫可银青光禄大夫、守礼部尚书[(8)]、同中书门下平章事三品[(9)]，勋如故。主者施行。

开元二十二年五月二十七日

　　　　　　　　　　　都事　　　　宜一[(10)]
　　　　　　　　　　　左司郎中　　光[(11)]

尚书左丞相（缺）[(12)]

金紫光禄大夫、守尚书右丞相、集贤院学士、修国史、上柱国、徐国公嵩[(13)]

吏部尚书、上柱国武都县开国伯暠[14]
朝请大夫、检校吏部侍郎、上柱国豫[15]
吏部侍郎（缺）[16]
朝议大夫、守尚书左丞（相）、赐紫金鱼袋挺之[17]
开元二十二年五月二十七日

银青光禄大夫、守中书令、集贤院学士、知院事、修国史、上柱国、曲江县开国男臣张九龄宣
中书侍郎（缺）
朝议大夫、中书舍人内供奉、集贤院修撰、上柱国臣徐安贞奉行[18]

银青光禄大夫、守侍中、弘文馆学士、上柱国臣（裴）耀卿（宣）[19]
黄门侍郎（缺）
朝请大夫、给事中内供奉臣昱言[20]

制书如右请奉
制付外施行谨言
　　告银青光禄大夫、守中书令、集贤院学士、知院事、修国史、上柱国、曲江县开国男张九龄请授
制书如右，符到奉行
开元二十二年五月二十七日

主事　　怀琛[21]
郎中　　恽[22]
令史　　王烈[23]
书令史　姚元[24]

【笺注】
（1）银青光禄大夫：《唐六典》卷二"尚书吏部"："从三品曰银青光禄大夫。"
（2）中书令：《唐六典》卷九"中书省"："中书令二人，正三品。中书令之职，掌军国之政令，缉熙帝载，统和天人。入则告之，出则奉之，

以厘万邦，以度百揆，盖以佐天子而执大政者也。凡王言之制有七：一曰册书，二曰制书，三曰慰劳制书，四曰发日敕，五曰敕旨，六曰论事敕书，七曰敕牒。皆宣署申覆而施行焉。凡大祭祀群神，则从升坛以相礼；享宗庙，则从升阼阶；亲征篆严，则使戒敕百寮。册命亲贤，临轩则使读册；若命之于朝，则宣而授之。凡册太子，则授玺、绶。凡制诏宣传，文章献纳，皆授之于记事之官。"

（3）底本原文此处"上护军"置于"赐紫金鱼袋"之后，误，今据前敕文格式校正。

（4）底本原文此处漏"集贤院学士、仍副知院事"字样，今据前敕文格式补正。

（5）底本原文此处为"赐紫金鱼袋、上柱国、曲江县开国男"，误，"赐紫金鱼袋"应置于勋、封之后，今据前敕文格式校正。

（6）此处底本原文"上柱国"置于"赐紫金鱼袋"之后，误，今按前敕文格式校正。李林甫：《旧唐书》卷一〇六《李林甫传》："李林甫，高祖从父弟长平王叔良之曾孙。……林甫善音律，初为千牛直长，其舅楚国公姜皎深爱之。开元初，迁太子中允。……累迁国子司业。十四年，宇文融为御史中丞，引之同列，因拜御史中丞，历刑、吏二侍郎。时武惠妃爱倾后宫，二子寿王、盛王以母爱特见宠异，太子瑛益疏薄。林甫多与中贵人善，乃因中官白惠妃云：'愿保护寿王。'惠妃德之。初，侍中裴光庭妻武三思女，诡谲有材略，与林甫私。中官高力士本出三思家，及光庭卒，武氏衔哀祈于力士，请林甫代其夫位，力士未敢言，玄宗使中书令萧嵩择相，嵩久之以右丞韩休对，玄宗然之，乃令草诏。力士遽漏于武氏，乃令林甫白休。休既入相，甚德林甫，与嵩不和，乃荐林甫堪为宰相，惠妃阴助之，因拜黄门侍郎，玄宗眷遇益深。二十三（'二十三'误，当是'二十二'）年，以黄门侍郎平章事裴耀卿为侍中，中书侍郎平章事张九龄为中书令，林甫为礼部尚书、同中书门下三品，并加银青光禄大夫。"

（7）底本原文此处为"耀卿可银青光禄大夫、守中书侍郎"。岑勘："据《旧唐书》八，是年'五月，戊子，黄门侍郎裴耀卿为侍中'，戊子，二十八日；又依此制前文，耀卿是'弘文馆学士，赐紫金鱼袋、上护军'，但既进了银青光禄大夫，用不着再赐紫，合而观之，上举之文，显有错漏，应改补为'耀卿可守侍中、弘文馆学士，勋如故'，下文九龄言'勋、封如故'，李林甫言'勋如故'，可比观而知之。"

(8) 礼部尚书：《唐六典》卷四"尚书礼部"："礼部尚书一人，正三品；侍郎一人，正四品下。礼部尚书、侍郎之职，掌天下礼仪、祠祭、燕飨、贡举之政令。其属有四：一曰礼部，二曰祠部，三曰膳部，四曰主客；尚书、侍郎总其职务而奉行其制命。凡中外百司之事，由于所属，皆质正焉。凡举试之制，每岁仲冬，率与计偕。其科有六：一曰秀才，二曰明经，三曰进士，四曰明法，五曰书，六曰筭。凡正经有九：《礼记》、《左氏春秋》为大经，《毛诗》、《周礼》、《仪礼》为中经，《周易》、《尚书》、《公羊春秋》、《穀梁春秋》为小经。通二经者，一大一小，若两中经。通三经者，大、小、中各一。通五经者，大经并通。其《孝经》、《论语》、《老子》并须兼习。凡明经先帖经，然后口试并答策，取粗有文理者为通。凡进士先贴经，然后试杂文及策，文取华实兼举，策须义理惬当者为通。凡明法试律、令，取识达义理，问无疑滞者为通。凡明书试《说文》、《字林》，取通训诂，兼会杂体者为通。凡明筭试《九章》、《海岛》、《孙子》、《五曹》、《张丘建》、《夏侯阳》、《周髀》、《五经》、《缀术》、《缉古》，取明数造术，辨明术理者为通。凡此六科，求人之本，必取精究理实而升为第。其有博综兼学，须加甄奖，不得限以常科。其弘文、崇文馆学生虽同明经、进士，以其资荫全高，试取粗通文义。太庙斋郎亦试两经，文义粗通，然后补授，考满简试。其郊社斋郎简试亦如太庙斋郎。其国子监大成十员，取明经及第人聪明灼然者，试日诵千言，并口试，仍策所习业十条通七，然后补充，各授散官，依色令于学内习业，以通四经为限。"

(9) 唐初，以中书省、门下省、尚书省综理政务。中书、门下二省地处宫内，尤为机要，故常联称。中书令、侍中、尚书左右仆射三省长官并为宰相。宰相议事的政事堂初设于门下省，后移至中书省。除三省长官为当然宰相外，皇帝又指令其他官员参与朝政机密。其本官阶品较低者，则用"同中书门下平章事"的头衔，同中书门下平章事并同中书门下正三品，亦为宰相，以示其与中书令、侍中享有同等权力及待遇。

(10) 都事：唐时尚书都省属官。为辅助尚书左、右司郎中处理尚书省日常事务。《唐六典》卷一"尚书都省"："左司郎中一人，右司郎中一人，并从五品上；左司员外郎一人，右司员外郎一人，并从六品上；都事六人，从七品上（都事，本尚书都令史之职。……杨楞伽《北齐邺都故事》云：'尚书郎判事正坐，都令史侧坐，书令史过事。洛京、邺都令史皆平揖郎，由来无拜。'……隋开皇初，改都令史为都事，置八人，正八品上。皇朝置六人。自晋、宋、齐、后魏、北齐、隋，都令史置八者，当八座之数。梁、陈置五者，南朝多不置祠部尚书，当五曹之数。皇朝置六者，当六曹之数。）左、右司郎中、员外郎各掌付十有二司之事，以举正稽违，省署符目；都事监而受焉。"宜一，人名，不详。（元）王恽（秋涧老人）撰《玉堂嘉话》卷一"同诸公观唐张九龄等《诰》于玉堂，其词曰：……制可下旁作细字书某月日某时都事某"，疑"某"字之模糊脱墨而被拆作"宜一"二字。

（11）左司郎中光：左司郎中，唐时尚书都省属官。见上注（10）。岑勘："唐代官诰的格式，承办的人们多署名不署姓，有颜真卿书朱巨川告身可为例证。郎官题名考一引淳熙秘阁读法帖卷六作'光淑'，即马光淑，这里漏'淑'字。"

（12）尚书左丞相：《唐六典》卷一"尚书都省"："尚书左丞相一人，右丞相一人，并从二品。（左、右丞相，本左、右仆射也。……《宋百官阶次》云：'尚书仆射，胜右减左，望在二者之间。仆射职为执法，置二则曰左、右执法。又与列曹尚书分领诸曹郎。……开元初，改为左、右丞相。'）左、右丞相掌总领六官，纪纲百揆，以贰令之职，今则专统焉。（初亦宰相之职也。开元中，张说兼之，后罢知政，犹为丞相。自此已后，遂不知国政）。"岑勘："源干曜于开元十七年罢为左丞相，至开元廿二年五月，并未补入，依唐代官告的格式，这五个字应自为一行，下添注'缺'字。"

（13）岑勘："这是右丞相萧嵩的官衔，应另行提行，不能与'尚书左丞相'相连。"金紫光禄大夫：唐时文散官。《唐六典》卷二"尚书吏部"："正三品曰金紫光禄大夫。"尚书右丞相，参见上注。徐国公嵩：《旧唐书》卷九十九《萧嵩传》："萧嵩，贞观初左仆射、宋国公瑀之曾侄孙。……神龙元年，嵩调补洺州参军。寻而侍中、扶阳王桓彦范出为洺州刺史，见之推重，待以殊礼。景云元年，为醴泉尉。时陆象先已为中书侍郎，引为监察御史。及象先知政事，嵩又骤迁殿中侍御史。开元初，为中书舍人。与崔琳、王丘、齐澣同列，皆以嵩寡学术，未异之，而紫微令姚崇许其致远，眷之特深。历宋州刺史，三迁为尚书左丞、兵部侍郎。……十五年，……乃以嵩为兵部尚书、河西节度使，判凉州事。……又加嵩银青光禄大夫。……乃加嵩同中书门下三品，……十七年，授宇文融、裴光庭宰相，又加嵩兼中书令。自十四年燕国公张说罢中书令后，缺此位四年，而嵩居之。常带河西节度，遥领之。加集贤殿学士、知院事，兼修国史，进位金紫光禄大夫。子衡，尚新昌公主，嵩夫人贺氏入觐拜席，玄宗呼为亲家母，礼仪甚盛。寻又进封徐国公。二十一年二月，侍中裴光庭卒。光庭与嵩同位数年，情颇不协，及是，玄宗遣嵩择相，嵩以右丞韩休长者，举之。及休入相，嵩举事，休峭直，辄不相假，互于玄宗前论曲直，因让位。玄宗眷嵩厚，乃许嵩授尚书右丞相，令罢相，以休为工部尚书。寻又以嵩子华为给事中。二十四年，拜太子太师。及幽州节度使张守珪坐赇遗中官牛仙童，贬为括州刺史，嵩尝贿仙童，李林甫发之，贬青州刺史。寻又追拜太子太师，嵩又请老。嵩性好服饵，及罢相，于林园植药，合炼自适。华时为工部侍郎，衡以主婿三品，嵩皤然就养十余年，家财丰赡，衣冠荣之。天宝八年薨，年八十余，赠开府仪同三司。"

(14) 武都县开国伯昺：岑勘："按萧嵩已见前，同时大官并无别名'嵩'者其人，考新书七八，李昺于开元廿一年后由工部尚书迁吏尚，累封武都县伯，昺于嵩涉形近而讹，应改正。吏部尚书之上，仍漏了散官，也许职与散同阶。"《新唐书》卷七十八《李昺传》："孝节曾孙昺，少孤，事母孝。始为枝江丞，荆州长史张柬之曰：'帝宗千里驹，吾得其人！'累擢卫尉少卿。居母丧，柴瘠，讫除，家人未尝见言笑。与兄升、弟晕相友。开元初，为汝州刺史，政严简，有治称。昆弟縠东都候之，辄羸服往，州人无知者，其清慎举如此。四迁至黄门侍郎，检校太原以北诸军节度使。太原俗为浮屠法者，死不葬，以尸弃郊饲鸟兽，号其地曰'黄坑'。有狗数百头，习食胔，颇为人患，吏不敢禁。昺至，遣捕群狗杀之，申厉禁条，约不再犯，遂革其风。二十一年，以工部尚书持节使吐蕃，既还，金城公主请明疆场，表石赤岭上，盟遂坚定。还，以奉使有指，再迁吏部。昺，美风仪，以庄重称，当时有宰相望。累为太子少傅、武都县伯。卒，赠益州大都督。"

(15) 上柱国豫：岑勘："此是席豫，字建侯，后来避代宗讳，以建侯行，可参姓纂四校记一〇〇八页。"《元和姓纂》卷十："《旧书》一九〇中，席豫，湖州刺史固七世孙。又《新书》一二八，豫字建侯，今《精舍碑》称豫或建侯，《郎官柱》均称建侯，盖后来避讳，用其字也，此称建不合，应补'侯'字，下同。"《旧唐书》卷一九〇《席豫传》："席豫，襄阳人，湖州刺史固七世孙，徙家河南。豫进士及第。开元中，

九龄风度与盛唐气象

累官至考功员外郎，典举得士，为时所称。三迁中书舍人，与韩休、许景先、徐安贞、孙逖相次掌制诰，皆有能名。转户部侍郎，充江南东道巡抚使，兼郑州刺史。入为吏部侍郎，玄宗谓之曰：'卿以前为考功，职事修举，故有此授。'豫典选六年，复有令誉。天宝初，改尚书左丞。寻检校礼部尚书，封襄阳县子。玄宗幸温泉宫，登朝元阁赋诗，群臣属和。帝以豫诗为工，手制褒美曰：'览卿所进，实诗人之首出，作者之冠冕也。'……七载，卒于位，时年六十九。"

（16）岑勘认为，本敕文签署部分中的"吏部侍郎""中书侍郎""黄门侍郎"，"以上三条，均应自成一行，因当时缺未补入之故，与下文'朝议大夫''朝请大夫'等不能相连为一行，应改正"。

（17）底本此处原文"守尚书左丞"漏"相"一字，今据唐官职补正。挺之：岑勘："即严挺之，两唐书都有传。"《旧唐书》卷九十九《严挺之传》："严挺之，华州华阴人。叔父方巘，景云中户部郎中。挺之少好学，举进士。神龙元年，制举擢第，授义兴尉。遇姚崇为常州刺史，见其体质昂藏，雅有吏干，深器异之。及崇再入为中书令，引挺之为右拾遗。……开元中，为考功员外郎。典举二年，大称平允，登科者顿减二分之一。迁考功郎中，特敕又令知考功贡举事，稍迁给事中。……出为登州刺史、太原少尹。……寻迁濮、汴二州刺史。……二十年，毛仲得罪赐死，玄宗思曩日之奏，擢为刑部侍郎，深见恩遇，改太府卿。与张九龄相善，九龄入相，用挺之为尚书左丞，知吏部选，陆景融知兵部选，皆为一时精选。时侍中裴耀卿、礼部尚书李林甫与九龄同在相位。九龄以词学进，入视草翰林，又为中书令，甚承恩顾。耀卿与九龄素善。林甫巧密，知九龄方承恩遇，善事之，意未相与。林甫引萧炅为户部侍郎，尝与挺之同行庆吊。客次有《礼记》，萧炅读之曰：'蒸尝伏猎。'炅早从官，无学术，不识'伏腊'之意，误读之。挺之戏问，炅对如初。挺之白九龄曰：'省中岂有"伏猎侍郎。"'由是出为岐州刺史，林甫深恨之。九龄尝欲引挺之同居相位，谓之曰：'李尚书深承圣恩，足下宜一造门款狎。'挺之素负气，薄其为人，三年，非公事竟不私造其门，以此弥为林甫所嫉。及挺之嘱蔚州刺史王元琰，林甫使人诘于禁中，以此九龄罢相，挺之出为洺州刺史，二十九年，移绛郡太守。……林甫奏授员外詹事，便令东京养疾。挺之素归心释典，事僧惠义。及至东都，郁郁不得志，成疾。自为墓志曰：'天宝元年，严挺之自绛郡太守抗疏陈乞，天恩允请，许养疾归闲，兼授太子詹事。前后历任二十五官，每承圣恩，尝忝奖擢，不尽驱策，驽骞何阶，仰答鸿造？春秋七十，无所展用，为人士所悲。其年九月，寝疾，终于洛阳某里之私第。十一月，葬于大照和尚塔次西原，礼也。尽忠事君，叨载国史，勉拙从仕，或布人谣。陵谷可以自纪，文章焉用为饰。遗文薄葬，敛以时服。'"

（18）《唐六典》卷九"集贤院书院"："修撰官，校理官（同直学士，无常员，以他官兼之。又有留院官、检讨官，皆以学术，别敕留之）。"《旧唐书》卷一九〇《徐安贞传》："徐安贞者，信安龙丘人。尤善五言诗。尝应制举，一岁三擢甲科，人士称之。开元中，为中书舍人、集贤院学士。上每属文及作手诏，多命安贞视草，甚承恩顾。累迁中书侍郎。天宝初卒。"

（19）底本原文此处"耀卿"前漏姓"裴"字，"耀卿"后漏"宣"字，今据上文"张九龄宣"格式补。

（20）朝请大夫、给事中内供奉臣昱言：岑勘："此与'黄门侍郎'不能相连为一，已见前条。昱即前文开元九年之王昱（页一），又前引《旧书》四三，给事中署名制敕，'给侍'乃'给事'之误，故此制以昱名殿末。""给事中"，底本原文误作"给侍中"，今据唐官职改正。

（21）主事：此指尚书吏部主事。《唐六典》卷二"尚书吏部"："主事四人，从八品下。"怀琛：人名，不详。

（22）郎中惲：岑勘："是吏部郎中徐惲。见郎官题名考三。"《唐六典》卷二"尚书吏部"："郎中二人，从五品上；……郎中一人，掌考天下文吏之班、秩、品、命。……郎中一人，掌小选。凡未入仕而吏京司者，复分为九品，通谓之行署。其应选之人，以其未入九流，故谓之流外铨，亦谓之小铨。其校试铨注，与流内铨略同。其在吏部、兵部、考功、都省、御史台、中书、门下，是为'前行要望'，目为'七司'；其余则曰'后行闲司'。"

（23）令史：唐时省、部、台、院均有令史、书令史，具体办理文案工作。此指尚书吏部令史。《唐六典》卷二"尚书吏部"："令史三十人。"王烈：人名，不详。

（24）书令史：此指尚书吏部书令史。《唐六典》卷二"尚书吏部"："书令史六十人。"姚元：人名，不详。

附录：

（元）王恽（秋涧老人）撰《玉堂嘉话》卷一：

同诸公观唐张九龄等《诰》于玉堂，其词曰："门下。《春秋》之义，尚重乡才。王国克桢，莫先相位；用增其命，必正其名。中大夫、守黄门侍郎、同中书门下平章事、宏文馆学士、赐紫金鱼袋、上护军裴耀卿，正议大夫、中书侍郎、同中书门下平章事、集贤院学士、副知院事、兼修国史、赐紫金鱼袋、上柱国、曲江县开国男张九龄（按：秋涧老人所见张九龄此《诰》为《加银青光禄大夫中书令制》，其所见制文中的"赐紫金鱼袋"均置于勋、封之前，与《四部丛刊》本《曲江集》所附录之制文相同，然今存《曲江集》附录《转工部侍郎制》《知制诰敕》《加正议大夫制》《起复拜相制词》中"赐紫金鱼袋"均置于勋、封之后，为何《加银青光禄大夫中书令制》将"赐紫金鱼袋"置于勋、封之前？甚为可疑），经济之才，式是百辟。正议大夫、检校黄门侍郎、赐紫金鱼袋、上柱国李林甫，泉源之智，迪惟前人。既枢密载先，而亲贤称首。审能群会，所苾有孚。宁惟是日畴咨，故以多年历选。国钧厶赖，邦礼克清，宜命曰鼎臣，置之廊庙。耀卿可银青光禄大夫，守侍中、学士，勋如故；九龄可银青光禄大夫，守中书令、学士、知院事、修国史，勋、封如故；林甫可银青光禄大夫，守吏部尚书、同中书门下三品，勋、封如故。主者施行。开元二十二年五月二十七日。上用尚书吏部之印凡五颗。制可下旁作细字书某月日某时都事某左司郎中光。以后细衔，相臣与部官同列，去姓而名，名作大字，署曰尚书左丞相，曰金紫光禄、守尚书右丞相、集贤院学士、修国史、上柱国徐国公嵩，曰吏部尚书、上柱国、武都县开国伯□，曰朝请大夫、检校吏部侍郎、上柱国璿，曰吏部侍郎、曰朝议大夫、守尚书左丞、赐紫金鱼袋挺之。后书年月日，印同前。后梢下以细衔书银青光禄大夫、守中书令、集贤院学士、知院、兼修国史、上柱国、曲江县开国男臣张九龄宣，曰中书侍郎、曰朝议大夫、中书舍人、内供奉集贤院修撰、上柱国臣徐安贞奉行。复作高行细衔曰银青光禄大夫、守侍中、宏文馆学士、上柱国臣耀卿，曰黄门侍郎、曰朝请大夫、给事中、内供奉臣昱等言。复大字与衔平头书制书如右，请奉制付外施行。谨言。复大字与前平书告银青光禄大夫、守中书令、集贤院学士、知院事、兼修国史、上柱国、曲江县开国男张九龄奉被制书如右符到奉行。自'告'字已下作五行，用印二十九颗，唯'制'字上空，后上与前平头书郎中恽，下细字书主事怀琛、令史王烈、书令史姚元。开元二十二年五月二十一日,下印同前。用告用柿黄斗底绫作卷,凡七幅,上上约一尺。"

二十一、(御注考词)⁽¹⁾

银青光禄大夫、守中书令、集贤院学士、(知院事)⁽²⁾、修国史、上柱国、曲江县开国男张九龄,开元二十三年正月日在中书省考

右

御注(考)⁽³⁾词云:允厘大政,财成物宜;利器无前,明心皆照;临事能断,输忠必尽;况识贯今古,思周变通;寰宇乂安,斯人是赖。考中上⁽⁴⁾。

以前右丞相嵩奏准,令京官三品以上考奏裁,臣等各得所由司牒报功状如前。

敕旨上考依注,余并中中。

金紫光禄大夫、守尚书右丞相、集贤院学士、修国史、上柱国徐国公嵩奉

敕旨如右,符到奉行

开元二十三年二月五日

尚书考功

银青光禄大夫、守中书令、集贤院学士、(知院事)⁽⁵⁾、修国史、上柱国、曲江县开国男张九龄牒奉

敕旨如右,今以状牒,牒至准

敕故牒

开元二十三年二月五日

令史　寿⁽⁶⁾

【笺注】

(1)此标题为笺注者后加。唐玄宗给大臣课最的考词,后文有曲江公"开元二十三年在中书省日"(二十四)和"开元二十四年在尚书省日"(二十六)两段文字,文中均标明为"御注考词",故此以"御注考词"作标题,下同,不赘。

(2)据《唐六典》卷九"集贤殿书院":"学士(五品以上为学士,

每以宰相为学士者知院事。初，张说为中书令知院，制以右常侍徐坚副之，自尔常以近密官为副，兼判院）。"据前《加银青光禄大夫中书令制》文，曲江公以中书令知院事，可知底本此处漏"知院事"三字，今补正。

（3）底本此处漏"考"一字，今补正。参阅上文（1）。

（4）中上：据《唐六典》卷二"尚书吏部"，唐时由吏部考功郎中、员外郎掌内外文武官吏之考课，以"四善""二十七最"为考裁标准，"一最以上有四善为上上；一最以上有三善，或无最而有四善为上中；一最以上有二善；或无最而有三善为上下；一最以上有一善，或无最而有二善为中上；一最以上，或无最而有一善为中中；职事粗理，善最弗闻为中下；爱憎任情，处断乖理为下上；背公向私，职务废阙为下中；居官诐诈，贪浊有状为下下。若于善最之外别可嘉尚，及罪虽成殿、情状可矜，虽不成殿而情状可责者，省校之日，皆听考官临时量定。"参阅前文"加朝散大夫诰"（二）（12）"课最"条。

（5）底本此处漏"知院事"三字，今补正。

（6）寿：人名，不详。

二十二、加金紫⁽¹⁾光禄大夫制

门下

功宣帝载，大任所以寄贤；道到时雍，宠章所以褒德。

银青光禄大夫、（守）⁽²⁾中书令、集贤院学士、（知院事）⁽³⁾、修国史、上柱国、曲江县开国男张九龄

银青光禄大夫、守礼部尚书、同中书门下三品、上柱国李林甫

并明识远图，资忠履孝；自升枢近，咸竭至诚；每于协契，同心则词；上和气说，言造膝则；忠尽嘉谋，既成开济之美，且多弘益之实；属礼展躬耕，功参翼赞；宜崇班秩出命，式想勋庸之典。并可金紫光禄大夫，余如故。主者施行。

开元二十三年三月五日

【笺注】

（1）"金紫"，底本此处原作"紫金"，误，今校正。

（2）底本原文此处漏一"守"字。唐时银青光禄大夫是从三品文散官，中书令是正三品职事官，职事官官阶高于散官官阶，故应在职事官衔

前加"守"字。

(3) 底本原文此处曲江官衔漏"知院事",今据前《加银青光禄大夫中书令制》(二十)文补正。

二十三、封始兴县并国子食邑四百户⁽¹⁾制

(门下)⁽²⁾

金紫光禄大夫、中书令、集贤院学士、(知院事)⁽³⁾、修国史、上柱国、曲江县开国男张九龄

右可进封始兴县开国子食邑四百户

五等之制,七命⁽⁴⁾所崇,苟非大贤,孰延懋赏。金紫光禄大夫、侍中、弘文馆学士、(上护军)⁽⁵⁾裴耀卿等,忠规亮节,始终不渝。或业盛台阶,且协赞于三军⁽⁶⁾;或才优国华,咸允厘于庶绩。属农祥,展礼赋,并颁恩。宜膺誓河之典,以绍景风⁽⁷⁾之候。可依前件,主者施行。

开元二十三年三月九日

【笺注】

(1) 始兴县开国子食邑四百户:《旧唐书》卷九十九《张九龄传》:"张九龄,字子寿,一名博物。曾祖君政,韶州别驾,因家于始兴,今为曲江人。"韶州治所于曲江。张氏于始兴、曲江均有房产。开国子,即开国县子,唐时爵位,正五品上阶。食邑四百户为"食实封",参阅《封曲江县开国男食邑三百户敕》(五)(1)。

(2) "门下"二字,底本置于下文"五等之制"之前,今按唐制敕格式移置开首。

(3) 底本此处曲江公官衔漏"知院事"三字,今据前制敕文补正。

(4) 七命:《周礼注疏》卷第十八《春官·大宗伯》:"以九仪之命,正邦国之位。壹命受职,再命受服,三命受位,四命受器,五命赐则,六命赐官,七命赐国。"郑玄注:"王之卿六命,出封加一等者。郑司农云:'出就侯伯之国。'"贾公彦疏:"此后郑先郑所云,皆据典命而言。以其王之卿六命,出封加一等即七命,是侯伯之国者也。"

(5) 底本此处裴耀卿官衔漏"上护军"三字,今据前制敕文补正。

(6) 三军:《周礼注疏》卷第二十八《夏官·司马》:"凡制军,万有二千五百人为军。王六军,大国三军,次国二军,小国一军。"诸侯大国

三军：中军最尊，上军次之，下军又次之。一军一万二千五百人，三军合三万七千五百人。

（7）景风：四时祥和之风。

二十四、（御注考词）(1)

金紫光禄大夫、中书令、(集贤院学士、知院事)(2)、修国史、(上柱国)(3)、始兴县开国子张九龄，开元二十三年在中书省日

御注考词云：今之中书，持我大政。事之所制，不以为难。义之所在，必谈其奥。乃心甚勤，文章经国，畴以为让。考中上。

【笺注】
（1）此标题为笺注者根据本文内词后加。
（2）底本此处曲江公官衔漏"集贤院学士、知院事"，今据前制敕文补正。
（3）底本此处曲江公勋衔漏"上柱国"，今据前制敕文补正。

二十五、充右丞相制

门下
燮理阴阳(1)，仪刑端揆。自非人杰，孰副金谐(2)。
金紫光禄大夫、侍中、弘文馆学士、上柱国、稷山县(3)开国男裴耀卿，才实国卿，望为人范，怀匪躬之节，竭奉上之心。
金紫光禄大夫、中书令、集贤院学士、（知院事）(4)、修国史、上柱国、始兴县开国子张九龄，器识宏远，文辞博达，负经纬之量，有谋猷之能。自翼赞台，阶彝伦攸。叙直道之心弥固，謇谔之操逾坚。
并可以仪范百僚，缉熙庶绩，宜处掖垣之任，得列官师之长。耀卿可守尚书左丞相，九龄可（守）(5)尚书右丞相，散官、勋、封如故。主者施行。

开元二十四年十一月二十七日

金紫光禄大夫、尚书右丞相、上柱国、始兴县开国子张九龄，开元二十四年在尚书省日

御注考词云：才称命代，道可济时；自乎弼亮(6)，刑于端揆。可

中上。

【笺注】

(1) 燮理阴阳：意谓大臣辅佐天子治理国事，协和上下、君臣、君民、夫妻等关系。《尚书正义》卷第十八《周官》："立太师、太傅、太保，兹惟三公，论道经邦，燮理阴阳。"孔安国传："此惟三公之任，佐王论道以经纬国事。和理阴阳言有德乃堪之。"

(2) 佥谐：即"佥曰""汝谐"之省。《尚书正义》卷第三《舜典》："帝曰：'畴若予工。'佥曰：'垂哉。'帝曰：'俞。'咨垂，汝共工。垂拜稽首，让于殳斨暨伯与。帝曰：'俞。往哉，汝谐。'"孔颖达等疏："汝能谐和此官。"佥，众，皆。

(3) "稷山县"底本原文作"稜山县"。岑勘："这一封爵，旧、新唐书耀卿本传均没有记入，惟见于石刻的裴光庭碑，可惜石刻县名上一字恰又磨灭。今考唐无稜山县，稷山县属河东道绛州，正是耀卿本籍地方，因形近而讹，集和碑都可依此来订补。"

(4) 底本此处原文曲江公官衔漏"知院事"，今据前敕文补正。

(5) 此处底本原文漏"守"字。唐时金紫光禄大夫为正三品文散官，尚书左丞相、右丞相，并为从二品职事官，前文有"耀卿可守尚书左丞相"，故此处亦应在曲江公职事官衔前加"守"字。

(6) 弼亮：《尚书正义》卷第十九《毕命》："弼亮四世，正色率下。"孔安国传："言公勉行德能，勤小物辅佐文、武、成、康四世，为公卿正色。"

二十六、除荆州长史(1)制

门下

含弘光大，是为国体。弃瑕录用，乃曰朝经(2)。

金紫光禄大夫、(守)(3)尚书右丞相、上柱国、始兴县开国子张九龄，幸以才术，特从任使。台衡之地，受寄以深。端揆之职，增荣亦至。而不能乃心夙夜与进用，旋慕近小人亏于大德，素所引用险诐(4)，遂彰令于缪官，自贻伊戚。可行荆州大都督府长史，散官、勋、封如故，即驰驿赴任。主者施行。

开元二十五年四月二十日

【笺注】

（1）除：底本原文作"赴"。岑勘："'赴'字误，应正作'除'。"荆州长史，即文中"荆州大都督府长史"之省称。《旧唐书》卷四十四《职官三》载，唐时大都督府设大都督一员，从二品；长史一人，从三品。大都督多为皇室成员遥领，事务由长史代理。

（2）朝经：朝廷的典章制度。

（3）底本原文此处漏"守"字，今据前制文补正。

（4）险诐：指阴险邪僻之人。《旧唐书》卷九十九《张九龄传》："初，九龄为相，荐长安尉周子谅为监察御史。至是，子谅以妄陈休咎，上亲加诘问，令于朝堂决杀之。九龄坐引非其人，左迁荆州大都督府长史。"

二十七、封始兴县伯（食邑五百户）⁽¹⁾制

门下⁽²⁾

金紫光禄大夫、（行）⁽³⁾荆州大都督府长史、上柱国、始兴县开国子张九龄

右可封始兴县开国伯，食邑五百户。

稽古丕训，封建诸侯，所以褒崇有德为国之屏。金紫光禄大夫、（行）⁽⁴⁾荆州大都督府长史、上柱国、始兴县开国子张九龄，弘才达识，资忠履信，或当枢近，早有令闻；或践崇班，每成政绩。自中及外，既文且武。克懋厥猷，不懈于位属，礼备徽称，覃恩庶僚。宜加井邑之封，永固山河之业；率由典则，贻尔子孙，税粮丁役，一皆除免。可依前件，主者施行。

开元二十七年七月二十二日

【笺注】

（1）始兴县伯：唐封爵名。《旧唐书》卷九十九《张九龄传》："二十三年，加金紫光禄大夫，累封始兴县伯。李林甫自无学术，以九龄文行为上所知，心颇忌之。乃引牛仙客知政事，九龄屡言不可，帝不悦。二十四年，迁尚书右丞相，罢知政事。后宰执每荐引公卿，上必问：'风度得如九龄否？'故事皆搢笏于带，而后乘马，九龄体羸，常使人持之，因设笏囊。笏囊之设，自九龄始也。"岑勘："尚有一点须阙疑待考的，《旧书》

四三说:'七曰县伯,正四品,食邑七百户。八曰县子,正五品,食邑五百户。九曰县男,从五品,食邑三百户。'《新书》四六同。今据诰命所载,九龄封曲江县开国男,食邑三百户(页二),与《旧书》相合,惟始兴县子食邑四百户(页一四),始兴县伯食邑五百户(页一七),则数目不符,疑《旧书》之数,只是最高限度也。"

(2)"门下"底本原置于"稽古丕训"之前,今据唐敕制格式置于开首。

(3)底本此处原文漏"行"字,今据唐敕制格式补正。

(4)底本此处原文亦漏"行"字,今据唐敕制格式补正。

二十八、赠司徒[1]制

正大厦者柱石之力,昌帝业者辅相之臣,生则保其雄名,殁乃称其盛德,饰终未允于人望,加赠实存乎国章。

故中书令张九龄,维岳降神,济川作相。开元之际,寅亮成功;谠言[2]定其社稷,先觉合于蓍龟[3]。永怀贤弼,可谓大臣。竹帛犹存,樵苏必禁,爰从八命之秩[4],更进三台之位[5]。可赠司徒[6]。

【笺注】

(1)司徒:《唐六典》卷一"三师":"太尉一人,正一品;司徒一人,正一品;司空一人,正一品。三公,论道之官也。盖以佐天子,理阴阳,平邦国,无所不统,故不以一职名其官。然周、汉已来,代存其任。自隋文帝罢三公府僚,皇朝因之,其或亲王拜者,亦但存其名位耳。"

(2)谠言,正直、慷慨之言。《旧唐书》卷九十九《张九龄传》:"九龄为中书令时,天长节百僚上寿,多献珍异,唯九龄进《金镜录》五卷,言前古兴废之道,上赏异之。"

(3)《旧唐书》卷九十九《张九龄传》:"时范阳节度使张守珪以裨将安禄山讨奚、契丹败衄,执送京师,请行朝典。九龄奏劾曰:'穰苴出军,必诛庄贾;孙武教战,亦斩宫嫔。守珪军令必行,禄山不宜免死。'上特舍之。九龄奏曰:'禄山狼子野心,面有逆相,臣请因罪戮之,冀绝后患。'上曰:'卿勿以王夷甫知石勒故事,误害忠良。'遂放归藩。……至德初,上皇在蜀,思九龄之先觉,下诏褒赠,曰:'正大厦者柱石之力,昌帝业者辅相之臣。生则保其荣名,殁乃称其盛德,节终未允于人望,加赠实存乎国章。故中书令张九龄，维岳降神，济川作相，开元之际，寅亮成功。谠言定其社稷，先觉合于蓍策，永怀贤弼，可谓大臣。竹帛犹存，樵苏必禁，爰从八命之秩，更进三台之位。可赠司徒。'仍遣使就韶州致祭。"

（4）八命之秩：《周礼注疏》卷第十八《春官·大宗伯》："以九仪之命，正邦国之位。壹命受职，再命受服，三命受位，四命受器，五命赐则，六命赐官，七命赐国，八命作牧。"郑玄注："谓侯伯有功德者，加命得专征伐于诸侯。郑司农云，一州之牧，王之三公，亦八命。"

（5）三台之位：指台辅之位。汉代称尚书为中台，御史为宪台，谒者为外台，合称"三台"。后称丞相为大司徒、太尉为大司马、御史大夫为大司空，合称"三公"。唐龙朔二年，改尚书都省为中台，改门下省为东台，改中书省为西台（见《旧唐书》卷四十三《职官二》）。

（6）底本"按：赠司徒，《旧史》为'至德初，上皇在蜀，思九龄之先觉，下诏云云。乃遣使就韶州致祭。'《新史》云：'德宗建中元年，贤九龄风烈，赠司徒。'考之本纪，玄宗以天宝十五年七月庚辰至蜀郡，八月癸未，朔，赦天下。癸巳，灵武使至，知太子即位。丁酉，称上皇，诏称诰。己亥，临轩册。肃宗自庚辰至己亥，仅二十日，且蒙尘之余，固无暇赠典神道碑。但言发使至韶州吊祭而已。《新史》盖据《碑》也。其赠司徒，当以建中为正。赵德麟《杂录》云：'明皇在蜀，每思张曲江，则泪下。遣使韶州祭之，兼赍货帛，以恤其家。'其诰刻白山屋壁下。"

九龄风度与盛唐气象

张九龄诗歌补遗系年

临泛东湖时任洪州

郡庭日休暇,湖曲邀胜践。乐职在中和,灵心挹上善。乘流坐清旷,举目眺犹缅。林与西山重,云因北风卷。晶明画不逮,阴影镜无辨。晚秀复芬敷,秋光更遥衍。万族纷可佳,一游岂能展。羁孤忝邦牧,顾已非时选。良公世不容[8],长孺心亦褊。永念出笼絷,常思退疲蹇。岁徂风露严,目恐兰若剪。佳辰不可得,良会何其鲜。罢兴还江城,闭关聊自遣。

【按】

此诗成化九年本《张子寿文集》(以下简称成化本)不载,明嘉靖十五年湛若水序、邓一新翻梓本《唐丞相曲江张先生文集》卷二最早收录。何格恩《张曲江诗文事迹编年考》(以下简称【何考】)。据"晚秀复芬敷,秋光更遥衍",认为"似当作于秋间",系开元十五年。刘思翰校注《曲江集》(以下简称【刘注】)、顾建国《张九龄年谱》(以下简称【顾谱】)、熊飞《张九龄集校注》(以下简称【熊注】)均从【何考】。此诗据诗题可知为洪州任内作,然具体年月难考。查《曲江集》附录诰命,曲江公于开元十五年三月十三日始授洪州刺史,开元十八年七月三日转桂州刺史兼岭南按察使,故系此诗于开元十五年至开元十七年(727—729)之间作。东湖:《新唐书》卷四一《地理志》洪州南昌县:"县南有东湖。"《方舆胜览》卷十九江西路隆兴府(即豫章郡):"东湖,在郡东南,周广五里。"(清)王闿运《王闿运手批唐诗选》评曰:理语不迁。

始兴南山下有林泉常卜居焉荆州卧病有怀此地

出处各有在,何者为陆沉?幸无迫贱事,聊可祛迷襟。世路少夷坦,孟门未岖嶔。多惭入火术，常惕履冰心。一跌不自保，万全焉可寻？行行念归路，眇眇惜光阴。浮生如过隙，先达已吾箴。敢忘丘山施，亦云年病侵。力衰在所养，时谢良不任。但忆旧栖息，愿言遂窥临。云间目孤秀，山下面清深。萝茑自为幄，风泉何必琴。归此老吾老，过当日千金。

【按】

此诗"成化本"不载，明嘉靖十五年湛若水序、邓一新翻梓本《唐丞相曲江张先生文集》卷二最早收录。【何考】【刘注】均系开元二十七年（739）。【顾谱】唐玄宗开元二十七年乙卯按："此诗既作荆州任上，又在'年病侵'之时，诗中思乡归隐之心绪尤浓，联系诗人明年春即有南归展墓之行，姑系于本年冬中岁尾。"始兴：古郡名。孙吴分桂阳郡设置始兴郡，治曲江。在今广东韶关市。（清）梁炯编《张曲江先生诗抄》卷一评曰：岩壑幽邃之致，宛然自然。

洪州西山祈雨，是日辄应，因赋诗言事

兹山蕴灵异，走望良有归。丘祷亦已久，盱心难重违。迟明申藻荐，先夕旅岩扉。独宿云峰下，萧条人吏稀。我来不外适，幽抱自中微。静入风泉奏，凉生松栝围。穷年滞远想，寸晷阅清晖。虚美怅无属，素情缄所依。诡随嫌弱操，羁束谢贞肥。义济亦吾道，诚存为物祈。灵心欻以应，甘液幸而飞。闭阁且无责，随车安敢希。多惭德不感，知复是耶非。

【按】

此诗"成化本"不载。《文苑英华》卷一五三录为公诗，题为《西山祈雨》，"是日"以下为小字。

《唐文粹》《四部备要》诗题"西山"前有"洪州"二字。明刻《二张集》收录。明崇祯十一年戊寅张起龙江西宜黄刻本《唐丞相曲江张先生文集》卷之三末最早据《唐文粹》增补是诗，诗题作《洪州西山祈雨是日即应赋诗言事》，注"此诗旧本遗之，今补入，载《唐文粹》拾陆卷中"。温汝适《曲江集考证》卷下指出，此诗原出《文苑英华》，亦见《唐文粹》。【何考】唐玄宗开元十八年庚午（730）认为："此诗当作于洪州任内，至迟在七月三日以前。"【熊注】系开元十五年。【刘注】认为

"此洪州刺史任上之作,今系于开元十六年冬。"【顾谱】认为"'刘著'系于开元十六年冬,盖误。祈雨之仪,多以春夏行之",系开元十六年春巡县后。开元十五年夏,洪州"淫雨不止",曲江公作《祭洪州城隍神文》,是年秋冬不行祈雨。以上诸家此诗系年多属臆测。据《曲江集》附录诰命,曲江公于开元十五年三月十三日始授洪州刺史,公开元十八年七月三日转授桂州刺史兼岭南按察使,姑系于公开元十六年(728)至开元十八年(730)之间洪州任内作,以俟续考。

（明）钟惺、谭元春编选《唐诗归》卷五钟云:排律中带些古诗,非初盛唐高手,不能意脉厚远,本难于轻透者,然与其隔一层,郁而不快,反不如轻透之作,欲免此病,须着心看此等作。谭云:排律至此,入神入妙。("迟明"句下)钟云:藻字新。("独宿"二句下)谭云:叙事不板不滞。("我来"二句下)谭云:祈雨诗只似幽居诗妙,此法可与知者言。钟云:自起句至此,读者皆以为古诗。("诚存"句下)谭云:实际。("灵心"二句下)谭云:前辈亦轻妙如此。钟云:不从起处至此,不知古人长律之妙,亦有不用事者,彼谓一虚者,必一实□,然自废矣!

（明）邢昉《唐风定》卷十八上:叙事雅澹高素,绝无排律蹊径,曲江本色如是。

奉和圣制途次陕州作

驰道当河陕,陈诗问国风。川原三晋别,襟带两京同。后殿函关尽,前旌阙塞通。行看洛阳陌,光景丽天中。

【按】

此诗"成化本"不载。明刻《二张集》最早收录。又见《四部备要》本及温汝适校本《曲江集》(简称温校本,收入《广东丛书》第一辑)。《张说之集》卷三有《奉和圣制途次陕州应制》及附录御制《途次陕州》。当是同时唱和之作。【何考】唐玄宗开元十二年甲子(724):"疑为冬幸途中所作。"唐玄宗《途次陕州》诗曰:"境出三秦外,途分二陕中。山川入虞虢,风俗限西东。树古棠阴在,耕余让畔空。鸣笳从此去,行见洛阳宫。"张说、曲江公均有奉和应制诗。据《资治通鉴》唐纪载,张说卒于开元十五年。开元十五年以前,唐玄宗自西京幸东都共三次:一次于开元五年正月,二次于开元十年正月,三次于开元十二年十一月。开元四年曲江公"不协时宰,方属辞病,拂衣告归"。开元十年正月与玄宗诗句"耕余让畔空"不相合。唯有开元十二年十一月幸东都,既与玄宗诗中之时令相合,又满足张说诸人均在场唱和之条件。故系于是年作(参阅顾建国《张九龄诗歌系年续考》,《淮阴师范学院学报》1999年第5期)。

晚憩王少府东阁

披轩肆浏览,云壑见深重。空水秋弥净,林烟晚更浓。坐隅分洞府,檐际列群峰。窈窕生幽意,参差多异容。还惭大隐迹,空想列仙踪。赖此升攀处,萧条得所从。

【按】

此诗"成化本"不载。明刻《二张集》最早收录。又见《全唐诗》卷四十九及《四部备要》本。【何考】系开元五年(717)作。【刘注】、【顾谱】从之。王少府:似指曲江县尉王履震(参见《曲江集》卷三《晚霁登王六东阁》)。

登总持寺阁

香阁起崔嵬,高高沙版开。攀跻千仞上,纷诡万形来。草间商君陌,云重汉后台。山从函谷断,川向斗城回。林里春容变,天边客思催。登临信为美,怀远独悠哉。

【按】

此诗"成化本"不载。《文苑英华》卷二二三收录。又见《全唐诗》卷四十九、"温校本"卷之三。【何考】唐玄宗开元二十五年丁丑(737):"总持寺阁为西京之名胜,此诗当作于贬荆州以前,最迟当在本年春。"【刘注】:"观诗中'登临信为美,怀远独悠哉'之句,当是初游京都而仕途不得志之作。今系于开元四年春。"【顾谱】从之。【熊注】认为"应为九龄早年之作,很可能作于长安二年(702)进士举前后"。总持寺:在长安城南永阳坊。隋大业三年建,初名大禅定寺,武德元年改名总持寺

（详见宋敏求《长安志》卷第十唐京城四·皇城之西十三坊·永阳坊）。

答王维

荆门怜野雁，湘水断飞鸿。知己如相忆，南湖一片风。

【按】

此诗"成化本"不载。清雍正十三年公后裔张世纬、张世绩、张世纲韶州重刻祠堂本《唐丞相曲江张文献公集》卷三末最早收录。又见《四部备要》本卷三与"温校本"卷三。《王右丞集》卷之七《寄荆州张丞相》："所思竟何在？怅望深荆门。举世无相识，终身思旧恩。方将与农圃，艺植老邱园。目尽南飞鸟，何由寄一言。"【刘注】："此诗当是开元二十八年春由荆州南归展墓途中所作。"【顾谱】从之。

曲江公诗云："荆门怜野雁，湘水断飞鸿。知己如相忆，南湖一片风。"其作于荆州任上明矣。据陈铁民先生所考，王维于"开元二十五年(737)秋，赴河西节度使幕为监察御史兼节度判官；二十八年冬(740)，以殿中侍御史知南选，自长安经襄阳、郢州、夏口至岭南"（见《唐才子传笺注·王维》）。吕棋昌《王维年谱》唐玄宗开元二十五丁丑秋载，王维"赴河西节度使幕为监察御史兼节度判官。本年四月张九龄贬荆州长史后，维有诗寄之。诗：《寄荆州张丞相》"；又玄宗开元二十六戊寅五月载，"崔希逸改任河南尹，维旋亦自河西还长安"；又玄宗开元二十七己卯载，王维"在长安。仍官监察御史"。王维诗言"举世无相识，终身思旧恩"，表达其受曲江公奖拔而终身报恩之深情。曲江公因周子谅事，坐荐人不当，开元二十五年四月二十日左迁荆州长史（《曲江集》附录诰命《除荆州长史制》），而此时王维尚未赴边。王维《寄荆州张丞相》云："方将与农圃，艺植老邱园。"吕棋昌《王维年谱》玄宗开元二十四丙子载，"九龄罢，以李林甫、牛仙客并相。王维三十六岁。在东都，为右拾遗。冬十月，随玄宗还长安。"《唐六典》卷九中书省："右拾遗二人，从八品上。""方将与农圃，艺植老邱园"与王维任右拾遗时心情相符。《唐六典》卷十三御史台："监察御史十人，正八品上。"即推知王维《寄荆州张丞相》当作于开元二十五年秋其赴河西节度使幕为监察御史兼节度判官之前，曲江公刚赴荆州任职不久。可知王维升迁不忘旧恩。如此理解，较为符合曲江公与王维交游之情状,亦符合二人一"寄"一"答"之诗意。故系公此诗于开元二十五年荆州作。

谢公楼

谢公楼上好醇酒,二百青蚨买一斗。红泥乍擘绿蚁浮,玉碗才倾黄蜜剖。

【按】

此诗"成化本"不载。童养年《全唐诗续补遗》据《永乐大典》卷七八九一"楼"字韵收录(见陈尚君辑校《全唐诗补编》第三编)。谢公楼:在唐汀州城南。(宋)胡太初修、赵与沐纂《临汀志·亭馆》引(宋)祝穆《方舆胜览》:"雅歌楼,在州治。谢公楼,张九龄诗:'谢公楼上好醇酒,二百青蚨买一斗,红泥乍擘绿蚁浮,玉碗才倾黄蜜剖。'芙蓉台,在长汀县治。"乾隆《汀州府志》:"谢公楼,在府南。"《四库全书总目提要》评《方舆胜览》"盖为登临题咏而设,不为考证而设,名为地证,实则类书也。"其录曲江公诗,可信。【熊注】:"诗又见《明一统志》卷七七'汀州府','三百'作'二百',余同。汀州,《旧志》三:'开元二十四年,开福抚二州山洞,置汀州,天宝元年改为临汀郡。'诗或为开元二十四年(736)置汀州时作,似(诗)残而未完。"然开元二十四年,公在东都,二十五年左迁荆州长史,此时未至汀州。此诗年月难考,似作于公开元十九年三月七日自桂州刺史兼岭南按察使迁秘书少监以前。待考。

附录光绪《长汀县志》载县教谕马繁禧《谢公楼赋》:

缅我汀之郡治,考胜事于在昔。系开元、天宝之间,纪临汀而置驿。考厥村名,是为白石。于时李唐继世,爰有谢公。爰风流兮蕴藉,亦秀外兮惠中。讲风雅,记游踪;美奥区,辟鸿蒙。南离之正位,气萧爽而势穹窿。剪荆伐棘,选木鸠工。作楼于上,以展舒其志;气神呼吸,而与帝座相通。峙其右者,石笋嶙峋,若拱若揖。烟霞缭绕,万象咸辑。维杰阁之凌虚,号云骧而睫岋。侍其左者,岩洞奥突,石磴盘折。斧劈蚕丛,秋蛇绾结。交薜荔兮茑萝,荞林树兮清樾。积阴翳兮深绿天,消炎歊兮飞瀑雪。羌畏垒而可爱,峙朝斗于天阙。尔其开帘正望,俯槛凭轩。则有层冈叠翠,远岫蜿蜒。条分缕析,夭矫开天。蟠螭虯与虺蝯,蠚鳞鬣而巑岏。

此九龙之飞跃也，兀踵躞而来前。及夫一望平沙，中流迢递。银浦流云，从天落地。潢汉中分，飞涛溢漭。既转运乎通津，泊画舡之翡翠。由鄞江而南趋，转湾湾于丁位。此汀水之滔滔，走万年之形势。若乃腊后春前，油油春草。生意勃然，青葱入抱。候转朱明，荔悬榛楛。浮绿蚁兮擘红泥，斟玉碗兮吹银缟。觉逸兴之遄飞，伫玉山之群倒。是以曲江选胜，醇酒矢音；宾尹探奇，香荔长吟。日迟迟兮远眺，风习习兮披襟。止吏人兮桥外，怀彼美兮遐心。望蒹葭于水岸，韵杜若而调琴。迨彼境易事殊，年更代革。访旧址以奚存，怅志乘之难核。述往事于无征，传姓氏而犹赫。譬彼东山之宝树，剪伐无余；亦怀召伯之甘棠，憩庐黯色，是伊谁之责欤？还当问彼天荒而地默。然而地灵人杰，贤哲挺生。襄文章之盛治，藉润色乎太平。绎思芳轨，如接徽型。有怀好古，风雨凄清。尚亦奠鳌柱，建鸾瓴，恢绣闼，拓珊槛。复崔巍之古制，与甲观而齐京，则后之览斯楼者，庶几哉更上一层，而播千秋之令名也夫！

游洞门题陈氏丹台诗

鸡头西畔洞门开，陈氏丹升劫仞台。魏鬼昔年诚誓否？至今犹说鬼肩栽。

此诗"成化本"不载。陈尚君《全唐诗续拾》卷十一拾录此诗，注："见《宛委别藏》本宋陈田夫《南岳总胜集》卷中'洞门观'条。又见《历世真仙体道通鉴》卷三三。"洞门：即洞门观，为南岳著名道观。陈氏："南岳九仙"中之陈惠度，南朝齐人。丹台：炼丹台。《乾隆衡州府志》卷之二十八有载："司马承祯，字子微，开元初自海山乘桴炼真南岳，结庵于观北一里许。张九龄屡谒之。明皇令其弟承祎招之较正《道德经》。"《南岳区志·大事记》亦载："玄宗开元初，河内道士司马承祯，自海上乘桴辗转来南岳，结庐九真观北。后被如入宫，赠光禄大夫，号贞一先生。开元二十三年（735）仙去，诏改其南岳旧居为降真观，御书观额。"《曲江集》卷三有《祭南岳事毕谒司马道士》诗。此诗当是公开元十四年（726）公奉命祭南岳及南海，先祭南岳事毕谒司马道士之时作。

备　考

读书岩中寄沈中郎

　　素有岩泉僻，全无车马音。溪流通海曲，洞豁敞轩阴。石几渔舟傍，沙湾鸥鹭临。仙禽胡不至，野鹤恒自吟。虑定时观易，泉深间抚琴。真有清凉处，不令炎热侵。寄语吾知己，同来赏此心。

【按】

　　此诗"成化本"不载。清雍正十三年公后裔张世纬、张世绩、张世纲韶州重刻祠堂本《唐丞相曲江张文献公集》卷三末最早收录公《寄沈中郎》诗。"温校本"以此"祠堂本"为底本，《广东丛书》第一集据温校本影印。刘思翰校注《曲江集》又以《广东丛书》第一集影印温校本为底本。温汝适《曲江集考证》卷下集中附赝诗："沈佺期《寄题书堂岩》诗，《全唐诗》不载，其为赝作无疑。"查徐浩《文献张公碑铭》有"考功郎沈佺期尤所激扬，一举高第"之句，或因之而伪托也。

　　【熊注】此诗录自《广丛》本《曲江集》卷三。诗后附沈佺期《寄题书堂岩》……二诗不见《全唐诗》及《补编》。**【刘注】**言九龄"长安二年九龄与沈氏有门生之谊"，其《读书岩中寄沈郎中》诗"当是神龙元年沈氏流驩州期间所作"。集后《年谱简编》也说："沈佺期流岭南，九龄作《读书岩中寄沈郎中》诗寄赠"。陶敏等著《沈佺期宋之问集校注》收入"备考诗文"，并于诗下作按语云："其于郎中任无'萍梗'之事（按：沈诗有'只今愧萍梗，无能伴主人'），张诗云'寄语吾知己，同来赏此心'，亦不类门生呈座主口吻。诗当伪托。"**【彭注】**亦言："此诗称'沈郎中'，殊可疑也；且佺期为九龄之座主，而张诗称佺期为'知己'，沈诗称九龄为'主人'，尤不可解。"……陶敏、易淑琼《沈佺期宋之问集校注》及《沈佺期宋之问简谱》均以沈氏曾官考功郎中，恐非。……今移作备考。

答陆澧

　　松叶堪为酒，春来酿几多。不辞山路远，踏雪也相过。

【按】

此诗"成化本"不载。清初古岗裔孙重刊本《唐丞相曲江张文献公集》最早补录。《全唐诗》卷四九收录作张九龄诗,卷三一五重收作朱放诗。《文苑英华》卷二四四、《唐诗纪事》卷二六均作朱放诗。元徐硕《至元嘉禾志》卷三二题咏收录,题"张九龄"。岑仲勉《读全唐诗札记》、傅璇琮《唐代诗人丛考》"张九龄"、佟培基《全唐诗重出误收考》均辨明此诗非张九龄诗。

九度仙楼

谁断巨鳌足?连山分一股。谁跨海上鹏?压作参差羽。应是女娲辈,化工挥巧斧。掀翻煮石云,大块将天补。渣滓至今在,县瓴分注乳。磊落掷遐荒,龃龉不合土。忙惊日月过,晃漾空中舞。哀益问巨灵,谽谺碍臂武。塞罅制逆流,努力迹骈拇。神禹四载仆,九年梗作雨。纡回杀拗区,澎湃乱飞鼓。漫下祖龙鞭,六丁攓舟府。漫发熊绎矢,非石又非虎。数狭不能制,伊谁可再侮。并把蓬莱输,难将此物赌。罗浮亦可移,此物不可取。肋斗出盘山,粗能踞地主。芝田第九层,最上蕙生圃。

【按】

此诗"成化本"不载。陈尚君《全唐诗续拾》卷十一据同治十三年刊《直隶澧州志》卷二四拾录此诗为张九龄作,按:"嘉庆《石门县志》卷四九收此诗,署'唐张九渊'。"【熊注】按:既在先之嘉庆《石门县志》卷四九收此诗,署"唐张九渊",诗则应归之张九渊。又,唐诗人无"张九渊"之名,恐为明人张九渊。《云南通志》卷二十中录举人"嘉靖癸卯科中式四十名",其第一名即张九渊,注:"永昌人。"而后出之同治十三年刊《直隶澧州志》言九龄作,又不记文献来源,颇为可疑。诗不类九龄风格,谨录以备考。

张九龄对盛唐诗歌发展的贡献

唐代诗歌革新运动，是唐代文人在唐代特定的历史条件下，反对六朝淫靡浮艳的诗风，重新恢复和确立诗歌抒情言志、反映社会民生传统的一场深刻而卓有成效的文学革命。陈子昂是这场运动中振臂一呼、为群雄开路的旗手，张九龄则是继陈子昂之后，顺应其革命新精神并加以发扬光大，从而对盛唐诗歌的自由发展和昌盛繁荣做出了卓越贡献的先驱。

翁方纲在《石洲诗话》卷一中说："曲江公委婉深秀，远在燕许诸公之上，阮陈以后，实推一人，不得以初唐论。"张九龄是处于初、盛两唐过渡时期的诗人。在诗歌理论上，他主张"诗缘情"、诗可以怨、比兴言情；在诗歌创作过程中，他将这一理论付诸实践，把诗歌当作自由抒情的美文学。他为唐诗由初唐向盛唐的转变奠定了理论基础和做出了实践榜样，初步完成了对初唐诗歌的革新任务。对张九龄诗歌理论和诗歌创作的研究，可以帮助我们了解唐代诗歌革新的沿与革、创与因的辩证发展关系，理清初、盛两唐诗歌兴衰演变的线索，具有十分重要的意义。

一、对初唐诗歌理论的发展

毫无疑问，唐诗作为唐代文学的主要式样，它的发展是要受到唐代社会生活的制约的。然而，作为一种独立的文学，唐诗本身也有其独特的发展规律，它与前代的诗歌传统有着密切的内在联系。作为唐诗运动的倡导者，陈子昂与张九龄的诗歌理论基本上是直接地继承先唐诗歌的理论的优秀成果，在新的形势下，以复古的形式来进行内容的革新。但由于他们所处的社会环境、各自的生活道路和文学的观点不同，因而他们所继承的理论渊源以及对诗歌的本质特征和审美性质的理解也不尽相同。

中国文学的自觉阶段是与本民族历史的理性阶段一同到来的。春秋战国以前，文史哲还基本处于混杂交织的状态。春秋战国以后，整个社会意识形态由浑噩一体到逐渐分离，形成宗教、哲学、文学等从形式到内容各有其质的规定性、彼此相对独立的形态。然而，儒家诗教的产生，又将文学沦为经学的附庸,成为封建伦理政治的工具。魏晋的文笔之分,使人们进一步认清了文学的本质和特征,文学进入了自觉的时代。先唐文学史,正是一部从理性的桎梏中,从哲学、宗教以及政治、伦理的附庸地位解放出来,形成具有自己相对独立体系的发展史。从言志到抒情、从《诗经》的直观自发的歌唱生活转入有意的有选择的发愤抒情,逐渐确立了中国古典诗歌以表现、抒情为主的民族艺术传统。中国的古典诗歌在与经学、伦理政治展开依附和反依附的斗争中成长,逐渐形成了"诗言志"和"诗缘情"两大主流。但是,在梁、陈至唐初宫体诗的滥觞时期,"诗言志"逐渐销声匿迹,"诗缘情"的"情"也日益堕落为情欲。面对着诗歌堕落的现状,为适应唐代社会发展的需要,表现唐代文人乘运而起、建功立业的人生理想和仕宦失意的愁怨忧伤,唐代诗歌革新运动的倡导者便自觉地主张恢复"诗言志"和"诗缘情"的优良传统。陈子昂是首倡"诗言志"的擂主,张九龄则是力主"诗缘情"的先驱。

  陈子昂和张九龄对诗歌抒情言志的本质特征的认识,又是与他们的同代前辈在诗歌理论上的探索分不开的。太宗在《帝京篇》序中宣称"用咸英之曲,变浪漫之音",倡导"风雅"。"四杰"则针对齐梁宫体的消极影响,主张以文传"道"。王勃在《平台秘略论·艺文》中认为文章是"经国之大业",反对六朝以来的"缘情体物"之作。他在《上吏部裴侍郎启》中慨叹"自微言既绝,斯文不振","周公孔氏之教存之,而不行于代",因而主张以诗传"道",进而"黜非圣之书,除不稽之论"。杨炯在《王勃集序》中批评"龙朔初载,文场变体,争构纤微,竞为雕刻","骨气都尽,刚健不闻",把诗歌衰落的原因归结为诗人"未尽力于丘坟""不寻源于礼乐"。据他的诗论精神来理解,他所认为的诗歌要有"骨气",就得要"尽力于丘坟"、"寻源于礼乐",这实质就是强调以诗歌来阐发儒家的思想义理。卢照邻在《南阳公集序》中对先秦至六朝文学的评价虽然比王勃、杨炯公允,但又指责自"屈平、宋玉,弄词人之柔翰"以后,"礼乐之道,已颠坠于斯文",强调"衣冠礼乐,重闻三代之风;玉帛讴歌,无坠六经之业"。"骆宾王无论文之言,但既与王勃、杨炯、卢照邻三人为友,志趣又很相近,则其对文学的意见,当然不甚相远。"① 由此观之,太宗和"四杰"的诗论主要是从政教出发,主张以诗传"道",

---

① 罗根泽:《中国文学批评史》(第2册),上海古籍出版社1984年版,第117页。

把诗歌当作经学的附庸和伦理教化的工具。当然，我们应该看到，"四杰"的诗歌创作尽管是"劣于汉魏近风骚"，但毕竟抒了情、言了志。他们的诗歌创作已经冲决了其理论的樊篱，预示了唐代诗歌发展的方向，然而他们在理论上还没有自觉地认识到诗歌抒情言志的本质特征，故他们的诗论只在抨击"绮错婉媚"的"文场变体"时才显示出威力，而在促进唐诗创作的发展繁荣方面却缺乏巨大的号召力。

陈子昂继承了"四杰"反对齐梁文风和主张风雅讽喻的诗论精神，进而从事其诗歌理论的建树。他在《修竹篇序》中提出了其诗歌的理论主张：一是要有"汉魏风骨"；二是坚持"风雅""兴寄"；三是具备"骨气端翔，音情顿挫，光英朗练，有金石声"。这三个部分相互联系和制约，相辅相成，构成了陈子昂主张诗歌创作应坚持"风骨"和"风雅"相统一而又具备声律这样一个有机的理论体系。

陈子昂的"风雅""兴寄"，也就是"风雅比兴"。《毛诗序》说："风，风也，教也；风以动之，教以化之"，"雅者，正也，言王政之所由废兴也"。这实质上是要求以诗补察时政，"上以风化下，下以风刺上，主文而谲谏"，把诗歌当作封建伦理政治教化的工具。

那么，什么样的"汉魏风骨"才能与这样的"风雅""兴寄"的观念相统一呢？过去理论界在具体论述陈子昂的"汉魏风骨"时，把其理解为"恢复建安文学的优良传统"。我们认为是不够精确的，还不能真正揭示出问题的实质。我们知道，在陈氏之前，刘勰分别在《文心雕龙》的"风骨"、"时序"和"明诗"等篇论述了风骨和建安文学的特点，后人称之为"建安风骨"。钟嵘也在《诗品序》中提出了"建安风力"。但陈子昂竟舍弃现有的术语而不用，另提出他的"汉魏风骨"，很明显，"建安风骨"和"建安风力"在他的心目中是不能完全代替"汉魏风骨"的。"风骨"在此应指诗歌的总的特色。"汉魏风骨"则是指汉魏诗歌思想性与艺术性的有机统一所呈现的总的美学风貌。陈子昂既然慨叹"文章道弊五百年"，那么，他的作文之"道"，应该是"汉魏风骨""风雅比兴"和声律的有机统一。我们对后二者的认识基本上是一致的，那么，理解"汉魏风骨"便成为认识陈子昂的作文之"道"的关键。因此，我们不能孤立地理解陈氏的"汉魏风骨"，而是很有必要基于对汉魏诗歌总的特色的理解，并结合陈氏的"晋宋莫传"，又把它放入他的整个理论体系中去加以考索，方能得出比较切合陈氏原意的结论。

汉代的诗歌包括汉乐府和文人创作两大类。汉乐府主要继承了《诗经》抒情的传统，真实地反映了广大民众对阶级剥削和压迫的反抗，对战争和徭役的揭露，对封建礼教和婚姻制度的抗议，表现了广大劳动人民对黑暗现实的怨愤和牢骚。汉代文人创作的主要式样是汉赋，又可分为西汉大赋和东汉抒情小赋。以枚乘的《七发》、司马相如的《子虚》和《上林》等为代表的西汉大赋，把屈、宋作品中的批判现实、抒发个人愤懑幽怨的感情为主的内容改变为对帝王的歌功颂德、劝百讽一。程千帆先生在《闲堂文薮·赋之隆盛及旁衍》中谈到赋的渊源时说，赋就篇章而言，最早见于荀子赋篇，"其内容则为言志，为讽谏"，又有"由《诗三百篇》言志之篇章变而为赋"者。由此看来，汉大赋基本继承了这种"言志"和"讽谏"的传统。东汉抒情小赋，如赵壹的《刺世嫉邪赋》和祢衡的《鹦鹉赋》等，数量虽不多，却继承了屈、宋骚体和古乐府民歌的怨刺精神，而成为东汉文人创作的主流。魏文学主要是指建安文学。刘勰在《文心雕龙·时序》篇中论及建安文学的特色时说："观其时文，雅好慷慨，良由世积乱离，风衰俗怨，并志深而笔长，故梗概而多气也。"他又在《明诗》篇中说："暨建安之初，五言腾踊。……慷慨以任气，磊落以使才，造怀指事，不求纤密之巧；驱辞逐貌，唯取昭晰之能。"按刘勰看来，"建安风骨"主要包含以下几个特点：一是抒发"慷慨"之情；二是抒写深长之"志"；三是反映"乱离"的民生；四是"驱辞逐貌"，语言质朴刚健。

那么，陈子昂究竟主张汉魏诗歌中哪些特色呢？这就要结合他的"晋宋莫传"来进行分析了。陈氏所谓"晋宋莫传"，意指晋、宋以后的诗歌"莫传"和"汉魏风骨"。事实果真如此吗？

晋、宋诗坛，占主导地位的当然是玄言诗和山水诗。玄言诗"贵黄老，稍尚虚谈"，"理过其辞，淡乎寡味"，故钟嵘在《诗品序》中慨叹玄言诗创作"建安风力尽矣"。由玄言诗演变出来的山水诗，虽给当时玄理充塞的诗坛带来了一些自然界的新鲜气息，但老、庄仍未退。然而，钟嵘在《诗品序》中又说："太康中，三张、二陆、两潘、一左，勃尔复兴，踵武前王，风流未沫，亦文章之中兴也。"刘勰在《文心雕龙·明诗》篇则明确指出："晋世群才，稍入清绮，张潘左陆，比肩诗衢，采缛于正始，力柔于建安。""力柔于建安"，则指出"建安风力"在晋诗中虽弱犹存，不绝如缕。《诗品》进一步指出：陆机"其源出于陈思"；潘岳"其源出于仲宣";张协、张华、刘琨、卢谌"其源出于王粲";左思"其源出于公干";郭璞"《游仙》之作,词多慷慨,乖远玄宗,……乃是坎壈咏怀,非列仙之趣也"。"慷慨",是建安诗歌的主要特色之一。《后汉书·杨震传》李贤注:"慷慨,悲叹。"如左思的《咏史》、刘琨的《扶风歌》、鲍照的《拟行路难》等皆是慷慨悲叹、抒发怨愤的作品。钟嵘在《诗品》中就把这些怨愤分为"清怨""凄怨""哀怨""雅怨"四种,前二者源于"楚辞",后二者源于"国风"。六朝的乐府小诗,或以粗犷的歌喉,或以清蕴的笔调,吐露了男女间健康的爱情。齐梁以后,"永明体"和宫体诗虽然霸居诗坛,严重地阻碍了诗歌内容的健康发展,但同时,庾信后期的作品,表达了思乡恋土的感情,何逊、阴铿等人的小诗,也不同程度地抒写了友情。纵而观之,晋宋以降至初唐"四杰"的诗歌,"莫传"的只是"风雅比兴"的传统,它们虽然没有像汉魏诗歌那样广阔地反映民生疾苦和着力表现文人建功立业、匡世救国的雄心壮志,但不同程度地继承了"风骚"的抒情传统,感于哀乐,缘事而发,批判现实,抒发忧愤,表达了健康的爱情和友情。在先唐诗歌理论发展史中,《毛诗序》第一次比较全面和系统地阐发了儒家正统的诗学观,强调以诗言"志"和经世教化。"志",《说文》:"志,意也"。意即意向。朱自清在《诗言志辨》"诗言志·赋诗言志"中指出,"诗言志,指的表见德性","这种志,这种怀抱是与'礼'分不开的,也就是与政治、教化分不开的"。于是,"诗言志"便作为与政治教化密切相关的一种创作模式而成为当时诗歌创作的主流。西晋陆机的《文赋》在区别文体特征的时候,从诗歌创作的规律出发,提出了"诗缘情而绮靡"。钟嵘则在《诗品序》中进一步加以阐发,"诗缘情"便成为与"诗言志"并驾齐驱的另一种创作模式,越来越多地被后代诗人广泛地运用。这些历史事实,作为纵观而悟"文章道弊五百年"的陈子昂不会不知道。他指出"晋宋莫传""汉魏风骨"的用意,旨在以"晋宋莫传"来暗示他对汉魏文学的取舍态度,进而规定"汉魏风骨"的实质的。很显然,陈子昂提出"晋宋莫传",是想通过一概否定来否认晋宋渐兴的"诗缘情而绮靡"的理论主张和创作的传统。那么,陈子昂"汉魏风骨"的实质就只是恢复西汉大赋"言志""讽谏"和建安文人抒写承运而起、建功立业的人生理想。这与他在《修竹篇序》中倡导的"风雅""兴寄"是紧密联系、相辅相成的。以诗来表现德性、怀抱,进行风雅讽谏,这才符合陈子昂诗论体系中"汉魏风骨"和"风雅""兴寄"观念的统一。缘情抒愤的诗歌不利于统一帝国的需要，违悖陈子昂"以义补国"（《喜马参军相过醉歌序》）、"论道匡君"（《登蓟城西北楼送崔著作融入都序》）的王政理想，有伤"风雅"。因此，我们认为，陈子昂是主张作家舍弃"诗缘情"这种创作模式，自觉地运用"诗言志"的创作模式来进行诗歌创作的。

　　我们说陈子昂不主张"诗缘情而绮靡"的创作精神，只是强调他不主张诗人自觉地运用"诗缘情"这种创作模式来进行诗歌创作，而不是说他绝对地反对诗歌抒情。他在品评东方虬《咏孤桐篇》时就称赞其"音情顿挫"。东方虬的原作现已失传，但如果我们将"音情顿挫"之"情"放入陈子昂的诗论体系去考察，并求验于他的《修竹篇》和《感遇》诸诗，便能觉察他所抒的情多是人生失志之情，与修身治平紧密相关，与《毛诗序》的"发乎情，止乎礼义"的"情"是一致的。因此，我们可以说，陈子昂所主张的是创作一种以封建教化为旨归的诗歌，礼赞的是符合儒家伦理政治规范的文学，他的诗论主张是与《毛诗序》的精神一脉相承的。虽然如此，陈子昂已经认识到诗歌言志抒情的本质特征，注意到诗歌思想性和艺术性的统一，主张作诗应该与政教统一起来，大大地丰富和发展了太宗、"四杰"的诗论，尤其是他向唐代诗人明确地提出了"诗言志"这样一种可以效法和运用的创作模式，初步奠定了唐代诗歌革新运动的理论基础，从理论和实践两个方面有力地击退了"采丽竞繁，而兴寄都绝"的齐梁文风，端正了有唐一代诗歌创作的方向。但是，陈子昂提倡"诗言志"这种创作模式，强调理性和社会责任，把诗歌当作政教工具的理论一旦建立，在引导唐诗创作走入正途的同时，也就限制了它的自由发展和昌盛繁荣。

　　要使唐诗从初唐转入盛唐，朝着昌盛繁荣的方向自由发展，最关键的是使诗歌创作从理性的桎梏和政教的樊篱中解脱出来，还诗人以抒情的极大自由，让诗人在自由抒情中激发出更多的美的创造。这是社会历史的要求和唐诗发展的必然。张九龄的诗歌主张，正是继承了陈子昂的诗歌革新精神并加以发展，顺应了唐诗发展这一趋向。他在《陪王司马宴王少府东阁序》中说：

　　　　夫道行与废，命也，非谋之不臧；命通与塞，时也，岂力之为弊？古之君子推其分、养其和，仲尼得之以弦歌，傅说因之以版筑。

至若《诗》有怨刺之作,《骚》有愁思之文,求之微言,匪云"大雅"。王六官志其大者,司马公引而申之。谪居何心,不用贾生之投吊?穷愁非我,安用虞卿之著书?尝以风月在怀,江山为事。簿领何废?形胜不辜。既好乐而不荒,亦上同而不混。迨乎倚层阁、凭华轩,川泽清明,上悬秋景,岑岭回合,下带溪流,联草树而心摇,际烟氛而目尽。兹邦枕倚,是日登临,岂《子虚》之过诧,诚仲宣之信美。物色起殊乡之感,谁则无情?而道术得异人之资,吾方有造。于是旨酒时献,清淡间发,歌《沧浪》以放言,咏《蟋蟀》而伤俭。盖古人之作者,岂异于斯!盍赋诗以扬其美。

张九龄此《序》约作于开元五年(717),徐浩《文献张公碑铭》称之为"封章直言,不协时宰;方属辞病,拂衣告归"之时。张九龄长安二年(702)进士及第。玄宗先天元年(712),他又以道侔伊吕策高中,迁左拾遗。是时,他觉得自己"幸因清切地,还遇艳阳时",自喻那"微芳不自持"的红药,幻想"孤根若可用,非直爱华滋"(《苏侍郎紫薇庭各赋一物得芍药》),随时为国为君贡献才华。于是,他先给当时的紫薇令姚崇写了《上姚令公书》,"劝其远谄躁,进纯厚"①。接着又在开元二年(714),向唐玄宗呈《上封事书》,一方面直陈政事,请重刺史县令之选和行辟举之法;另一方面就当时的天大旱,提请玄宗"询于执事",纠察用人不当的弊政,这实际上是在玄宗面前告姚崇的状。于是,张九龄此举触怒了姚崇,故在开元四年(716),被姚崇借奉使开凿大庾岭的名义,将其逐出朝廷。大庾岭与曲江县相隔不远,张九龄在大庾岭完工后,托"病"返回家乡闲居大约一年。这期间,他与当时的韶州王司马以及曲江县尉王六诗酒唱和、放浪山水、交游甚密。王司马和王少府都是政治失意之人,三人遭遇相似,趣味相投,故能同病相怜。这篇《序》虽是互吐心曲之作,但同时也表明了张九龄的诗歌态度和主张。

张九龄基于自身仕宦沉浮的切身感受,从社会人生和诗歌的关系出发,探讨了诗歌产生的原因,进而接触到诗歌的本质、社会作用以及表现方法等问题,归纳起来,大致有以下几点:

(1)他认为一个人的"道行与废""命通与塞",最终是由"时"所

---

① 《资治通鉴》卷二百一十玄宗先天元年,中华书局1956年版,第6690页。

决定的。诗人在社会生活中遇到不幸而生哀怨，将这种即事而发的真实情感抒发出来，于是便有了诗歌。仲尼的"弦歌"、传说版筑时的悲鸣便是道之不行、命之受阻时自然流露的心声。诗歌的产生根源于诗人对社会生活的感受，诗歌应该是感事缘情而发的。

（2）他主张"诗缘情"和"诗可以怨"。他认为"《诗》有怨刺之作，《骚》有愁思之文""贾生之投吊""虞卿之苦书"，皆是抒发贤人失意的悲哀和怨愤，表达对社会现实的不满情绪。他不但在前人作品中找出"诗缘情""诗可以怨"的证据，而且还勾勒了一条"诗缘情""诗可以怨"的发展线索。

（3）他认为诗歌是持养性情的方法和途径。诗人借助诗歌来抒发"怨刺""愁思""穷愁""伤俭"等感情，是为了"安其分""养其和"。

（4）他认为诗人在道之不行、命之受阻时，可以"风月在怀，江山为事"，但又要"好乐而无荒""上同而不混"，而是隐居养志以待时。"物色起殊乡之感，谁则无情？"于是便"歌《沧浪》以放言，咏《蟋蟀》以伤俭"，赋诗以扬江山之美。这里包含两层意思：一是提出了唐代山水诗因山水以抒情的创作原则；二是指出诗歌创作应托物比兴以传情的表现特点。

显然，张九龄是从诗歌创作的实际出发，直接受到了陆机、钟嵘诗学观点的影响，继承了中国古典诗歌以抒情为主的民族艺术传统，把诗歌当作独立抒情的美文学。值得指出的是，张九龄和钟嵘一样，把诗歌创作当作抒发愤怨、持养性情的方式和途径，只是在一定程度上摆脱了"风雅比兴"的政教观念的束缚。他们虽然倡导"诗缘情""诗可以怨"，但并非主张创作与封建制度抗争的文学。然而，他们倡导诗人自觉地运用"诗缘情"的创作模式去进行创作，肯定了诗人创作的自由——不管是内容、形式，还是目的，诗人要有充分的决定权。

"诗言志"和"诗缘情"是中国传统诗学中富有民族精神色彩的创作思想。而作为诗歌创作的两种模式，它们之间既有区别，又有联系，在特殊的情况下还可以相互转化。

首先，二者都认为"情"与"志"是诗歌的本质特征。《毛诗序》说："诗者，志之所之也，在心为志，发言为诗。情动于中而形于言……"《诗品序》说："气之动物，物之感人，故摇荡性情，形诸舞咏。"又说："文已尽而意有余，兴也；因物喻志，比也；直书其事，寓言写物，赋也。"可见,"诗言志"和"诗缘情"的持论者,都把"情"与"志"纳入自己的创作模式中。作为彼此相对独立的概念,"情"与"志"在内容上是有区别的。"情"指"七情"。《礼·礼运》:"何谓人情?喜怒哀惧爱恶欲,七者弗学而能。"《普济方·因论》:"七情者,喜怒忧思悲恐惊。"郑玄注《今文尚书·尧典》"诗言志"云:"诗所以言人之志意也。"朱自清在《诗言志辨》中认为,在"诗言志"和"诗以言志"两句话中,"志"已经指怀抱了。他又在解释孔子的"盍各言其志"(《论语·公冶长篇》)和子路、曾晳、冉有、公西华等人的"各言其志"(《论语·先进篇》)时说:"两处所记'言志',非关修身,即关治国,可正是发抒怀抱。"但当"情"与"志"共存于一种创作模式之中,它们已不是各自孤立的因素,而是与这一模式中的其他因素有机地联系起来了,尤其在诗人的构思活动中,二者又往往呈现互相渗透、交融一体的状态,故在这一点上,孔颖达《左传》昭公二十五年"民有好恶喜怒哀乐"正义:"此六志《礼记》谓之六情。在己为情,情动为志,情、志一也。"但在"诗言志"和"诗缘情"这两种创作模式中,它们对"情"与"志"是有所侧重的。《毛诗序》强调的是"诗者,志之所之也",至于"所之"则是"吟咏性情,以风其上",故朱自清《诗言志辨》认为,"这种志,这种怀抱是与'礼'分不开的,也就是与政治、教化分不开的","诗言志,指的是表见德性"。可见,"志"在"诗言志"的体系中,又是渗透着"理"的"志"了。因而,"诗言志"这种创作模式,强调理性居于创作的主导地位,"志"被政治伦理化,并以"发乎情,止乎礼义"来限制"情",要求其对自己的依属。当"情"合乎"礼义"规范时,便与"志"相统一,而当"情"超越"礼义"规范时,便与封建伦理政治化了的"志"发生矛盾。从这个意义上来说,"情"与"志"又是一组对立的统一体。"诗缘情"这种创作模式,强调诗缘情发,"诗情缘境发"(皎然《秋日遥和卢使君》),抒情始终居于创作的主导地位。特别是诗可以怨,到了"非陈诗何以展其义?非长歌何以骋其情"(钟嵘《诗品序》)的境地,这种怨情,往往会超出"礼义"的规范,出现"非法度之政,经义所载"(班固《离骚序》)的内容。这时,它要求"志"也发生变化,融于"情"并通过感情的抒发体现出来。

其次,二者都重视诗歌的社会作用。但"诗言志"侧重于诗歌的政教作用,以诗"正得失","经夫妇,成孝敬,厚人伦,美教化,移风俗"。

"诗缘情"则主张陈诗骋情,"使穷贱易安,幽居靡闷",注重于性情的持养。

最后,二者都主张运用赋、比、兴。但"诗言志"者,如陈子昂侧重于"兴寄",而"诗缘情"者,如钟嵘侧重于"酌用三义"。

时运的交移,作家生活的变迁,往往会引起作家创作意识的改变。既然"诗言志"和"诗缘情"两种创作模式中都存在"情"与"志"这组对立统一体,那么它们之间的矛盾便会导致双方地位的转化,从而演变成为与自己原相对立的另一种模式。因此,我们认为,作为两种创作模式,"诗言志"和"诗缘情"之间并不是水火不兼容的,而是相辅相成、相争相长的。它们各有所长。它们的相辅与争长是推动中国古典诗歌创作发展的内在动力。

"诗缘情"、"诗可以怨"、比兴传情是张九龄诗歌理论的核心。在唐诗革新运动史上,张氏的诗论是对太宗和"四杰"单纯强调以诗教化观点的纠偏,又是对陈子昂"诗言志"和"风雅""兴寄"的补充和发展,也是对"四杰"缘情的诗歌创作所进行的理论总结。

张九龄的诗歌主张表明了盛唐文人的诗歌美学理想和审美趣味的转变,更能代表盛唐诗人的创作理想。他的诗论的审美价值及其意义在于,它从理论上为盛唐文人确定了感情的表现在诗歌创作中居于主导的地位,肯定了思想创作和抒情的自由,开启了盛唐诗歌创作的一代新风,迎来了盛唐诗歌创作的自由发展和昌盛繁荣。

二、为李、杜开先

李白和杜甫是唐代诗国中最光彩夺目的双子星座。然而,李、杜在诗歌创作中所取得的辉煌成就,无不铭刻着其同代先驱者的勋劳。在唐诗革新精神上,张九龄便是对李、杜的诗歌创作产生直接影响的筚路蓝缕的先驱者之一。

刘熙载在《艺概·诗概》中说:"唐初四子沿陈、隋之旧,故虽才力迥绝,不免致人异议。陈射洪、张曲江独能超出一格,为李、杜开先。""格",应指诗歌的品格。沈德潜在《唐诗别裁》卷一中说:"唐初五言古,渐趋于律,风格未遒。陈正字起衰而诗品始正,张曲江继续而诗品始醇。"沈氏称陈子昂"诗品正",应是指陈子昂的诗歌创作恢复了"诗言志"和"风雅比兴"的传统。"醇",本作醕。《说文》:"醕,不浇酒也,

九龄风度与盛唐气象

从酉醇声。"段注："浇，沃也，凡酒沃之以水则薄，不杂以水则曰醇。"故《辞源》解"醇"为"厚酒"，即味厚的美酒之意。沈德潜用味厚的美酒来比喻张九龄的诗歌，其实就是说他的诗具有"味厚"和"美"两大特色。酒味厚喻诗味浓，指出张九龄的诗歌感情浓郁，一往而情深。"美"应指张九龄的诗歌具有引人入胜的美感形象。"醇"，寄寓着沈德潜对张九龄诗歌的审美评价。这与沈氏反对"以理语成诗"，强调"诗主性情，不主议论"，诗歌创作应该是"托物连类以形之"，使诗歌"言外有余味"，"含酝籍微远之致"，以达到"情景俱佳"，"性情面目，人人各异"①的诗歌主张是一致的。"醇"与"正"是继承与革新的关系。"醇"是在"正"的基础上的升华和提高。升华是感情的升华，提高是表现艺术的提高。如果说，陈子昂的"诗品正"代表了初唐诗歌创作的最高成就，并以其"诗言志"和"风雅""兴寄"影响了李、杜的创作，那么，张九龄的"诗品醇"则已经超越了初唐，开始迈入了盛唐，并以其自由抒情的美的创作开启了李、杜创作的先河。

（1）张九龄的"诗品醇"，表现在他的诗歌创作在抒写一己穷通的出处时，直接继承了屈赋以来发愤以抒中情的传统，将"情"依附于"志"的自觉言志转变为"志"依附于"情"的自觉抒情。

毋庸讳言，张九龄的诗歌也有直接言志的作品，但数量不多，这些可以看作他对陈子昂"诗言志"的革新精神的直接继承。

"诗言志"强调诗歌创作侧重于抒写诗人的理想和怀抱。诗人言志的自觉意识，形成历代诗歌为人生而艺术的主流。绝大多数诗人都积极入世，以天下为己任，在人生社会的真与假、善与恶、美与丑的斗争中，表现出"志"的高、大、远、洁。在先唐诗歌发展史中，建安诗歌，如曹操的《短歌行》《龟虽寿》《度关山》以及"建安七子"后期的一些作品，可说是"诗言志"的高峰。建安文学言志的传统对陈子昂的诗论和诗歌创作产生了直接影响，而初唐社会逐步走向繁荣的现实则是陈子昂"诗言志"赖以生长的土壤。

自唐开国以来，统治者实行的均田制和租庸调法，使社会经济日趋繁荣。太宗在政治上推行任人讷谏的开明政策，恢复科举以选拔贤才。武则天时期，太宗遗志仍得以发扬。她为了登上宝座，一方面任用酷吏打击残

---

① 沈德潜：《说诗晬语》卷下，人民文学出版社1998年版，第257页。

杀李唐宗室成员，另一方面又通过科举考试放手招官和选拔人才。国家的安宁和科举的盛行，使一大批中下层知识分子看到理想中的封建社会初步实现于当代，从心底产生了对远大的人生理想和高尚的道德情操的不懈追求。24岁的陈子昂便是在时代与文人的理想大体一致的情况下，通过科举考试进入仕途的。他在任右拾遗期间，"以义补国""论道匡君"，多次上书指陈时弊。他把济世匡君的王政理想融入其诗歌理论和诗歌创作之中，很自然地把"言志"作为其诗论和创作的主导思想。他的《修竹篇》，就以修竹为喻，抒写自己"终古保坚贞"的高洁情怀。他的代表作《感遇》三十八首，除了十多首批评时事、以履行其风雅讽谕的社会职责外，大多数篇章是推究历史盛衰的道理，探索自己在"大运""大化""元化""物化""无生"中的地位，抒写"感时思报国"的理想志向，歌咏"舒可弥宇宙，卷之不盈分"的处世哲学。他在随武攸宜北征契丹时，因与主帅不和，"箝默下列"而作的《登丘览古赠卢居士藏用》六首和《登幽州台歌》，情味虽然比前期的诗歌浓厚，但也只是"量"的增加，在"情"与"志"这对矛盾统一体中，还没有造成地位的转化，理性和思辨在诗人的构思谋篇中仍然起着主导的作用。

"诗缘情"侧重于抒发经过社会化了的感情。诗人在社会生活中遭受不幸，心灵感荡而生怨情，到了"非长歌何以骋其情"那种情不自禁的境地，往往借助物象，发愤以抒中情，故"诗缘情"中具有审美价值的是"诗何以怨"，而成为历代诗歌感时伤世的主流。绝大多数诗人，在与人生社会的假、丑、恶的斗争中败退下来，往往自觉地在其诗歌中吐出不平之鸣。庄忌《哀时命》说："志憾恨而不逞兮，抒中情而属诗。"屈原《惜诵》说："惜诵以致愍兮，发愤以抒情。"在先唐的诗歌史中，屈赋便是这种发愤以抒情的代表，曹植、左思、鲍照、刘琨、陶潜等人的作品沿波而激桨，张九龄的诗歌则一脉而相承。

张九龄主要活动的开元盛世——一个繁荣到了极点而又危机四伏，令人欢欣鼓舞而又感到蹉跎失望的时代，则是张九龄的诗歌发愤以抒中情的社会基础。这个时期，社会经济空前繁荣。唐玄宗前期励精图治，基本上继承了太宗以来任人纳谏以科举取士的开明政策，但到了后期，则渐失往日锐意进取之志，而露出自满淫佚之心。特别是起用李林甫为相以后，唐玄宗更是听信谗言，重论门阀，疏远贤士而亲近小人，最后导致了"安史之乱"。这个时期，统治阶级内部的明争暗斗愈演愈激烈，即使像姚崇、张说这样的开元名相，在执政期间也在排斥异己。李林甫、杨国忠更是利用玄宗后期的骄奢昏庸，结党营私，枉害忠良。这使得一大批才识之士虽走南闯北、千里求索，而终辗转于江山塞外。张九龄虽有幸步入仕途，先受人主的宠信，后又反受其鞭笞，更是直接受害于统治集团内部的党争。政治清明的时代即将过去，黑暗就要来临；人心在希望与失望的痛苦煎熬中而被扭曲；建功立业的人生理想渐渐被笼盖上一层洁身引退的阴影；昂扬奋发的歌唱不时杂着沉郁幽愤的悲吟；对时代的重新估计和对自身价值的重新肯定使诗人朝着发愤以抒中情的大道迅奔。在唐诗革新运动史上，张九龄是在陈子昂之后，将自觉言志转向自觉抒情的诗人，成为盛唐"诗可以怨"的先声。

张九龄首先是开元年间著名的政治活动家，然后才是一位才华横溢的诗人。在人生的仕途中，他遭到三次挫折，而且是一次更比一次惨痛。他的诗歌是一部用艺术的方式记录的政治沉浮史，又是一部真实地反映了诗人在仕宦中思想矛盾的心灵发展史。

张九龄的第一次受挫折，即上文所说的他在开元四年名曰奉使开凿大庾岭，实为"不协时宰"而被排挤出朝廷。他悲哀地抒写心曲："拙宦今何有？劳歌念不成。十年乖夙志，一别悔前行。归去田园老，倪来轩冕轻。江间稻正熟，林里桂初荣。鱼意思在藻，鹿心怀食苹。时哉苟不达，取乐遂吾情。"（《南还湘水言怀》）表达了诗人失志时的"放言"和"伤俭"。大庾岭完工之后，张九龄有"病"闲居乡里，常与曲江县尉王六诗酒唱和："贾生流寓日，扬子寂寥时，在物多相背，唯君独见思。"（《酬王六寒朝见贻》）"作骥君重耳，为鱼我曝腮。更怜湘水赋，还是洛阳才。"（《酬王六霁后书怀见示》）抒发了失志的"穷愁"和苦闷。

张九龄的第二次受挫折是因张说被贬而受牵连的。开元十三年（725），唐玄宗东封泰山，具体事宜命中书令张说操办。张说"多引两省吏、及所亲摄官登山。礼毕推恩，往往加阶超入五品，而不及百官。"① 张九龄即时加以劝告说："官爵者，天下公器，先德望，后劳旧。"② 但他的建议不被采纳。事后，朝臣对张说的做法广为不满。同时，张说与御史中丞宇文融因政见不和而发生龃龉，后因儿子坐赃事发而遭到宇文融、李

---

① 《资治通鉴》卷二百一十二开元十三年。
② 《新唐书》卷一百二十六《张九龄传》，中华书局1975年版，第4427页。

九龄风度与盛唐气象

林甫等人的趁机攻击,终于开元十四年(726)罢相。由张说一手提拔的张九龄亦从中书舍人被转为太常少卿,接着又由京官出守洪州刺史。唐代"重内轻外"的风气很盛,由京官外迁,实际上是变相的贬谪。张九龄亦明白这是朝中反张说一派对他的谗害。他在《答严给事书》中说:"凡为前相所厚者,岂为恶人耶?仆爱自书生,燕公待从族子,颇以文章见许,不因势利而合。……嗷嗷之口,曾不是察,既不称其服,又加以谗间,负乘致寇,几于不免。"洪州三年,诗人无时不在"愿言答休命,归事丘中琴"(《出为豫章郡逢次庐山东岩下》)的矛盾漩涡中痛苦地挣扎——"流芳日不待,夙志塞无成。知命何所欲,所图唯退耕。华簪极身泰,衰鬓惭木荣。苟得不可遂,吾其谢世缨"(《巡属县道中作》),"陈力倘无效,谢病从芝术"(《登郡城南楼》)。正因为其功未成而身终不能退,诗人又一直渴望重返朝廷建功立业。

> 江流去朝宗,昼夜兹不舍。仲尼在川上,子牟存阙下。圣达有由然,孰是无心者?一郡苟能化,百城岂云寡。爱礼谁为羊?恋主吾犹马。感初时不载,思奋翼无假。闲宇常自开,沉心何用写。揽衣步前庭,登陴临旷野。白水生迢递,清风寄潇洒。愿言采芳泽,终朝不盈把。
>
> ——《忝官二十年尽在内职及为郡尝积恋因赋诗焉》

诗人登高远眺,目送无情的赣江水却能朝宗向北流,而自己虽积恋朝廷却被滞留江城,于是郁郁悲歌:日月如梭,年华无待,怎能不令人思接千载而想起孔夫子的川上之叹?身在洪都,而魂飞金门,又怎能不使我与"身在江海之上,心居魏阙之下"的子牟发生越代共鸣?古往今来又有多少仁人志士不为人生易老而事业无成欷歔长叹啊!诗人出牧洪州,本想垂衣理政,但一想到自己被当作替罪羊无辜受罚的窝囊,怨愤之情便油然而生,更激发重新返回朝廷建功立业的念头。但大鹏南徙,有待"海运",而振翅冲天,需借飙风。然而,诗人面临的却是"时不载""翼无假",理想和现实的距离何止千万里啊!诗人在苦闷中求索,由"闲宇"步入"前庭",出门登上山丘,再沿着江边朝北走去,采一株乌菜,多一层怨旷,增一度忧思,采采停停,停停采采,终朝不盈一把。他在想,何年何月,才能够回到朝思暮想的朝廷。这首诗是穷愁的悲歌,是愁思的长吟,它真实地表现了诗人身在江海而心存魏阙、欲进未能的痛苦心情。诗中既有"一郡苟能化"的王政理想，又有"恋主吾犹马"那种渴望重返朝廷施展宏图的迫切愿望，但这些理想和怀抱都被融入诗人失志的穷愁和受压抑的旷怨之中，并通过感情的抒发体现出来。如果说，张九龄第一次受挫折时的诗歌多是抒发其心中的哀愁，那么他在第二次受挫折时的诗歌则有意地抒发了心中的旷怨。

张九龄的第二次受挫折是在做中书令之后，由于与唐玄宗、李林甫等人发生一系列不可调和的矛盾而遭贬斥的。以前，唐玄宗一直把九龄当作文学侍臣。开元二十年（732），九龄"扈从北巡，便祠后土，命公撰赦，对御成文，凡十三纸，初无稿草"，唐玄宗才意识到"比以卿为儒学之士，不知有王佐之才；今日得卿，当以经术济朕"①。次年便拜为中书侍郎同中书门下平章事，又次年升为中书令。与此同时，出身李唐宗室，代表贵族腐朽势力的李林甫也被任命为宰相。张九龄是一个正直的政治家，以天下为己任。而李林甫不学无术，靠投机钻营才致位通显。张九龄曾向玄宗谏道："宰相系国安危，林甫非社稷之臣也。陛下若相林甫，恐异日为社稷忧矣。"② 但不为玄宗采纳，从此，张、李二人之间便产生了难以调和的矛盾。张九龄做中书令期间，针对当时自然灾害严重的状况，建议复置十道采访使，又建议天下籍田，企图改革吏治和时政，振兴经济。但他在主张按军法处斩轻启边衅、败军丧师的安禄山，又在对皇太子的废立，对张守珪、牛仙客等人的封赏问题上屡次犯颜强谏，触怒了唐玄宗，并招致口蜜腹剑的李林甫的暗中逸毁，终于在开元二十四年底被罢为尚书右丞相。紧接着又发生监察御史周子谅引谶书弹劾牛仙客的事件。玄宗大怒，令在朝堂杖笞子谅，逐其出朝，行至蓝田而死。张九龄又坐引人不当，被贬为荆州长史。玄宗后期的刚愎自用，奸邪小人的明刺暗伤，致使刚正贤良不容于朝，甚至有生命之忧。张九龄幽愤地说："幸得不锄去，孤苗守旧根。无心羡旨蓄，岂欲近名园？遇赏宁充佩，为生莫碍门。幽林芳意在，非是为人论。"（《园中时蔬尽皆锄理唯秋兰数本委而不顾彼虽一物有足悲者遂赋二章》其二）诗人自喻"碍门"的兰草，说自己"直似王陵戆，非如宁武愚"（《登荆州城楼》），不会审时度势、察言观色和装聋卖

---

① 《曲江集》附录徐浩《文献张公碑铭》，《四部丛刊》影印明本。
② 张九龄：《奏劾林甫》，见《四部备要》本《曲江集》卷十。

傻,一味犯颜强谏,孤行到底,必然会像周子谅那样被"锄"去,从而透露出"内讼已惭沮,积毁今摧残。胡为复惕息,伤鸟畏虚弹"(《荆州作二首》其二)那种忧谗畏祸的恐惧,同时也表明了"欣欣此生意,自尔为佳节"(《感遇》其一)那样自守本志,孤芳自傲,不求"美人折"的高洁情怀。

荆州时期,张九龄的诗歌创作进入了高峰,数量明显增多,内容更为深广,感情更为幽愤,诗风转向沉郁。从他这时期的《感遇》十二首、《杂诗》五首和登高怀古诸作来看,诗人更是有意识有选择地发愤以抒中情的。试举两例:

> 湘水吊灵妃,斑竹为情绪。汉水访游女,解佩欲谁与?同心不可见,异路空延伫。浦上青枫林,津傍白沙渚。行吟至落日,坐望祇愁予。神物亦岂孤,佳期竟何许?

——《杂诗》其四

> 汉上有游女,求思安可得?袖中一札书,欲寄双飞翼。冥冥愁不见,耿耿徒缄忆。紫兰秀空蹊,皓露夺幽色。馨香岁欲晚,感叹情何极?白云在南山,日暮长太息!

——《感遇》其十

思君恋主和愤世嫉邪是张九龄后期诗歌着重表现的两大主题。这两首诗与上文提到的《忝官二十年尽在内职及为郡尝积恋因赋诗焉》同是思君恋主、追求理想、抒发穷愁哀怨的作品,表现了曲江作品精神的一贯,但前者要比后者渴望之情更为迫切,失志的穷愁旷怨也转为忧愤。如果说,"愿言采芳泽,终朝不盈把"表现诗人身在江海、心居魏阙、忧心不专于事的积恋和旷怨,那么,"神物亦岂孤,佳期竟何许"则表达了诗人对"神物"交合的不容置疑的肯定和对"佳期"迟迟未临的愤慨。《感遇》其十先以男性对游女的追求比喻自己对国家和君王的思念,后以兰花之被秋露摧残比喻君子被小人排斥,接着以白云遮住南山比喻奸臣蒙蔽君主,日暮比喻自己年老离位,难以为力,更是把拯物济世的理想抱负融入到思君、忧国、伤世、自哀等复杂的情感之中抒发出来,给一己的穷愁之情注进了更为深广的社会内容。陈沆在《诗比兴笺》卷三中说:"史迁有言:

九龄风度与盛唐气象

《诗》三百篇,大抵仁圣贤人发愤之所为作也。至唐曲江以姚、宋之相业,兼燕、许之文章。诗人遭遇,于斯为盛,所谓不平之鸣,有托之作,宜若无有焉。此《杂诗》《感遇》诸篇,所以楼重千秋,珠还合浦也。"正指出了张九龄后期诗歌"发愤"的特点。

由此,我们可以发现这样一个事实:"诗缘情"并不排斥"言志",而是将"志"融入热烈的情感之中,进而使情志交融一体。"诗缘情"的"情"是包含着"志"的"情",是经过社会化伦理化了的健康的思想感情,如齐梁宫体诗中那种淫靡堕落的情欲,"诗缘情"者是反对的。由此推之,"情"与"志"具有活跃的质,在创作中处于经常不断变化的状态。虽然在实质上它们是有区别的,但在具体的创作构思中,二者又往往互相渗透,融合统一。不过,"诗言志"和"诗缘情"在处理"情"与"志"之间的关系时,则有主属之分和轻重之别。侧重于"言志",或侧重于"缘情",这是就诗歌创作的主导倾向而言的。陈子昂倡导"诗言志",强调理性在诗歌创作中居于主导的地位,"情"伴随于"志","言志"是自觉地。他后期的《登丘览古赠卢居士藏用》六首和《登幽州台歌》,虽然通过凭吊古迹,缅怀前贤,抒发自己壮志难酬、生不逢时的感慨,感情比前期的《感遇》诸诗远为浓厚,但这些诗在处理情与志之间的关系时,理性仍然在诗人的构思谋篇中起着主导的作用,情还没能转化到矛盾的主导方面。张九龄主张"诗缘情""诗可以怨",感情的抒发在诗歌创作中始终居于主导的地位,"志"被融入于"情",抒情是自觉的,故他的诗歌更具有感人的情味。

在唐代诗歌革新运动史上,在抒写一己的穷通出处这一主题中,陈子昂和张九龄分别以"诗言志"和"诗缘情"的创作精神影响着李、杜的诗歌创作。

李白在《古风》其一说:"大雅久不作,吾哀竟谁陈?"表达了他"志在删述",希望"辉映千春"的理想。朱偰先生将李白的《古风》分为论诗、言志、感遇、咏史、寓言五大类,其中"言志"类就列有十二首之多。① 杜甫的诗歌如《望岳》就表达了青年时代"会当凌绝顶,一览众山小"的雄伟志向;《房兵曹胡马》则借马寓志,抒发诗人"万里可横

---

① 参见朱偰《李白〈古风〉研究》,见《李白研究论文集》,中华书局1964年版,第58页、第59页。

行"的宏伟抱负。二人的这类作品在创作精神上显然直接受到陈子昂"诗言志"的影响。

然而,李白是一个胸怀大志却生不逢时的诗人,他的诗歌更多的是抒发了自己政治失意的愤怒和牢骚。如《行路难》《梁园吟》《梁甫吟》《将进酒》《梦游天姥吟留别》《答王十二寒夜独酌有怀》等优秀诗篇,侧重主观感情的抒发,挥斥诗人不同时期政治失意的牢骚和幽愤。杜甫也是一个胸怀"致君尧舜上,再使风俗淳"的远大抱负,却是以"十年婴药饵,万里狎樵渔"而终老的诗人,他的诗歌也常常抒发出自己的穷愁和幽怨。刘开扬先生在《唐诗通论》中指出,张九龄的《登荆州城望江二首》"对杜甫的《白帝城最高楼》当有一定的影响",我们认为是正确的。不仅如此,我们如果拿张九龄自述身世遭遇、抒写穷通忧乐的《酬周判官巡至始兴会改秘书少监见贻兼呈耿广州》《酬王履震游园林见贻》《南还以诗代书赠两省旧寮》等诗与杜甫抒写一己穷通中情的《壮游》《奉赠韦左丞丈二十二韵》《自京赴奉先县咏怀五百字》等诗作一比较,也可以看出张九龄在创作精神上对杜甫的影响。

(2)张九龄的"诗品醇"还表现在,他反映社会现实的诗歌直接继承了古乐府民歌的怨刺精神,"感于哀乐,缘事而发",在一定程度上摆脱了"风雅比兴"观念的束缚,使诗歌成为感时伤世、自由抒情的文学。

"诗言志,指的是表见德性",注意诗歌本身的思想意义和社会政治效果,与儒家的经世教化紧密相连。"四杰"提出以诗传"周公孔氏之教",要"导源于礼乐","尽力于丘坟";陈子昂提倡"风雅""兴寄",企图把诗歌当作述经传道和经世教化的特殊工具。"风雅比兴"作为中国古典诗歌中正统的美学准则,在许多地方限制了诗人思想和创作的自由,同时也就否定了抒情的自由。汉儒就是以"风雅比兴"的观念曲解《诗经》的,如郑玄笺《关雎》为"后妃之德也",《葛覃》为"后妃之本也"。屈原正是在其作品中抒发了愤世嫉邪之情和对君王的哀怨,表露了他对黑暗势力的抗争,便被斥为"露才扬己","责数怀王,怨椒、兰,愁神苦思,强非其人,忿怼不容,沈江而死,亦贬絜狂狷景行之士",他的作品也被认为是"多称昆仑冥婚宓妃虚无之语,皆非法度之政、经义所载"(班固《离骚序》)。这些事实均可以表明,坚持"风雅比兴"就要"主文而谲谏",为封建政教服务,企图把文学作品化成道德学的教科书。

陈子昂在诗论中倡导"风雅"和"兴寄",他的诗歌更是自觉地执行其"以义补国""论道匡君"的社会职责。我们在上文提到，他的《感遇》诗就有10多首是颂美圣明、履行政教的作品。如《感遇》其十七：

　　圣人不利己，忧济在元元。黄屋非尧意，瑶台安可论。吾闻西方化，清净道弥敦。奈何穷金玉，雕刻以为尊？云构山林尽，瑶图珠翠烦。鬼工尚未可，人力安能存？夸愚适增累，矜智道逾昏。

此诗便以儒家尊崇的圣尧忧劳百姓，不以黄屋为尊的德政讽谕武则天的大规模兴建佛寺，仿佛是一篇谏疏。他的《感遇》其二十九，也是以儒家仁政天下的道理来规劝武后准备开凿蜀山、由雅州道攻击生羌的行动，与其《谏雅州讨生羌书》同一意旨。这样把诗歌当作经典教义的传声筒和押韵的谏疏，虽然有一定的政治意义，但忽视了文学本身的艺术特点，使诗歌缺乏形象性和情味。这种创作思想对杜甫的《北征》《塞芦子》《留花门》等作品的创作应有一定程度的影响，而对白居易的"讽谕诗"的影响尤为深远。张九龄某些反映社会现实的诗歌也还没有摆脱这种观念的束缚。如《奉和圣制送尚书燕国公赴朔方》，开头便以"宗臣事有征，庙筭在休兵"讽劝唐玄宗"休兵"，劝告张说弃武怀柔，反对穷兵黩武。《奉和圣制送十道采访使及朝集使》更是直接以诗歌来表述其仁政爱民的政治主张。

但是，张九龄绝大部分反映社会现实的诗歌，直接继承了古乐府民歌的怨刺精神，感于哀乐，缘事而发。如《奉和圣制初出洛城》：

　　东土淹龙驾，西人望翠华。山川只询物，宫观岂为家！十月星回斗，千官捧日车。洛阳无怨思，巡幸更非赊。

此诗作于开元二十四年（736）冬，诗人随驾由东都洛阳返回西京长安途中。李肇《唐国史补》载："明皇在东都，欲西幸，裴稷山、张曲江谏曰：'百姓场圃未毕，请待冬仲。'是时，李林甫为相，窃知圣意，及旅退，佯为蹇步。上问之，乃言：'二京，陛下东西宫也。将欲驾幸，焉用选时？假有防刈获，独可蠲免沿路租税。臣请宣示有司，即日西幸。'上大悦。自此车驾至长安不复东。旬日，耀卿、九龄俱罢，而牛仙客进。"诗一开始，诗人便巧妙地借用虚有的西人望君归含蓄地讽刺唐明皇不顾农

时的执意归。"十月星回斗"既点名了西幸的时间，又借天文运转的规律暗喻玄宗的西行，同时也是在暗斥皇帝的旨意如同自然法则一样难以更改啊！"千官日捧车"则通过对帝王巡幸时盛大排场的描绘表露了诗人对此次不顾农时的巡狩的劳民伤财的不满。后二句明显是反话正说，怨愤之情溢于言表。他还在稍后作的《奉和圣制次琼岳韵》中说："山祇亦望幸，云雨见灵心。岳馆逢朝霁，关门解宿阴。咸京天上近，情渭日边临。我武因冬狩，何言是即禽？"与上首诗显然是同一意旨。歌功颂德、美化帝王、粉饰升平当是应制诗的本色。自齐梁沈约到初唐的上官仪和陈子昂，他们的应制诗都没有越雷池一步。而张九龄却能在其应制诗中披露对君王的不满，应是对应制诗的改造。这种将颂美圣明转变为抒写怨情，最有力地证明，张九龄的诗歌意境超越了"风雅比兴"的美学准则，转向自由地抒写怨情。

张九龄后期的诗歌还带着炽热的感情去批判时弊，如《感遇》其七：

江南有丹橘，经冬犹绿林。岂伊地气暖，自有岁寒心。可以荐嘉客，奈何阻重深。运命惟所遇，循环不可寻。徒言树桃李，此木岂无阴！

《旧唐书》卷九十九《张九龄传》载："李林甫自无学术，以九龄文行为上所知，心颇忌之。乃引牛仙客参知政事，九龄屡言不可，帝不悦。""林甫以其言告仙客，仙客翌日见上，泣让官爵。玄宗欲行实封之命，兼为尚书，九龄执奏如初。帝变色曰：'事总由卿？'九龄顿首曰：'陛下使臣待罪宰相，事有未允，臣合尽言，违忤圣情，合当万死。'玄宗曰：'卿以仙客无门籍耶？卿有何门阀？'九龄对曰：'臣荒徼微贱，仙客中华之士，然陛下擢臣践台阁，掌纶诰；仙客本河湟一使典，目不识文字，若大任之，臣恐非宜。'林甫退而言曰：'但有材识，何必辞学，天子用人，何有不可？'玄宗滋不悦。"① 张九龄与李林甫之间的斗争反映了盛唐初期新兴的中小地主阶级和腐朽的宗室贵族集团之间的矛盾。由于唐玄宗后期的自满淫佚和李林甫等人的结党营私，讲论门阀之风又渐滋长。"这篇诗赞美丹橘，说其后凋的性格同于松柏，能够给人遮阴，供人吃果的好处又同

---

① 《旧唐书》卷一百六《李林甫传》，中华书局1975年版，第3237页。

于桃李,但因为生产南方,山重水深,无法呈献给嘉客,这乃是一种难以推寻的命运。它事实上是以橘树比喻贤士,慨叹他们虽有品德才能,但没有为人民国家服务的机会。诗人在当时不可能认识到是封建制度本身所造成的缺陷,所以只能归之于运命。"① 我们认为,张九龄此诗是有感于唐玄宗的质问和李林甫的暗伤而发的,诗人对封建门阀制度是有比较清楚的认识的。他在同时期所做的《荔枝赋》中嘉赞荔枝"其实可以荐宗庙,其珍可以羞王公",但"亭十里而莫致,门九重兮曷通?山五峤兮白云,江千里兮春枫。何斯美之独远?嗟尔命之不逢。每被销于凡口,罕获知于贵躬。柿何称乎梁侯,梨何幸乎张公,亦因地之所遇,孰能辨乎其中哉!"荔枝和丹橘生长于南方,都是"因地之所遇",徒有美质而终不能荐献嘉客,可见他是"能辨乎其中"的人,只是在诗歌中不便明言罢了。"徒言树桃李,此木岂无阴!"诗人在诗中把丹橘和桃李作一比较,表达了自己对压抑贤才的门阀制度的极大愤慨。这样的诗,没有讽谕和说教,有的是批判的力量、高尚的品格和不饰的怨愤。

张九龄后期的诗歌还直接地面向社会民生,抒发愤世嫉邪、忧国忧民的感情。《登古阳云台》借古喻今,直接批判昏君;《咏史》《咏燕》或借古喻今,或托物言情,矛头直接指向口蜜腹剑的李林甫。而这种感情更集中地体现在他的《感遇》其六:

> 西日下山隐,北风乘夕流。燕雀感昏旦,檐楹呼匹俦。鸿鹄虽自远,哀音非所求。贵人弃疵贱,下士尝殷忧。众情累外物,恕己忘内修。感叹长如此,使我心悠悠。

此诗作于诗人罢相之后。玄宗"即位以来,所用之相,姚崇尚通,宋璟尚法,张嘉贞尚吏,张说尚文,李元纮、杜暹尚俭,韩休、张九龄尚直,各其所长也。九龄既得罪,自是朝廷之士,皆容身保位,无复直言"②,任凭李林甫、杨国忠等人结党营私、胡作非为了。张九龄有感于朝政的紊乱、唐玄宗的迟暮不醒和李林甫等人的误国殃民而慷慨悲歌。诗

---

① 沈祖棻、程千帆:《古诗今选》(征求意见稿)上册,南京大学中国语言文学系1979年,第171页。

② 《资治通鉴》卷二百一十四开元二十四年。

一开头便描绘了一幅北风凛冽、日落黄昏、暮气沉沉的图景，燕雀嘈杂着在檐楹呼俦，鸿鹄哀号而孤独远逝。这正是张九龄见放、李林甫得势时期政治清明已经过去、黑暗就要降临的社会现实的象征。"燕雀"比喻身居要路的"贵人"，"鸿鹄"比喻被逐荒野的"下士"。诗人用"感昏旦"三字，道出了窃位小人善于观察风时、投机钻营的卑劣本质，又用一"呼"字，活灵活现地勾勒出小人得意忘形的丑态；接着以一"哀"字表达了普天之下失意沉沦之士即时而生的心灵感受。"贵人"身居高位，以权谋私，置国计民生于脑后而不顾，而"下士"虽流落荒野，却殷忧国事。这是多么黑暗的社会现实，又是多么令人痛心疾首的残酷悲剧啊！诗人尖锐地针砭了时政，揭露和谴责了奸邪小人尸位素餐的无耻行径，表明了他对政治的清醒和对国事的殷忧。

有人认为张九龄的"十二首《感遇》没有一首可以找出与当时历史有任何的直接联系，甚至连一首咏史题材都没有"①，这是不符合事实的。张九龄后期反映社会现实的诗歌已经摆脱了政教观念的束缚，不像陈子昂的诗歌那样以补察时政的精神去讽谏，而是继承了古乐府民歌的怨刺精神，感于哀乐，缘事缘情而发，"诗情缘境发"，客观世界的面貌，经过作者的变形，映照在诗人的情感世界之中，故他的诗歌绝大多数不是补察时政的政教工具，也不能令人感到"与当时历史有任何的直接联系"，而是真正地成为感时伤世、自由抒写怨情的文学。

由此我们可以这样认为，只有摆脱"风雅比兴"的政教观念的束缚，才会给诗人带来思想自由、创作自由和抒情自由的文学春天。白居易从《秦中吟》《新乐府》到《长恨歌》和《琵琶行》的创作道路，正有力地证明了这一点。古代诗人向古乐府民歌学习，主要也就是学习其感于哀乐、缘事而发、自由抒情的创作精神，用自由的抒情代替风雅讽谕之理，从而创作出感人肺腑的不朽诗篇。东汉抒情小赋的作家之所以能够摆脱西汉大赋"劝百讽一"的影响，白居易之所以能由早期的"讽谕诗"转向中后期"感伤诗"和"闲适诗"的创作，最主要的原因正在这里。

在唐代诗歌革新运动史上，陈子昂是倡导风雅讽谕的旗手，张九龄则是坚持缘情抒愤的先驱，他们对李、杜均有不同程度的影响。朱俊先生把

① 田南池：《试论李白〈古风〉五十九首的继承与革新》，载《唐代文学论丛》1984年总第6期。

李白的《古风》分出"感遇"一门说:"太白感遇诗,上承陈子昂,近接张九龄,而变化过之。"① 我们认为朱先生的看法是有根据的,遗憾的是他没有具体地指出李白"承"什么、"接"什么,又怎样"变化"。明代胡震亨在《唐音癸签》中就曾指出,李白的《古风》有"抒发性灵,寄托规讽"两大特点。我们认为,"寄托规讽"便是"上承陈子昂",如《古风》其一、其三十五便慨叹"大雅久不作"和"颂声久崩沦",而想重振"风雅";"抒发性灵"便是"近接张九龄",把诗歌当作自由抒写怨情的文学,这类诗在《古风》中比比皆是,举不胜举。如《古风》其四十六:"一百四十年,国容何赫然。隐隐五凤楼,峨峨横三川。王侯象星月,宾客如云烟。斗鸡金宫里,蹴鞠瑶台边。举动摇白日,指挥回青天。当涂何翕忽,失路长弃捐。独有扬执戟,闭关草太玄。"在感时伤世、抒写怨情这一点上,与上文所分析的张九龄的《感遇》其六的精神是一致的。不过,李诗的感情要比张诗来得豪爽,形象更为奇丽。杜甫即事而发的乐府诗,如著名的"三吏""三别",将爱国、忧民、愤世、嫉恶等错综复杂的思想感情,完全通过对客观现实的描述体现出来,在创作精神上显然受到张九龄的怨刺精神的影响。无怪乎白居易在《与元九书》中说:

> 又诗之豪者,世称李、杜。李之作,才矣奇矣,人不逮矣,索其风雅比兴,十无一焉。杜诗最多,可传者千余首。至于贯串今古,觙缕格律,尽工尽善,又过于李。然撮其《新安吏》、《石壕吏》、《潼关吏》、《塞芦子》、《留花门》之章,"朱门酒肉臭,路有冻死骨"之句,亦不过三四十首。杜尚如此,况不逮杜者乎!

过去理论界多认为白居易对李、杜诗歌的评价存在着偏颇和错误,而这个偏颇和错误就是过分地指责李、杜诗歌较少地继承"风雅比兴"的传统。我们认为,恰恰相反,这正是白居易从李、杜的创作实际出发,以"风雅比兴"的美学准则去品评李、杜诗歌所得出的正确结论。它从反面向我们暗示了一个事实——在唐诗革新运动史上,李、杜绝大多数反映社会现实的诗篇,不是风雅讽谕的文学,而是感时伤世、批判现实,自由抒情的文学,他们更多的是受到张九龄所重新倡导的"诗缘情""诗可以

---

① 朱偰:《李白〈古风〉研究》,见《李白研究论文集》,中华书局1964年版,第60页。

怨"的创作精神的影响。如果说白居易对杜诗的评价存在着偏颇和错误的话，我们认为也不是表现在其对杜诗的创作精神的评价方面，而是表现在他或断章取义，或生硬地用"风雅比兴"的观念去解释"三吏"的主导精神和整体意义方面。杜甫的"三吏"是抱着"唯歌生民病，叹息肠内热"的思想感情去反映社会现实，集中地表达了老杜感时伤乱、愤世嫉邪、忧国忧民而又期望振国安民等矛盾复杂的思情意绪，是不能只用"风雅比兴"来概括和评价其思想意义的。白居易不过是企图从杜诗中寻找"讽谏之语"和"义兼风雅"的内容来为其创作"首句标其目，卒彰显其志"的《新乐府》制造理论根据罢了。"杜况如此，况不逮杜者乎！"通过分析李、杜的诗篇，我们便可以推知盛唐诗人创作的主导精神了。

（3）张九龄的"诗品醇"，不仅仅表现为感情的升华，而且还表现为表现艺术的提高。他善于运用比兴融合的手法穷写物貌以传情，抒情与状物相得益彰。他的诗歌，抒情性和形象性尤为突出，从内到外初步完成了对初唐诗歌的创新和发展。

张九龄不但在其诗歌中自觉地抒写了一己穷通的愁思和怨愤，而且还自由地抒发了感时伤世、愤世嫉邪的感情。然而，沈德潜不但没有指责他的诗歌"露才扬己""非法度之政、经义所载"，反而还赞美他的"诗品醇"，这又是什么原因呢？综观张九龄的诗歌，我们便会发现：他的诗歌，善于运用比兴手法，通过艺术形象含蓄曲折地抒发胸中的怨愤，浓郁之情被物象之"隔"，"冲"而"淡"之，不失"中和之美"。故沈德潜在《唐诗别裁集》卷一中指出："《感遇》诗，正字古奥，曲江蕴藉，本原同出嗣宗，而精神面目各别，所以千古。"翁方纲《石洲诗话》卷一也说："曲江公委婉深秀，远出燕、许诸公之上，阮、陈而后，实推一人，不得以初唐论。"

"比兴"是中国古典诗歌传统的表现手法。就"比"来说，大致有两类：一是无寄托的"比"，二是有寄托的"比"。无寄托的"比"，只是为了状物，并无思想寄托，初唐李峤的咏物诗大部分属于这一类。有寄托的"比"，既用比喻状写物象，又将思想感情和某种认识、某种道理寓于其中，使其具有深刻的含义，如骆宾王的《在狱咏蝉》就属于这一类。就"兴"来说，也可以分为两种：一种是不含比喻的"兴"，只起发端的作用，或先言之物与诗的内容无关，或先言之物与诗的内容有密切的联系，有触物起情的作用。前者如《诗经·秦风·晨风》首章，它与下四句没有任何意义上的联系，其作用只是为了引起下文，使诗歌曲折委婉，而不给人以突兀的感觉。后者如杜甫的《春望》，残破的国家、虚废的京城、荒凉的山河、蔓生的草木，却触动了诗人忧时伤乱的情思，以致对花溅泪，听鸟惊心，但"花"、"鸟"等物只是起情的媒介，本身没有更深的含义。另一种是有比喻意义的"兴"，具有发端和喻义的双重作用，如陈子昂《感遇》其二十三中"翡翠"的形象。古人对这一种"兴"和有寄托的"比"往往很难区别。王逸《离骚经序》说："《离骚》之文，依诗取兴，引类譬喻。故善鸟香草以配忠贞，恶禽臭物以比谗佞……飘风云霓以喻小人。"① 既说"取兴"，又说"譬喻"，就把有寄托的"比"和有比喻意义的"兴"视为一体现象。虽然如此，"比"与"兴"仍有其不同的侧重，而在怎样运用"比兴"这一问题上，尤其存在着理论分歧。刘勰在《文心雕龙·比兴》篇中说："比者，附也；兴者，起也。附理者切类以指事，起情者依微以拟议。"这也就是说，"比附事理要完全切合所说的事物，触物兴情可以根据事物的一端来进行发挥"②。这便是"比"与"兴"之间的差别。刘勰还认为"兴"更含蓄委婉，辞曲意深，具有"婉而成章，称名也小，取类也大"的作用，故批评汉人"日用乎比，月忘乎兴"是"习小而弃大"。很明显，刘勰提出"讽兼比兴"，其实是偏重于"兴"义，即"根据事物的一端来进行发挥"，为其"讽"服务的。钟嵘《诗品序》说："文已尽而意有余，兴也；因物喻志，比也。"则从表现特点和作用两个不同的角度分别解释"比兴"，指出二者隐喻的共性，又指出二者表现形式的不同。"比"侧重于"因物"寓意，"兴"侧重于寄托遥深。钟嵘主张赋、比、兴"酌而用之"，"指事造形，穷情写物"，这样的诗歌才有"滋味"。由此可见，在诗歌创作中如何运用比兴来表情达意，是直接受到诗人的创作意识和审美趣向的制约的。

陈子昂倡导"兴寄"，是为其"诗言志"和风雅讽谕服务的，他与刘勰的"比兴"观一样，侧重的是"兴"义。张九龄虽然在诗论中没有直接标举"比兴"二义，但他明确地表明效法《诗》《骚》，"歌《沧浪》以放言，咏《蟋蟀》以伤俭"，可见他是主张兼用比兴来传情的。刘禹锡说"（张九龄）自退守荆州，有拘囚之思，托讽禽鸟，寄辞草木，郁然与

---

① 《四部丛刊》影明翻宋本《楚辞》卷一。
② 郭晋稀：《文心雕龙注释》，甘肃人民出版社1963年版，第460页。

骚人同风"①，也可证明这一点。刘熙载《艺概》卷二《诗概》说："曲江之《感遇》出于《骚》，射洪之《感遇》出于《庄》，缠绵超旷，各有独至。""出于《庄》"的特点是寓理于喻借助形象来发表议论；"出于《骚》"的特点是比兴融合以传情，就其象来看是"比"，就其"意随象显"来看则是"兴"。

我们试以陈子昂《感遇》其二十三和张九龄《感遇》其四加以比较：

孤鸿海上来，池潢不敢顾。侧见双翠鸟，巢在三珠树。矫矫珍木巅，得无金丸惧？美服患人指，高明逼神恶。今我游冥冥，弋者何所慕？（张九龄《感遇》之四）

翡翠巢南海，雌雄珠树林。何知美人意，骄爱比黄金。杀身炎州里，委羽玉堂阴。旖旎光首饰，葳蕤烂锦衾。岂不在遐远，虞罗忽见寻。多材因为累，叹息此珍禽。（陈子昂《感遇》之二十三）

陈诗以翡翠喻贤士，借翡翠的惨遭杀害，漂亮的羽毛被拿去装首饰、织锦衾来说明"多材固为累"的道理。这便是寓理于喻，诗人直接出面，"根据事物的一端来加以发挥"，发表自己的议论见解。张诗中的"孤鸿"喻在野贤士，"双翠鸟"喻在位贤臣，二者分别是作者不同时期的化身。"孤鸿"是用比兴交融的手法塑造出来的艺术形象，它既是发端又是比象。诗人通过"孤鸿"之眼去观"巢在三珠树"上的"双翠鸟"，设身处地地为其危险而担忧，并托"孤鸿"之口来表达超越世外、全性保真的心理。张九龄在比兴中兼用对比的手法，先将"孤鸿"与"双翠鸟"两者不同的身份和地位鲜明区别开来，又用拟人化的手法，描写了"孤鸿"的行动和心理活动，使其因被赋予了人的思想感情而活灵活现。陈诗中的"翡翠"只有美丽的外表，而张诗中的"双翠鸟"不但有外在的"美服"，而且还有内在的"高明"，内涵更为丰富。更重要的是，张诗是以"孤鸿"的形象表达失志的贤人忧谗畏祸的恐惧和超然尘外的逸情，又以"双翠鸟"的遭遇委婉地透露出诗人对贤良不容的黑暗现实的愤慨。诗人并没有直接出面发表议论，而是"完全切合所说的事物"，触物兴情，穷情写物，

---

① 《旧唐书》卷一百六十《刘禹锡传》。

情缘境发，意随象显。

寓理于喻，往往流入议论，故陈子昂的诗从总体上来看显得质朴古奥，质胜于文，形象不够丰满，表现艺术缺乏创新，"大半局于摹拟，自己真气仅得二、三分"①，"失自家体段"②。张诗比兴融合以传情，故能沿隐以至显，因内而符外，自觉地追求思想感情的感性显现，使得他的诗歌委婉深秀而姿态横生：

上苑春先入，中园花尽开，惟馀幽径草，尚待日光催。
——《答太常靳博士见赠一绝》

纤纤良田草，靡靡唯从风，日夜沐甘泽，春秋等芳丛。生性苟不失，香臭谁为中……
——《杂诗》其五

孤桐亦胡为？百尺傍无枝。疏阴不自覆，修干欲何施？高冈地复迥，弱植风屡吹。凡鸟已相噪，凤凰安得知？
——《杂诗》其一

芳意何能早，孤荣亦自危。更怜花蒂弱，不受岁寒移。朝雪那相妬，阴风已屡吹。馨香虽尚尔，飘荡复谁知？
——《庭梅咏》

抱影吟中夜，谁闻此叹息？美人适异方，庭树含幽色。白云愁不见，沧海飞无翼。凤凰一朝来，竹花斯可食。
——《感遇》其九

这些诗或以自然物象切喻社会现象，或以自然物理附托身世感受，自觉地将抒情、言志、状物三者为一炉，从情志交融到情景交融，使志有所

---

① 厉志：《白华山人诗说》卷一，载郭绍虞编选《清诗话续编》四，上海古籍出版社1983年版，第2277页。

② 叶燮：《原诗》内篇，人民文学出版社1998年版，第8页。

附，情有所依，形有所本。故张九龄的诗歌创作能"发舒神变，学古而为我用，毫不为古所拘"①，"何尝似后人步趋不失尺寸"②。

张九龄的诗歌创作学古而为我所用，不屑于蹈袭前人旧径，而是随着生生不息的激情去搜求物象、创造布新。这种精神也直接影响着李、杜的创作。李白是盛唐诗国中运用比兴以传情的巨匠。如《古风》其四十九："美人出南国，灼灼芙蓉姿。皓齿终不发，芳心空自持。由来紫宫女，共妒青蛾眉。归去潇湘沚，沉吟何足悲。"就把自己比作绝世的美人，把谗害他的小人比作妒妇，写出他"安能摧眉折腰事权贵，使我不得开心颜"那种虽遭放逐但毫不留恋的心情。被中唐姚合称之为"羞为无成归"而作的《蜀道难》，便是以山川艰险为比兴手段的挥斥幽愤之作。杜甫《同元使君春陵行》更是把"比兴"称之为"比兴体制"，可见他对诗歌创作兼用比兴的高度重视。陈廷焯《白雨斋词话》卷一："所谓沉郁者，意在笔先，神余言外，写怨夫思妇之怀，寓孽子孤臣之感。凡交情之冷淡，身世之飘零，皆可于一草一木发之，而发之又必若隐若现，欲露不露，反复缠绵，终不许一语道破，匪独体格之高，亦见性情之厚。"

张九龄的诗歌创作从总体来看初步摆脱了政教观念的束缚，把诗歌当作自由抒情的文学；同时，他又遵循钟嵘"指事造形，穷情写物"的原则，比兴兼用，穷写物貌以传情。这使得他的诗歌"情至语正，不须粉饰"（黄周生《唐诗快》卷八），"结体简贵，造言清冷"，"含清拔于绮绘之中，寓神俊于庄严之内"（胡震亨《唐诗癸签》卷五），形成了自己自然清丽、委婉深秀的独特一格，使诗品达到了"醇"的境界，实现了由内到外初步完成了对初唐诗歌的发展和创新。因此，高棅在《唐诗品汇》中指出："张曲江《感遇》等作，雅正冲淡，体合风骚，骎骎乎盛唐矣。""雅正冲淡"是就曲江的创作风格而言的。"雅正"，在此应指曲江诗"情至语正，不须粉饰"，有别于齐梁以来绮靡婉错的诗风。"冲淡"，应指曲江诗善用比兴，冲和淡泊而韵味悠长，有别于陈子昂的直朴古奥。"雅正冲淡"本是"风骚"本色，曲江继承了，则被盛唐诸公发扬光大。

李白是以抒情见长的诗人。他本着"飞扬跋扈"的个性来抒发其奔放的激情，成就其惊天地、泣鬼神的诗歌，情味远比张诗浓烈。如果说张诗

---

① 厉志：《白华山人诗说》卷一，载郭绍虞编选《清诗话续编》四，第2277页。
② 乔亿：《剑溪说诗》又编，载郭绍虞编选《清诗话续编》二，第1117页。

是醇酒，那么李诗便是烈酒。李白在运用比兴时又多不像张九龄那样详切物貌，而呈现极大的夸张变形，如《秋浦歌》中的"白发三千丈，缘愁似个长"，《蜀道难》中描写蜀道的险峻来寄托人世间道路的坎坷，使得他的诗奇异变幻，富丽辉煌，这些又是张九龄难以企及的。横跨盛、中两唐的杜甫，他的诗多以一己之情传普天下受苦受难者的不幸，如《茅屋为秋风所破歌》，感情远比张九龄深厚和更具有广阔的社会内容。他在运用比兴时，又必若隐若现，欲露不露，反复缠绵，沉郁婉转，韵高味厚，更胜于张九龄。尤其是老杜即事名篇而被称之为"诗史"的乐府诗，寓情于叙事写实之中，更道出了张九龄所未道。可见，李、杜在创作精神上虽然受到张九龄的影响，但在具体的创作实践中又有创新的发展。

愤怒出诗人，"诗可以怨"更能展现出诗人丰富复杂的心灵生活，更能反映千姿百态的社会人士，使诗歌具有更高的审美价值。屈原、贾谊、曹植、左思、鲍照、陶潜等人的作品，便是先唐诗可以怨的主流。然而不幸的是，在齐梁宫体诗和"永明体"诗统治诗坛的时期，情欲代替了怨情，形式的拼凑淹没了内容的发掘。初唐诸君奋起改革，但为何未能使唐诗尽快地走向自由发展和昌盛繁荣呢？除了社会环境、作家的生活经历等外在因素外，最主要的原因之一，就是"四杰"和陈子昂等人在创作思想上一直受到"诗言志"和"风雅比兴"观念的束缚，还没有真正认识到"诗缘情""诗可以怨"、比兴融合以传情的审美价值和意义，故他们的诗歌大多数还只停留在直观的自发歌唱，未能转入自觉和自由的发愤抒情，在思想和表现艺术上多蹈袭前人旧径，缺少创新。张九龄继承了"四杰"和陈子昂诗歌革新的精神，并从理论上加以发展和作出了实践的榜样，自觉地恢复"诗缘情""诗可以怨"的传统，为盛唐诗人指明了一条批判现实、自由抒情的道路，迎来了李、杜创作的春天。戴上诗人桂冠的李白和杜甫是骄傲的，而导夫先路的张九龄也是可敬的。

三、对盛唐山水诗创作的影响

中国的山水诗作为一种独立的文学式样，从刘宋的谢灵运到盛唐的王维和孟浩然，经历了漫长的三个世纪，才从幼稚的孩童时期走向成熟的、朝气蓬勃的青年时代。盛唐山水诗成熟的重要标志，便是由六朝以模山范水、谈玄论理为主导倾向的山水诗逐步演变为盛唐以形写神、抒情写意的山水诗。在唐代诗歌发展史上，张九龄是继二谢之后，大力创作山水诗，并把盛唐山水诗创作引向以形写神、抒情写意的开路人。

盛唐山水诗能由六朝的模山范水演变为抒情写意，是与盛唐文人对自然山水的审美趣味以及一代诗风的转变紧密相关的。张九龄则在其中起着重要的作用。

刘宋时期的偏安局面，社会经济的相对繁荣，政治制度的日趋腐朽，使得一大批旧贵族文人过着物质丰富而政治失意的悠闲生活，于是逃避现实，由清谈玄理渐而转向遨游山水，以排遣心中的苦闷，这便是六朝山水诗产生的社会基础。谢灵运18岁袭封康乐公，但到了刘宋时期，他感到自己的特权地位受到威胁，政治欲望不能满足、心怀愤恨，既不"康"也不"乐"。政治上的失意，加上没有高尚的生活理想，决定了谢灵运只是把自然山水当作其在声色犬马之外寻找感官上的满足的愉悦对象，故他的山水诗，审美主体和审美客体之间缺乏内在的感情联系，大多是自然景物的堆砌和罗列，时有佳句而无完篇。

盛唐是一个繁荣到了极点而又日趋腐败，令人欢欣鼓舞而又令人悲观失望的时代。社会的安定、经济的繁荣、科举的盛行，使一大批有才识的中下层知识分子看到了前途和光明，于是承运而起，仗剑去国，辞亲远游，踏遍千山万水，去寻找建功立业的机会。祖国的奇山秀水，引人入胜，使他们豪情奋起，写出了许多像张九龄的《湖口望庐山瀑布水》、李白的《望庐山瀑布》、王之涣的《登鹳雀楼》、岑参的《走马川行奉送封大夫出师西征》等那样胸襟开朗、令人激昂向上、充满浪漫色彩的山水诗篇。但统治阶级的日趋腐朽，特别是张九龄被李林甫排挤掉以后，贞观以来的开明政治由此结束，而从此开始了大贵族集团的腐化政治与黑暗统治，又使得盛唐文人感到当代的封建社会并不那么切合想象中的理想模式，于是又渐而产生了急流勇退、消极避世、持守高洁的思想，自觉或不自觉地投入了大自然的怀抱，在自然山水中寻求理想的寄托，带着内心的忧伤发出了像张九龄的《自湘水南行》、孟浩然的《望山潭》、王维的《山居秋暝》等那样清丽典雅、冲和淡泊、美妙自然的低吟。时代光明与黑暗的斗争引发了知识分子内心中入世与出世的矛盾。理想与现实的冲突扭曲了人们的心灵，增加了人们的思想深度。于是，"避世辞轩冕，逢时解薜萝"（张九龄《商洛山行怀古》），表达了盛唐文人的处世心理；"愿言答休命，归事丘中琴"（张九龄《出为豫章郡次庐山东岩下》），则成为一代文人"功成身退"的生活理想。如果说，谢灵运式的游山玩水多表现为政治失意后的怪诞行为,那么,张九龄式的放浪山水则表现为人生失意后的养志待时。张九龄虽然也像谢灵运那样不忘情于政治,却不像谢灵运那样仅仅把自然山水当作声色犬马之外寻找感官上愉悦的对象,而是把自然山水当作自己情性的知音。他在《题山水画障》中说:

> 心累犹不尽,果为物外牵。偶因耳目好,复假丹青妍。尝抱野间意,而迫区中缘。尘事固已矣,秉意终不迁。良工适我愿,妙墨挥岩泉。变化合群有,高深俨自然。置陈北堂上,仿像南山前。静无户庭出,行已兹地偏。萱草忧可树,合欢忿益蠲。所因本微物,况乃凭幽筌。言象会自泯,意色聊自宣。对玩有佳趣,使我心渺绵。

这虽是一首品评山水画障的诗,但从中可以了解张九龄对自然山水的审美趣味。"变化"二句指的是"形似","静无"二句则赞叹了"良工",画出了始兴南山"静"与"偏"的独特神情。诗人不但熟悉当时山水画"以形写神"的表现技法,而且在与山水画障的"对玩"中,审美主体与审美客体之间发生了情感的交流,内心蹉跎恬淡的情绪与始兴南山"静""偏"的精神个性交融一体。诗人从始兴南山中发现了自我,从而在审美的观照中获得了无穷的"佳趣"。由于张九龄把山水风物当作自己情性的知音,因而他在《陪王司马宴王少府东阁序》中就很自然地提出因山水以抒情,赋诗以扬江山之美的创作主张。

山水诗,顾名思义,便是以自然山水为描写对象的诗歌。既然是以自然山水为描写对象,就要求山水诗必须描绘出自然山水的形态;既然又是诗,就要求山水诗要传达出诗人的思想感情。要使自然山水的形态与诗人的思想感情吻合一体,诗人在山水诗创作中必须贯彻寓情于景,因山水以抒情的创作原则,这是与"比兴"不同的地方。"比兴"可以依诗取兴,引类譬喻,引之则来,挥之则去,有巨大的主观随意性,而因山水以抒情却不能随便离开所咏的山水形象。盛唐山水画"以形写神"的表现技法,则为山水诗人开通了因山水之形传诗人之情的表现途径。

"以形写神"本是中国画论家对传统绘画塑造艺术形象和创造典型性格所进行的具有美学意义的概括。东晋著名画家顾恺之在《魏晋胜流画赞》中首次提出"以形写神"说,把形神兼备作为衡量绘画最高的审美标准。南齐谢赫在《古画品录》中提出"六法":"一、气韵,生动是也;

二、骨法，用笔是也；三、应物，象形是也；四、随类，赋彩是也；五、经营，位置是也；六、转移，模写是也。""六法"是不容分割的统一整体，可以看作顾氏"以形写神"的最好注脚。但是，顾、谢二人主要是针对人物、禽兽画而言的。人物禽兽，移生动质，变态不穷，故画具有生命的对象容易实现"以形写神"，所谓颊上添毫，"如有神明"①，眼中点睛，便欲言语，便是最好的例证。而将"以形写神"的创作精神运用于山水画的创作，则经历了一个漫长的实践过程，直到盛唐山水画家的手里才正式完成。与谢灵运同时期的画论家宗炳在《画山水序》中提出"畅神"说，主要是指欣赏过程中的形象思维活动而言的，他对山水画创作的具体要求是"以形写形，以色貌色"。在他的理论影响下，六朝至初唐的山水画作基本上停留在"以形写形，以色貌色"的初级阶段。张彦远说："魏晋以降，名迹在人间者，皆见之矣。其画山水，则群峰之势，若细饰犀栉，或水不容泛，或人大于山，率皆附以树石，映带其地，列植之状，则若伸臂布指……国初二阎，擅美匠学；杨展精意宫，渐变所附。尚犹状石则务于雕透，如冰澌斧刃；绘树则刷脉镂叶，多栖梧菀柳，功倍愈拙，不胜其色。"② 钱锺书先生说："六朝山水画犹属草创，想其必采测绘地图之法为之。……析准当不及地图之严谨，景色必不同地图之率略，而格局行布必仍不脱地图窠臼。"③ 六朝以来山水画追求"形似"之风直接影响着同时期山水诗的创作。例如，谢灵运的《登江中孤屿》：

> 江南倦历览，江北旷周旋。怀新道转回，寻异景不延。乱流趋孤屿，孤屿媚中川。云日相辉映，空水共澄鲜。表灵物莫赏，蕴真谁为传？想象昆山姿，缅邈区中缘。始信安期术，得尽养生年。

前四句交代其倦于江南风物而到江北寻觅"异景"的经过，中四句以工笔描绘了江中孤屿的秀丽景色，后六句转入谈玄论理。写景之句虽能穷形尽相，但苦不入情，审美主体与审美客体之间缺乏感情的联系，仅流入模山范水。谢朓的山水诗除了少数篇章写景平淡而富有思致外，大部分作

---

① 《世说新语·巧艺》，见余嘉锡《世说新语笺疏》，中华书局1983年版，第720页。
② 张彦远：《历代名画记》卷一"论画山水树石"。
③ 钱钟书：《管锥编》第4册，中华书局1979年版，第1355页。

品也和谢灵运的山水诗一样，存在着模山范水、有句无篇的缺点。

山水画发展到了盛唐，发生了质的变化。张彦远说："山水之变，始于吴（道子），成于李（思训、昭道父子）。"① 开元中，李思训曾在大同殿为唐玄宗画嘉陵山水掩障，玄宗称赞说："卿所画掩障，夜闻水声，通神之佳手也。"天宝初，吴道子亦在大同殿壁画嘉陵山水。传说唐玄宗将他俩的画作了比较说："李思训数月之功，吴道子一日之迹，皆极其妙。"② 吴、李二人都是与张九龄同时期的著名的宫廷画师，很显然，他们已自觉地将人物画"以形写神"的精神运用于山水画的创作。

"六法"的第一条便强调"气韵"。钱锺书先生说："谢赫以'生动'诠'气韵'，尚未达意尽蕴，仅道'气'而未申'韵'也；司空图《诗品·精神》：'生气远出'，庶可移释，'气'者'生气'，'韵'者'远出'。……曰'气'曰'神'，所示别于形体，曰'韵'，所以示别于声响。'神'寓体中，非同形体之显实，'韵'袅声外非同声响之亮澈；然而神必托体方见，韵必随声得聆，非一亦非异，不即而不离。"③ 故知，"气韵"应指生动形象地表现出"神"。看来，"气韵"包含两个方面：一是代表画面和艺术形象所显示的生机和精神力量；二是由画面和艺术形象所表现出的作者的创作个性和情致。由此看来，山水创作中的"神"应是指山水本身的神采风貌、作家的创作个性和情致的统一。由于作家创造个性和情致的不同，所描绘出来的山水形象所显示的精神风貌也就不同。李思训的画，是使用了浓重的色彩、细致的描绘，十分富丽堂皇，和吴道子的大笔挥洒、水墨苍劲的画风很不相同，因而唐玄宗才会说他们的嘉陵山水画"皆极其妙"。

"以形写神"已成为盛唐山水创作的风尚，也是盛唐山水诗人所共同追求的审美目标。盛唐山水诗的成熟是与同时期山水画的发展提高紧密相关，并直接受到同时期山水画风的影响的。我们从张九龄的《题山水画障》诗中，可以明显地体会到他是深悉同时期山水画"以形写神"之理的。他在对自然山水的审美观照中，把山水当作自己情性的知音，在诗歌理论上又主张因山水以传情，使得他很自觉地将同期山水画"以形写神"

---

① 张彦远：《历代名画记》卷一。
② 朱景玄：《唐朝名录》，参见王伯敏《中国绘画史》，上海人民美术出版社1982年版，第142、159页。
③ 钱锺书：《管锥编》第4册，中华书局1979年版，第1365页。

的精神贯彻到他的山水诗创作，在实践中完成其因山水以抒情的创作理想，从根本上克服二谢山水诗模山范水、有句无篇的缺点，从而提高了山水诗的表现艺术，直接启迪了盛唐山水诗人的创作。

张九龄的山水诗"以形写神"，表现在他善于将内心的情思分散到对山水景物的轻描和对人物活动的淡写之中，将叙事、写景、抒情有机地融为一体，开启了盛唐山水诗的清澹一派。

绘画与诗是艺术，它们的共同性就在于都是通过塑造艺术形象来表情达意，故钱锺书先生借用罗马文艺批评家霍拉斯在《论诗代简》中"诗原通画"来说明诗与画的根本性质是一致的①。然而，绘画与诗是两种不同种类的艺术，它们又各具有独特性。绘画属于造型艺术，它是用色彩和线条直接描绘出具体实在的感性形象，诉诸人们的视觉；而诗歌属于语言艺术，它是用语言直接地说出所要描绘对象的名称，在读者心目中间接地唤起意象，因而缺乏具体实在性。绘画宜于描绘一般的、美的、正面的形象，通过具体实在的图像暗示出画家的寓意；而诗歌是一门范围较广的艺术，它不但可以表现一般的、美的、正面的形象，也可以表现丑和反面的形象，而更主要的是表现出所描绘对象的个性特征和诗人的内在情思。②语言是思想的直接现实，是思想的外壳，凡属思维能办得到的，语言都可以办得到，因为思维活动要借助概念才能进行，而概念按一定的语法练习起来，便组成了语言，而思维是能涉及现实的任何领域。因此，作为语言艺术的文学，就能从多方面去把握和反映现实。这说明山水诗完全有可能用语言的手段来实现山水画"以形写神"的精神和技法，从而收到异曲同工的艺术效果。

张九龄的大部分山水诗广泛地运用传统绘画中的"白描"手法勾勒山水风物，含蓄地透露内心的情思。"江间稻正熟，林里桂初荣"(《南还湘水言怀》)，"两边枫作岸，数处橘为洲"(《初入湘中有喜》)，就通过对江南特有风物的描绘，表露出诗人即将与家人团聚的喜悦心情。"遥林浪出没，孤舫鸟联翩"(《江上使风呈裴宣州耀卿》)，前句暗示出旅途的漫长，后句透露出旅途的孤寂，传达出诗人离京外任的蹉跎惆怅。很显然，张九龄的山水诗不是写眼中的山水，而是写心中的山水，"眼中"和"心

---

① 钱锺书：《旧文四篇·中国诗与中国画》，上海古籍出版社1979年版。
② 参见莱辛《拉奥孔》第八、十、十一章，朱光潜译本，人民文学出版社1979年版。

中"的山水的根本区别就在于是否含"情","情"是使山水传"神"的重要因素之一,他的《赴使泷峡》最能说明这一点:

> 溪路日幽深,寒空入两嶔。霜清百丈水,风落万重林。夕鸟联归翼,秋猿断去心。别离多远思,况乃岁方阴。

泷峡在今广东省乐昌县境。泷指泷水,又叫武水,源出湖南临武县西,经宜章流入广东乳源县西北,又东南经乐昌流至韶关市(即唐曲江县)。《水经注》卷三八溱水:"武溪水又南入重山,山名蓝豪,广圆五百里,悉曲江县界,崖峻险阻,岩岭干天,交柯云蔚,霾天晦景,谓之泷中;悬湍回注,崩浪震山,名之泷水。"开元十四年(726),天下大旱,刚从中书舍人转为太常少卿的张九龄,奉使祭南岳及南海。事毕,诗人由南海还曲江少憩,然后北返。此诗即作于诗人乘船离家,溯武水过乐昌泷峡之时。秋风气凉,霜寒溪水,诗人溯流北上,一路孤清,别绪绕肠。诗一开始便用"高远"的技法勾勒出深幽狭长的溪路,两岸高耸的山峰。"日幽深"写出了前途的暗淡和渺茫;"入两嶔"写出了泷峡"岩岭干天"的险峻,天地是如此狭小,仿佛有一种压迫之感。如果我们联系此年张九龄因张说罢相,由中书舍人的要职转到太常少卿的闲职,并立即出使祭南岳及南海的遭遇来体会,那么此诗不但写出了诗人与亲人乍聚还离的苍凉,也暗示了自己对前途难以预测的惆怅。一个"寒"字,点出了诗人北返的时令,化入了秋空、秋山、秋水,凉透了诗人此时此刻的心,也为下文描绘秋色作了铺垫。"霜清百丈水,风落万重林"则用自"近山而望远山"的"平远"技法,写出了水国南岭一带无边落木萧萧下,秋风摇落露为霜的萧条景色。夕鸟归巢,而人却远别;秋猿的凄叫,更撕碎了游子的愁肠,与亲人的离别已使诗人丧魂失魄,心灰意冷,更哪堪还遇上寒意袭人的深秋!诗人的别恨离愁和离家北返的行踪完全是通过对山水景物的叙描暗示出来,画面场景不时变换,给人一种流动的美感。张九龄的这类山水诗,注意对具体物态的细致描绘,显示出山水独特的个性,又即景会心,因物抒情,既有丰润流动的自然生趣,又有清淡悠长的感人情味。故赤熏氏说:"曲江诗若蜘蛛之放游丝,一气倾吐,随风卷舒,自然成态",

"读曲江诗,要在字句间追求神味"。①

丰润流动的自然生趣和清淡悠长的感人情味使张九龄这类山水诗呈现一种清澹的风格。胡应麟的《诗薮·内篇》卷二说:"张子寿首创清澹之派。盛唐继起,孟浩然、王维、储光羲、常建、韦应物,本曲江之清澹,而益以风神者也。""清澹",即是指清丽典雅、冲和淡泊的创作风格。司空图在《诗品·典雅》中说:"玉壶买春,赏雨茆屋,坐中佳士,人淡如菊,书之岁华,其曰可读。"又在"冲淡"条说:"素处以默,妙机其微,饮之太和,独鹤与飞。犹之惠风,荏苒在衣。阅音修篁,美曰载归。遇之匪深,即之愈稀,脱有形似,握手已违。"

故知,诗歌要有"清澹"的风格,诗人首先要有闲澹的心境,以闲澹的心境去体察物情,即景会心,然后遣词逐貌,穷情写物,抒写出来,便有了"清澹"的诗歌。"清澹",并不是淡乎寡味,而是力戒雕饰做作和景物堆砌,或滥用典故,故作古奥深隐。它要求诗人在创作中融情于景,轻轻地勾勒,淡淡地写来,自然流丽却含蓄深厚,蕴藉悠长,正所谓"不着一字,尽得风流"②,"羚羊挂角,无迹可求"③,使诗歌具有耐人咀嚼的"韵味"。司空图的"韵味"说,正是王孟诗派的诗歌创作在理论上的概括。荆浩在《笔法记》中说:"韵者,隐迹立形,备仪不俗。""味",是指诗人通过形象而透露出来的情味。有"韵味"的诗歌,并不是直抒胸臆,而是思与境偕,因景抒怀,即以画意来传达诗情。因此,我们认为,胡应麟称"张子寿首创清澹之派",实质上是说张子寿"首创""神韵"诗派,是王孟一派的宗师。

诗歌创作追求"神韵",以画意入诗,诗情缘境而发。如张九龄的《使还湘水》:

> 归舟宛何处?正值楚江平。夕逗烟村宿,朝缘浦树行。于役已弥岁,言旋今惬情。乡效尚千里,流目夏云生。

此诗约作于开元六年(718)夏,诗人奉使开凿大庾岭后,因"病"

---

① 厉志:《白华山人诗说》卷一。
② 司空图:《诗品·含蓄》,见《司空图诗品解说》,安徽人民出版社1980年版,第57页。
③ 郭绍虞:《沧浪诗话校释》,人民文学出版社1962年版,第24页。

还曲江闲居一年复起还朝之时。重返朝廷一方面使诗人"惬情",另一方面与亲人离别又使诗人感到若有所失,末两句就是通过绘景来表达诗人对故乡亲人的眷恋。又如《西江夜行》:

> 遥夜人何在?澄潭月里行。悠悠天宇旷,切切故乡情。外物寂无扰,中流澹自清。念归林叶换,愁坐露华生。犹有汀洲鹤,宵分乍一鸣。

此诗作于诗人任桂州刺史兼岭南按察使,巡属县,意由西江乘船转溯北江,返回曲江故里之时。"念归林叶换,愁坐露华生",写出了诗人魂飞故里的"切切故乡情"。"犹有汀洲鹤,宵分乍一鸣","宵分"暗示出诗人思念之久,进入了忘我的境界,而不知趣的"汀洲鹤""乍一鸣",惊断了诗人思乡的情绪,把他从梦幻般的情境中拉回到寒夜愁坐的现实,思境与现实两相对比,更加深了诗人的乡愁。这样的诗歌,状难写之景如在目前,含不尽之意见于言外。而最能体现出张九龄山水诗"清澹"风格的当推其《自湘水南行》:

> 落日催行舫,逶迤洲渚间。虽云有物役,乘此更休闲。暝色生前浦,清晖发近山。中流澹容与,唯爱鸟飞还。

此诗亦作于诗人奉使祭南岳及南海途中。政治的失意,曾使诗人一度消沉。从政治的漩涡来到江海之上,张九龄便把自己当作大自然中的一分子,忘情地投入自然山水的怀抱,冲和淡泊的心境与大自然丰润生动的机趣合而为一,审美主体与审美客体之间达到了精神上的融合。诗人在诗中以平淡的叙述和自然的描绘,使得情景相生相长,既细致生动地刻画出自然界的声息变化,又委婉含蓄地透露出内心闲澹的情致。故邢昉在《唐风定》卷十二中评此诗时说:"闲澹幽远,王孟一派,曲江开之。"

王孟的山水诗正是受到张九龄这类山水诗"若蜘蛛之放游丝,一气倾吐,随风卷舒,自然成态"的诗风的影响,"本曲江之清澹,而益以风神者也"。如孟浩然的《宿建德江》:"移舟泊烟渚,日暮客愁新。野旷天低树,江清月近人。"则通过写景暗示出诗人暮江闲眺的情趣和独客异乡的蹉跎。又如他的《望山潭》:"垂钓坐盘石,水清心亦闲。鱼行潭树下,

张九龄对盛唐诗歌发展的贡献

九龄风度与盛唐气象

猿挂乌藤间。游女昔解佩,传闻在此山。求之不可得,沼月棹歌还。"一切是那样自然清新,闲澹幽远,淡到看不见诗。清代王士禛标举"神韵"说,其《带经堂诗话·入神类》评孟浩然《晚泊浔阳望庐山》诗说:"诗至此,色相俱空,政如'羚羊挂角,无迹可求',画家所谓逸品者也",就指出孟浩然的山水诗善用白描的手法勾勒山水风貌,追求山水形象与内心情思的和谐统一的特点,而这些又正是张九龄清澹一类山水诗的本色。苏轼《东坡题跋》卷五《书摩诘〈蓝田烟雨图〉》评王维的诗"诗中有画",兼有诗情画意之美。如《鸟鸣涧》:"人闲桂花落,夜静春山空。月出惊山鸟,时鸣春涧中。"就通过对春夜溪山月出鸟惊的幽美境界的描绘,表达出诗人孤寂的情怀和并未完全忘怀尘世的情思。《过香积寺》则通过"古木无人径,深山何处钟"的描写,勾勒出一幅深山藏古寺、寺外绝尘寰的情景,透露出诗人闲逸萧散的情趣和静谧恬淡的心境。《山居秋暝》则通过一幅幅生动的画面,表露出诗人安适闲逸的情怀。因此,对王维的"诗中有画",也只有将他的诗放入形与神的对立统一中加以全面理解,方能领悟出其中三昧来。王维、孟浩然的山水诗,无论在情调还是表现手法上,都深受张九龄"清澹"类山水诗的影响,只要我们将他们的诗歌与上文所举的张九龄的诗互相参照,便明显地看出它们之间的相承关系。

张九龄的另一类山水诗,对自然山水本身的具体形态不作细致的描绘,而是大笔挥洒出山水的总体形象,传出山水雄浑的气势。如他的《江上遇风疾》:

> 疾风江上起,鼓怒扬烟埃。白昼晦如夕,洪涛声若雷。投林鸟铩羽,入浦鱼曝鳃。瓦飞屋且发,帆快樯已摧。不知天地气,何为此喧豗?

全诗就运用比喻、夸张、渲染、烘托等手法,把无形的疾风描写得声势磅礴,表达了诗人的惊叹。又如《湖口望庐山瀑布水》:

> 万丈洪泉落,迢迢半紫氛。奔飞下杂树,洒落出重云。日照虹霓似,天清风雨闻。灵山多秀色,空水共氤氲。

诗人舍弃了对庐山瀑布水的具体形态作细致的描绘,而只是抓住它的根本特征，准确生动地挥洒出它的冲落的气势、飞动的神采和撼人心弦的声响，灌注了诗人对祖国秀山奇水的赤诚的爱。

张九龄的这类山水诗，胸襟开阔、感情激昂。他并不注重形神兼备，而着力追求神似，一改"随风卷舒，自然成态"的"清澹"，代之以"超以象外，得其环中"的"雄浑"①。"超以象外"，即不要只是扣着一些表象执着以求，满足于所摹写的浮浅的形似；恰恰相反，诗人应当有胆气和笔力超出感性个别之外去追求神似，创造新的意境。"得其环中"，则要求诗人在创作中努力把握住所描绘物象的本质特征，以达到传神的目的，以不似之似而得其神似。

张九龄这类风格"雄浑"的山水诗，以追求神似的创作精神及其多种表现手法直接地影响着盛唐李白、岑参等人的山水诗创作。如李白的《望庐山瀑布》二首：

> 西登香炉峰，南见瀑布水。挂流三百丈，喷壑数十里。欻如飞电来，隐若白虹起。初惊河汉落，半洒云天里。仰观势转雄，壮哉造化功！海风吹不断，江月照还空。……

> 日照香炉生紫烟，遥看瀑布挂前川。飞流直下三千尺，疑是银河落九天。

第一首无论在格调、章法、句子上，还是在运用比喻、夸张、渲染、烘托等表现手法上，都与张九龄的《湖口望庐山瀑布水》有惊人的相似之处。李白的两首诗在描写庐山瀑布水的冲落的气势、飞动的神采和撼人心弦的声响等总体形象方面，很显然是受到张九龄追求神似的创作精神的影响的。

岑参描写边塞风光的诗篇，如"君不见走马川，雪海边，平沙莽莽黄入天。轮台九月风夜吼，一川碎石大如斗……"（《走马川行奉送封大夫出师西征》），"侧闻阴山胡儿语，西头热海水如煮。海上众鸟不敢飞，中有鲤鱼长且肥。岸旁青草常不歇，空中白雪遥旋灭。蒸沙烁石燃虏云，沸浪炎波煎汉月"（《热海行送崔侍御还京》），也多是运用夸张、渲染、烘

---

① 司空图：《诗品·雄浑》。

托、比喻等手法，着力描绘边疆山水的奇异神采，表达诗人对边疆自然风光的热爱之情。我们觉得，岑参这些山水诗，在表现手法、艺术风格和追求神似这些方面，应是受到张九龄风格雄浑一类山水诗的影响的。

在唐代诗歌革新运动史上张九龄继二谢之后，把同期山水画"以形写神"的创作精神引入其山水诗的创作，把中国山水诗发展到"以形写神"、抒情写意的成熟阶段，并在山水诗的创作精神和表现手法上，直接影响了盛唐山水诗人的诗歌创作。

盛唐诗坛，流派蜂起，名家辈出。盛唐诗歌，是盛唐社会物质生活的产物和盛唐文人精神生活的结晶。盛唐诗歌的发展，既是受到盛唐社会经济、政治的制约，又是与社会的思想解放、社会审美趣味的转变、艺术各部门之间的相互影响紧密相关。然而，盛唐诗歌发展的内在原因，应是盛唐诗人在陈子昂为旗手的初唐诗歌革新运动的基础上再进行的革新与创造。陈子昂所倡导的"诗言志"的创作传统和张九龄所倡导的"诗缘情"的创作精神之间的相辅相成和相争相长，则是推动盛唐诗歌发展的内在动力。张九龄继续于初唐诸君之后，奋飞于盛唐英灵之前。在诗歌理论的倡导和诗歌创作的实践两个方面，张九龄是对盛唐诗歌的发展做出了重大贡献的诗人。

但是，长期以来，由于我们对张九龄的诗论和诗歌缺乏全面、深入、系统的研究，尤其是没有把诗歌理论和诗歌创作放入唐代诗歌革新运动的特殊的历史环境中，放入初、盛两唐诗歌发展演变的交接点上去进行全面的考察，故对张九龄在唐诗发展中所做出的贡献和其在唐诗发展中所处的地位还不能作出比较公正、有说服力的评价，这直接影响了我们对唐代诗歌的沿与革、创与因的辩证发展关系和初、盛两唐诗歌的兴衰演变进行更深入的研究。

施补华《岘佣说诗》说："唐初五言古，犹绍六朝绮丽之习，惟陈子昂、张九龄直接汉魏，骨峻神疏，思深力遒，复古之功大矣。"刘大杰先生认为："故后人论初唐诗之转变者，每以陈、张并称。"① 周祖譔先生亦认为："陈子昂是第一个有意识要摆托齐梁诗风并取得成绩的人，而张九龄是陈子昂的直接继承者，其地位当然要略逊于陈子昂。"② "陈张并称"

---

① 刘大杰：《中国文学发展史》中册，中华书局1962年版，第48页。
② 周祖譔：《隋唐五代文学史》，1958年版，第33页。

和"张略逊于陈"的观点只是看到了张九龄复古的一面,这是不符合张九龄诗歌和唐诗发展的实际的。

通过以上粗略的研究,我们认为,张九龄既是陈子昂的直接继承者,又是陈子昂的直接发展者。他继承了陈子昂诗歌革新精神,并做出了合乎艺术创作规律的发展和创新。在诗歌理论上,他倡导"诗缘情""诗可以怨"、比兴言情,直接继承和主张恢复中国古典诗歌感于哀乐、缘事而发、以抒情为主的民族艺术传统,可以说是对陈子昂"诗言志""风雅""兴寄"的补充和发展。在诗歌创作中,他自觉地运用"诗缘情"这种创作模式于创作实践,将"情"从属于"志"的自觉言志转化为"志"依附于"情"的自觉抒情。将"风雅比兴"的王政教化转变为感时伤世、缘情抒愤、自由抒情,将"寓理于喻"的"兴寄"提高到兼用比兴以传情,将"以形写形、以色貌色"的六朝山水诗演变为"以形写神"、抒情写意的盛唐山水诗。张九龄的诗歌理论是联系初、盛两唐诗歌创作的精神纽带,而他的诗歌创作则是连接初、盛两唐诗歌的桥梁。

一九八六年五月二十三日
定稿于西安西北大学

(本文是本人在西北大学跟随安旗先生攻读唐代文学研究生时撰写的硕士学位论文。然即使是这样一篇早期不成熟的硕士学位论文,其某些部分仍被人越俎代庖,"拿去"在某些学术刊物上发表。此次正式发表,意在"还原"一段学术研究史的事实。正文除个别词语有删改外,基本保持原貌,以留下自己学术经历的印记。)

关于广东文化大省建设中岭南文化资源发掘和保护的思考

改革开放20多年以来,广东经济迅猛发展,走在全国的前列,经济的发展必定对文化提出新的诉求。但是,广东的文化教育建设相对滞后,这不仅与经济大省的地位极不相称,而且反过来制约着广东经济和制度的进一步深化改革。深化改革就要全面地提高广东人的素质,继承和发扬敢为天下先、兼容、务实、创新的岭南传统文化精神,重塑现代广东的文化性格。

俗话说:"十年种树,百年树人。"文化重视传承,注重吐故纳新和与时俱进,讲究心灵的教育,形成健康良好的社会风尚,风以动之,教以化之,让一代一代的人潜移默化。过去,由于客观和主观条件的限制,广东在文化建设中虽然取得了一定的成绩,但是还远远未形成文化凝聚力、文化竞争力和文化推动力。那么,我们怎样才能拥有和展现具有岭南特色的"文化三力"呢?

第一,要有高度的文化自觉,以提高广东文化凝聚力、文化竞争力和文化推动力为目标,建议省政府建立常设的广东文化建设领导机构,由省长挂帅,在组织上落实和策划广东文化建设的日常工作。第二,在有关机构的直接领导下,组织专家学者全面展开岭南文化精神的系统研究和岭南文化资源的调查工作,编写《岭南文化资源调查表》,制作《岭南文化资源整体分布图》,在此基础上制定《岭南文化资源发掘和保护战略规划》,从策略上制定和统筹安排岭南文化资源发掘和保护的工作进程。第三,省政府每年从国民经济收入中拿出一定比例的资金,成立"岭南文化资源发掘和保护基金会",从经济上保证岭南文化资源发掘和保护工作的实施。第四,广东省和广州市哲学社会科学研究规划应该增加岭南文化精神研究和岭南文化资源发掘保护项目的比例,从科研上逐步实施和完成《岭南文化资源发掘和保护战略规划》中的任务。第五,"岭南文化资源发掘和保护基金会"每两年评一次奖,检阅和认定研究成果,从精神上给研究人员予以鼓励。第六，由广东省人民代表大会为岭南文化资源发掘和保护立法，使全省人民都自觉投身到岭南文化的建设和保护的工作之中，并成立专门委员会监督有关基金的使用，从法律上为岭南文化资源的发掘和保护工作保驾护航。第七，以高等院校、研究所的教授专家为核心，建立一支高素质的专业研究队伍。第八，持之以恒地对公民进行保护文化资源和文化遗产的教育，正确处理好经济开源和保护文化遗产之间的关系，使之成为提高人的素质的一项战略任务。只有在组织上、经济上、法律上、策略上、政策上、人才队伍上、教育上都落实到位，形成一种长期的、稳定的机制，避免过去那种"运动式"或"潮水式"的搞法，才会获得建设性的成果。

下面，针对目前岭南文化资源的调查、发掘和保护存在的一些问题，提供五点具体的建议。

一、建议重视非物质形态文化遗产的调查研究，实现物质形态文化遗产和非物质形态文化遗产的综合开发和有效利用

广东长期以来比较重视物质形态文化遗产的调查、发掘和保护，如南越王墓、"五层楼"、六榕寺、南华寺、陈家祠以及最近计划兴建的海上博物馆等。但是，对非物质形态文化遗产的调查、发掘和保护的力度还很不够。譬如，用广州方言演唱的粤剧、用潮汕方言演唱的潮剧有较悠久的历史传统，最具岭南文化色彩和独特的表演技艺，不仅风行于省内，而且流行于海外，有比较广泛的影响，应当加以扶持、研究和保护。例如，粤剧有多种派别，按地域有"上六府"和"下四府"之分，前者擅长唱功，后者擅长武功，这些经过历代艺人发扬光大的表演技艺和艺术经验，特别的还有用海陆丰方言演唱的白字戏、流行于粤东一带的西秦戏等小剧种，如果不及时加以抢救性的发掘和整理，当一些著名演员百年之后，就有失传的危险。这些都是千百年来一直活在人们口头和心目中的文化遗产，有深厚的历史意蕴，对这些剧种的表演技艺和艺术经验的抢救性的发掘和整理，并不是用100万元开一次艺术研讨会、热闹一阵就能解决得了的。又如20世纪早期一些用广州方言创作的如《褒老鸭》一类的小说，曾不同程度地描述了当时岭南的风土人情，但现在这一类小说经过"文革"以后，大多散失，值得收集和抢救。又如粤菜是中国八大菜系之一，过去就有"吃在广州"的说法，其烹调技艺独具一格，可以开发岭南粤菜"吃"

文化。岭南荔枝自古有名，北宋苏东坡被贬岭南，就曾经说过"日啖荔枝三百颗，但愿长作岭南人"。我们现在仿照国外"西红柿节""啤酒节"，也搞"荔枝节"，但是，我们多注意打造荔枝品牌，推销荔枝产品，眼睛多看重经济利益，而不善于经营"荔枝文化"。这就是说，我们过去还没有树立将物质形态资源和非物质形态文化资源综合研究、开发和有效利用的理念，不善于标立和突出自己所拥有的物质形态文化资源的文化品味，不善于结合国人心灵的发展历史和社会文化习俗去挖掘和发现其中的美的意蕴，因而没能够培养出具有文化认同的朋友。总之，对具有岭南特色的非物质形态文化遗产，我们应当进行全面的调查研究，对它们进行系统的发掘、保护和有效的开发利用，这对丰富人民的文化生活，稳定安定团结的局面，扩大岭南文化的辐射和影响，开发旅游资源，都具有十分重要的战略意义。

二、建议对待文化遗产，应当树立正确的文化史观

文化是历史的积淀。保护文化遗产就是保护民族的一段历史。文化遗产都具有历史的价值。但是，在对待文化遗产的问题上，我们的头脑中存在重政治、重经济，薄古厚今，不按照文化生成的规律去思考和办事的现象。譬如，广州市中山四路上的"广州农民运动讲习所"，是毛泽东主席当年开展农民运动的地方，毫无疑问，是重要的革命文化遗产；但是这个地方，也是古代番禺学宫的所在地；然而，我们只在门面上标明"广州农民运动讲习所"，大家都不知道里面还有一个番禺学宫。旅游讲的是"三分看、七分思"。我们如果从文化史的角度进行开发，让游客了解这块地方怎样从番禺学宫到"广州农民运动讲习所"的历史，进而了解广州的历史变迁，认识广东在近代革命进程中的历史地位，更发掘出这个地方的文化底蕴。

此外，在文化研究方面，也存在一定程度上的薄古厚今现象。譬如，广东省和广州市哲学社科立项、资金资助力度和评奖奖项都有薄古厚今的倾向。2003年"广东文学评论奖"的获奖作品，全是研究广东现当代文学的文章获奖，广东古代文学的研究文章没有一个获奖。这就变成发表在本省《学术研究》、《广东社会科学》、一些大学学报上的研究现当代文学的文章获奖，而发表在国家权威刊物《中国社会科学》、《文学评论》、《文学遗产》上的研究古代、近代文学的文章没有获奖。对待文化遗产，

薄古厚今，或者厚古薄今，都不是正确的文化历史观。

三、建议应当加大对岭南历史文献中岭南文化精神研究性发掘的力度

在历史上，广东曾经出现过在全国有重要影响的历史人物，如唐代的张九龄，宋代的陈白沙，明代的邱濬、湛若水，清代的黄遵宪、梁廷枏，近代的康有为、梁启超、孙中山等人，他们对中华文化的发展做出了重要的贡献。他们留下了许多有价值的历史文献。过去我们对他们的研究，大多停留在文献层面的整理和研究阶段，但是，为什么这些人生于岭南，长于岭南，但他们的思想、学说、人格风度却受全国的影响？显然，我们还没有深入到岭南文化精神的探究。又譬如，自唐代以来，岭南就成为历代朝廷贬谪官员之地。历代被贬岭南的官员，如韩愈、刘禹锡、苏轼、秦观等，本身就是当时的文化名人。在古代，中原文化处于主流文化地位，岭南文化处于边缘文化地位，换句话说中原文化属于强势文化，岭南文化属于弱势文化。到了近代，广东却成为近代革命的策源地，今天，广东经济处于全国领先地位，岭南文化在与中原文化的交流互动的历史进程中不断发展壮大，特色越来越鲜明，具有越来越大的影响力，原因是什么？值得认真研究和总结。那么，岭南文化如何形成？有何特点？其主要的精神内涵是什么？岭南文化与中原文化以及周边的地域文化如何进行互动？岭南文化与西方文化如何在碰撞中取长补短？应当是从学理上进行科学阐释的时候了。

四、建议岭南文化资源的发掘和保护，应该注重营造具有岭南特色的文化娱乐和休闲的文化生态环境。既要着眼于文化教育，又要注重保护自然和文化的生态环境，由文化资源的发掘转向人"心灵"的重塑

《羊城晚报》2004年5月6日刊载了一篇《漫步羊城感受无墙博物馆》的新闻，报道了广州市政府在老城区重建过程中，不惜花重金保护位于北京路的西汉南越国水关遗址，西来正街路口的"西来初地"小石碑、沿江西路的陈少白故居等文物，全面提高城市建设中的文化含量。特别是北京路的西汉南越国水关遗址的发掘和保护的做法，将文物的发掘和保护与城市的发展建设以及营造具有岭南特色的文化娱乐和休闲的人文环境融

为一体，决策高妙，让人们在购物、休闲、娱乐之中，"观古今于须臾，抚四海于一瞬"，思接千载，览古而思今。这是一件利国利民、功德无量、造福后代子孙的好事情。这从一个侧面反映了广东省、广州市历届党政领导和广东人民注重人文关怀，由文化资源的发掘转向人"心灵"的重塑，建设文化大省的宏伟意愿。

但是，我们也应当看到，省内有些文化遗产变成了旅游景点，甚至承包给个人经营，服务跟不上。如道教名山罗浮山，到处建"将军楼"，不仅严重破坏了自然和文化的生态环境，而且更严重的是令人直接目睹什么叫作"特权"。那么，文物古迹的历史意义和文化品位在参观者的心目中就大打折扣了。我们在岭南文化资源的发掘和保护工作中，应当避免出现此类现象。

五、建议组织高校、各专业研究所、文史馆和方志办的专家学者，建立一支高水平的研究队伍

物质形态文化资源和非物质形态文化资源是靠人才去发掘和保护的，因而我们应当重视和保护研究人才。春秋战国时期，秦之所以能够统一中国，一个重要的原因，就是广纳天下英才为我所用。广东要建设文化大省，除了引进人才，更要重视对本地人才的扶持、保护和重用。按研究专题的价值和意义，公平地、科学地配给研究经费，才能调动广大科研人员的积极性。

广东要想建设成国际大都市，在经济建设已经取得可喜成就的时候，重视文化的建设也进入了议事日程。这是历史的必然要求。文化建设上不了档次，反过来就会拖经济发展的后腿。文化建设成功与否的标志最终体现在人的素质的整体提高。重视岭南文化建设的意义深刻，然任重而道远。

（原载《羊城晚报》2007年2月11日"求是"）

动态 开放 发展
——区域文化研究视域

20世纪80年代以来，区域文化研究成为中国文化研究的一个热点。中原文化、草原文化、藏文化、齐鲁文化、两淮文化、三晋文化、关东文化、巴蜀文化、吴越文化、八闽文化、湖湘文化、滇黔文化、岭南文化等研究成果如雨后春笋般涌现。每个区域文化的研究都试图描述该区域的风土人情、生活习俗和名人杰作，进而归纳该地区的文化精神性格。然而，当手捧这一本本沉甸甸的专著时，我却陷入了如下思考：区域文化与中华文化是一种什么样的关系？研究区域文化的价值何在？

中华文明绵延五千年，生活在不同地理环境的民族创造了不同的地域文化，所以人们常说"百里不同风，千里不同俗"。有自己语言文字甚至文献的少数民族，确实存在本民族气质独特的历史轨迹和挥之不去的文化记忆，确实具有独特的文化精神性格。但在汉文化圈内，各区域民众究竟存在多少属于自身独特的历史轨迹和挥之不去的文化记忆？地域文化的生成既是历史的、动态的，又是地域文化之间互动互渗、你中有我、我中有你的。当强调某一区域文化独特的精神性格时，我们是否有足够的文献或文物依据？不同区域的民众事实上不能仅仅沿着气质独特的历史轨迹而生活在自己的"文化记忆"之中，他们必须学会随着自然生态环境和社会文化生态环境的变迁而调整甚至改变自己的生存方式和文化风俗，适者才能生存。因而，区域文化研究，在描述该区域的风土人情、生活习俗和名人杰作的同时，更应探究区域文化在历史变迁中做出哪些调整甚至改变，更应探究这些调整甚至改变对民族、国家乃至"地球村"的发展进步提供哪些有价值意义的借鉴，而不应抱着或为了提高本区域的知名度，或为了振兴本地经济，或为了开拓本地旅游市场等急功近利的目的去"挖掘"本地区挥之不去的"文化记忆"，或东拉西凑出一条"独特的历史轨迹"，或为了满足异文化游客猎奇心理而描述特有的风土人情和生活习俗。

由此而观之，区域文化研究应将区域文化放在民族、国家乃至"全球

九龄风度与盛唐气象

化"的视域下，关注它与周边文化互动共生的事相，关注其做出的价值选择和文化追求。

自从秦始皇于五岭置桂林、象、南海三郡以来，政体的建制、中原荆楚闽越移民的迁入，历代战争军人的留居使岭南文化与中原及荆楚闽越文化交往频繁，这就形成了岭南文化多元互动共生的品格。在岭南文化历史生成的过程中，中原主流文化一直就是岭南文化的核心内容，这是由当时的社会制度和文化价值追求所决定的。唐代曲江张九龄通过科举走进仕途，并在开元年间拜相。明代岭南人邱浚在《曲江集序》中是这样评价的："古今说者咸曰：唐相张文献公，岭南第一流人物也。嗟乎！公之人物，岂但超出岭南而已哉，盖自三代以至于唐，人才之生盛在江北。开元天宝以前，南士未有以科第显者，而公首以道侔伊吕科进；未有以词翰显者，而公首掌制诰内供奉；未有以相业显者，而公首相玄宗。公薨后四十余年，浙士始有陆敬舆、闽士始有欧阳行周，又二百四十余年，江西始有欧阳永叔、王介甫诸人起于易代之后。由是以观，公非但超出岭南，盖江以南第一流人物也。公之风度，先知见重于玄宗，气节功业著在信史，播扬于天下后世。唐三百年，贤相前称房、杜，后称姚、宋。胡明仲谓：姚非宋比。可与宋齐名者，公也。由是以观，公又非但超出江南，乃有唐一代第一流人物也。"可见，岭南思想文化界的代表人物思考问题、评论人物往往超越区域的界限而具有全国性的眼光。至今，我们仍然能觉察到唐之张九龄，宋之余靖、崔与之、李昴英，明之邱浚、湛若水，清之康有为、梁启超、梁廷枬等人与中原传统文化价值观的认同。我们能够轻而易举地从他们的诗文和理论中区分出哪些属于岭南文化，哪些属于中原传统文化吗？从封建社会文化生态格局考察，岭南文化本来就是弱势文化，必然受到占统治地位的强势文化的牵制甚至潜移默化，文化价值观的认同决定了弱势文化很难形成自己具有独立品格的文化精神。为了生存，这些弱势的区域文化都需要务实、包容、竞争，都要学会适应时代环境的变迁而做出相应的调整，其领袖人物均有不同程度的敢为天下先的创新精神，然这些均难以确定是哪一区域独有的精神文化性格。

近代以降，西方列强蚕食中国，西学东渐，清朝的统治地位摇摇欲坠。当时统治集团中的洋务派提出"中学为体，西学为用"显然挽救不了清朝封建统治的命运，而身处岭南的孙中山先生则提出民族、民权、民生"三民主义"，带领全国民众推翻了清朝封建皇权，建立共和。这是为什么？这是区域文化精神在孙中山身上所产生的作用吗？显然还不能完全这样说。孙中山虽生于岭南，长于岭南，但他的视域却包举中国，放眼世界。他是在中华文化（而不是在岭南文化）的基础上，吸收了当时西方文化中的进步成果而形成其"三民主义"的。因而，近代的岭南文化实质上代表着近代中国的先进文化，孙中山与其说是岭南文化的杰出代表，还不如说是近代中华文化的杰出代表。

近代岭南文化的生成至少具备以下三个主要条件：第一，占统治地位的主流强势文化受到更强大的外来势力的挑战而处于劣势，自身面临着应变的考验，未能再强有力地主导弱势文化的价值取向；第二，弱势的区域文化在长期的历史压抑中，其领袖人物经过文化反思，洞悉占统治地位的主流强势文化的弊端并激起改革的强烈愿望；第三，弱势的区域文化的领袖人物具有全球性的视域，善于从异文化中发现新的元素，这些领袖人物不是站在岭南区域的角度而是根据具体国情的需要融通异文化新元素，使之成为超越区域文化的国家民族文化。

历史的反思促使我们对区域文化研究视域和价值取向的思考：

（1）在古代，区域文化作为弱势文化历来受到占统治地位的主流强势文化的干预和限制，虽然某区域人民生活的历史轨迹和挥之不去的文化记忆积淀为该区域独特的文化风俗，但文化价值观的认同又使区域文化缺乏具有独立意义的文化精神性格，因而古代区域文化的研究应该重着于作为弱势的区域文化与占统治地位的主流强势文化的内在关系的探究；在近代中西文化的激烈碰撞中，区域文化在占统治地位的主流强势文化应对西方文化而处于劣势之时，往往以中华文化的面目出现，在中华传统文化的基础上融入外来文化中的进步元素，此时区域文化在中外文化交汇中起到桥梁或者中介的作用。这两种内在关系的探究应该是我们区域文化研究的主要关注点。

（2）区域独特的文化风俗并不等同于区域的文化精神性格。区域文化研究的重点不在于描述该地区独特的历史轨迹和民众心理中挥之不去的文化记忆，而在于探究该地区民众在特定的社会文化生态环境的变迁中所做出的价值选择给国家民族乃至人类的发展进步提供哪些有益的借鉴。

（3）区域文化的研究不可能是孤立静态的，而应以动态的、开放的、发展的思维有层次地展开区域文化与周边区域文化、弱势文化与强势文化、民族文化与外来文化之间内在联系的探究，以和而不同、互动互渗、包容共生作为区域文化研究的价值取向。

（4）在全球化语境下，区域文化研究的最终目的应有助于国家民族文化精神性格的塑造，而不是强调区域文化本身的差异。

文化是历史积淀而生成的。区域文化本身包含政治、经济、军事、风俗、宗教、文学、艺术等方面的复杂内容。从事区域文化的学术研究应该具有"超越"所研究对象的视域和气度，这样才能使研究的成果具有超越自然、超越功利、超越宗教、超越道德以达到"宇宙境界"的品格。

（原载《中国文化报》2009年12月25日"理论评论"）

师门三得

32 年前,我有幸考入西北大学中文系,忝列安旗教授门墙,在先生指导下攻读唐代文学硕士学位。

时光穿越至 1982 年春,我刚本科毕业就被分配到一所高校从事专业教学工作,大有"初生牛犊不畏虎"的狂傲。但在一年多的教学实践中,我发现自己与其说在"教学",还不如说是"照本宣科",知其然而不知其所以然,常常陷于捉襟见肘的尴尬境地,这才对"学然后知不足,教然后知困"有了切身的体会。

为了不误人子弟,我在 1983 年报考唐代文学硕士研究生,继续求学深造。那年全国只有西北大学和北京师范学院两所院校招收唐代文学研究生。北京师范学院位于现时首都北京,西北大学坐落于汉唐古都西安。促使我选择报考西北大学基于两个理由:一是西安是汉唐古都,学习唐代文学有天时、地利之优势;二是在准备应考阶段,我认真拜读了安先生的《李白纵横探》、《李白年谱》和《探海集》三部著作。尤其是在细读《"沉郁顿挫"试解》一文时,我深被安先生的学识、思辨和文采所折服。在《"沉郁顿挫"试解》中,安先生根据杜甫在《进雕赋表》中的夫子自许,进入其旅食长安的蹉跎岁月,进而结合其家学渊源,再联系时代变迁和其生平创作,指出"杜甫早年自称'沉郁顿挫'的含义,主要是表示自己学力深厚,技巧娴熟,希望唐玄宗能够赏识他,让他'执先祖之故事'。因此,此时之'沉郁顿挫'并未包含什么忧国忧民之意在内"(《探海集》第 83 页),而杜甫中年经历干戈离乱,忧国忧民,"言恢之而弥广,思按之而弥深",其诗歌才逐渐形成被后世所称的"沉郁顿挫"风格,"杜甫早年的'沉郁顿挫'可以四字释之,这就是:'以学力胜'。中年以后的'沉郁顿挫'可以八字释之,这就是:'忧愤深广,波澜老成'"(《探海集》第 86 页)。安先生的《"沉郁顿挫"试解》一文初发于 1962 年,此论一出,一新天下耳目,引发了后学对此问题的深入讨论。如果说,清人吴瞻泰解释"沉郁者,意也;顿挫者,法也。意至而法亦无不密"(《杜诗提要》卷一"评杜诗略例"),让我知其然,那么,安先生的辨析则让我不仅知其然,而且知其所以然;其学理方法可指导学术研究,其真知灼见可用于教学实践。我深信自己"初生牛犊不畏虎"的狂傲,经由这样一位先生的"修剪",应当既能保持"狂傲"的本色,又能使自己"狂"而有依据,"傲"而合乎学理。

也许正是这一份神往,1983年秋我终于如愿以偿负笈长安。第一次与李浩学兄登门拜谒安先生,我心怀被"修剪"的忐忑和期待。记得当时安先生手持雪茄,书房中弥漫着一种异常香浓的烟雾,办公桌上正铺开一张张稿纸,显然先生正在写文章。我在做知青时就加入了烟民行列,同时也开始学写些诗和剧本。我们平时常调侃说"烧烟能烧出好文章",但那个年代烟是"烧"了不少,却"烧"不出什么好文章。闻到这种独特的雪茄烟雾,我心里突发奇想,我们平时都习惯于抽纸烟,大同小异,从未想到要换换品种和口味,怪不得"烧"不出什么好文章,而安先生抽烟的品种就与众不同,欣赏的口味也超出一格,波澜老成的《"沉郁顿挫"试解》和洋洋洒洒的《李白纵横探》当是抽雪茄抽出来的吧。看来,我今后应当努力学抽雪茄。

正在我神游的时候,安先生笑着对我和李浩说:"过几天才正式开学,你们既然来了,先帮我做一件事。我正在与你们几位师兄做《李白全集编年注释》,刚完成《李白传》,出版社又催着要交稿,实在太忙。你们一人帮我抄一半,借此也可以了解李白的生平和创作。开学后,你们第一个学期要过外语关,听说外语要75分以上才能拿学位,要求挺高的,你们要花时间精力,努力学好。这个学期唐代文学专业课就开两门吧。"我想,安先生知道我外语不好,开两门课是照顾了,心里一阵轻松。安先生接着说:"一门是《全唐诗》与历代重要唐诗选本比较读,通过比较这些选本所选篇目的异同,思考其为何这样选?原因是什么?另一门是《资治通鉴》唐代部分与新、旧《唐书》对照读。《资治通鉴》是编年体,新、旧《唐书》是纪传体,通过对人物史料、制度沿革的梳理,对唐代社会历史文化就有一个比较全面的了解。要做好读书笔记,有疑惑和问题记下来,两个星期向我汇报一次。"

李浩当时怎么想我不知道,我是带着被"修剪"后的沉重走回宿舍的。这几套书摞起来真成"书山"了,压得人喘不过气来。记得有一次在校园遇见安先生,先生问起最近读书的情况。我忐忑不安地说:"读得很慢。"安先生哈哈一笑说:"慢就是快,快就是慢。"先生鼓励我说,结合年谱、诗文系年、史传记载,全面系统地研读作家作品,争取一网打尽,过程当然比较长,能不'慢'吗?你若将这'过程'走好了,以后读书就会'快'了。""慢就是快,快就是慢",这是我入师门之一得。

　　古人云"书山有路勤为径"。既然导师指明了读书为学的路径,再难也得"爬"呀!我就这样"爬"呀"爬"的,勉为其难地"爬"完了《全唐诗》与历代重要唐诗选本比较读和《资治通鉴》唐代部分与新、旧《唐书》对照读两座"大山"。

　　在一次学习汇报中,我说"山"是勉强"爬"完了,学到了许多知识,但觉得杂乱无章。安先生笑着问,是不是觉得一下子"吃"得太多了,消化不良,"会当凌绝顶"却感到"高处不胜寒",是吗?这正说到我心坎里去了。安先生接着说:"结合年谱、诗文系年、史传记载,全面系统地研读作家作品,是要将作家及其作品'还原'于其所处的社会历史文化生态环境中去'读活'。"安先生认为,古人云"知人论世",其实质"就是寻找和发现事物(之间)固有的联系。我之所以一再加上'固有的'三个字,就是说,不要用主观的、臆测的、似是而非的联系,去代替客观的、本来的、确确实实存在的联系";比如考察"李白《蜀道难》一诗固有的多种多样的联系。我把它和李白平生的政治抱负联系起来,再把它和李白青年时期的经历(特别是一入长安之行)联系起来,再把它和李白的'言多讽兴'的创作特点联系起来,再把它和《全唐诗》中屡见不鲜的以山川艰险喻仕途坎坷的例子联系起来,再把它和它同时期的作品《玉真别馆苦雨赠卫尉二卿》《秦女卷衣》《长相思》《行路难》(其二)等诗联系起来,……当我进行了这样一些考察以后,《蜀道难》的真面目就呈现出来","只要尽可能地考察了事物的固有的多种多样的联系,该事物的本来面目就会呈现在我们面前,我们也就获得了关于该事物的真知"。安先生这一席话,后来写入其《李白研究·献曝小议(代序)》之中。我终于理解了安先生"逼"我们"爬山"的良苦用心。读书治学,是一门"关于联系的科学",即善于在事物之间"固有的"联系中"发现"和"呈现"其"真面目"。这是我入师门之二得。

　　经过一年的专业学习后,要考虑硕士学位论文的选题了。我发现当时尚未有岭南先贤张九龄《曲江集》的整理和研究成果,便想效法安先生的《李白全集编年注释》做《曲江集编年校注》。安先生提出两点:一是

师门三得

《曲江集》有诗有文，对一篇硕士学位论文来说，分量太大，建议我先做诗歌部分；二是认为我的研究方向是唐代文学，不是唐代文学文献学，应该在诗歌编年校注的基础上进入诗歌本体的研究。

文献的研究和文学的研究既有联系又有区别。譬如研究李白及其诗歌，安先生认为"李白事迹及作品多无确实年月可考，王琦于补订'薛谱'之余，尝喟然兴叹。然窃以诗为心声，李白之诗尤多系至情之流露，而至情之流露又多缘感遇而发。其笔底之波澜，即胸中之块垒；其胸中之块垒，即生活之坎坷；其生活之坎坷，即时代之潮汐。吾人循其声则得其情，循其情则得其实，虽不中，当亦不远。故'拙谱'在编写过程中，除旁征史传外，着重在作品分析。既从微观以求其义，复从宏观以瞰其规律，意欲窥诗人难言之隐，而试抉前人未发之秘，然后知浪漫主义之作，于社会生活固亦如影之随形"（《李白年谱·前言》）。我理解安先生意思是说，文献的研究和文学的研究实际上形影不离，应以"作品"为核心，"知人论世"，在事物之间"固有的"联系中"发现"和"呈现"其"真面目"，探究作家"说什么"、"如何说"和"何以如此说"，即走向文学"本体"的研究。这是我入师门之三得。

能得到安先生的"修剪"，是我的幸运。32年来，我正是运用这"三得"来进行教学和学术探究的。我不去想前路有多远，既然选择了寒窗青灯，那就让灯火燃到黎明。

《蝶恋花·咏梅颂业师安旗先生九秩大寿》
乙未作

陈建森

三载骑驴寻毕宿。立雪闻香，仰慕苔枝久。旅食长安居易否，拈花一笑云舒岫。　　谁道清寒疏影瘦？不斗浓华，缀玉冰心透。边笛何须鸣翠柳，繁星戴月南山秀。

后 记

"张九龄与《曲江集》"是我学术研究的一个生长点。1983年,我在西北大学中文系攻读唐代文学硕士研究生,就以"张九龄与《曲江集》"作为学位论文的选题。1986年,在《张九龄诗歌编年校注》的基础上,我完成硕士学位论文《张九龄对盛唐诗歌发展的贡献》,毕业后到华南师范大学中文系任教。1996年,我到中山大学中文系攻读中国戏曲史博士学位,研究领域虽有所拓展,但仍一直关注学界与张九龄《曲江集》相关的研究成果。2001年,我以《〈曲江集〉编年校注集评》申报获批全国高等院校古籍整理研究工作委员会项目。2008年,我以《〈曲江集〉编年校注集评》申报获批广东省普通高校人文社会科学重点研究基地重大项目,该项目于2015年结项。屈指算来,我与张九龄《曲江集》结缘,至今已有33年了。这本小册子便是我这些年来关于张九龄与《曲江集》研究的论文集。

文献与文学研究需要积累和修养,而积累和修养需要的是时间和专注。然世事繁杂,常身不由己,一个人很难集中时间去做好一件事。时间如梭,转眼间已到"欲说还休"的节点了。左鹏军教授主编"岭南学丛书",诚邀我在《张九龄〈曲江集〉系年校注》付梓之前将这些论文结集出版,深感雅意违之不恭。集中的多篇论文是我"少年不知愁滋味"时期写的,难免有许多不足之处,有的曾在国内学术刊物上公开发表。此次结集,除规范注释外,文字不做改动,意欲保留住自己学术成长的脚印。是为记。

2016年夏于羊城"独爱风斋"